한눈에 들어오는 경제 에세이 114

한눈에 들어오는 경제 에세이 114

발행 2024년 1월 1일

지 은 이 　장재영
펴 낸 이 　김주연
북디렉팅 　엄재근
기획편집 　그린팰스
디 자 인 　M.S.G.
펴 낸 곳 　지식플랫폼
주　　소 　서울시 금천구 벚꽃로 286, 507호
등록번호 　제 25100-2017-000051호
이 메 일 　bookplatform@naver.com
팩스번호 　02-6499-4370

ISBN 979-11-88910-81-6(03320)

책값은 뒷표지에 있습니다.
잘못된 책은 구입하신 서점에서 바꾸어 드립니다.
이 책은 저작권법에 의하여 보호를 받는 저작물이므로 무단 전재와 무단 복제를 금합니다.

들어가며

　경제학은 사회과학의 한 분야로서, 경제 현상과 시스템을 연구하는 학문입니다. 경제학은 사람들의 경제활동을 다양한 이론과 모델을 사용하여 분석하고, 경제주체들의 행동과 선택에 대해 특정한 규칙성을 발견하여 앞으로의 상황을 예측하고 대처하는 것을 목표로 합니다. 다시 말해 경제학은 사람들이 자원을 어떻게 사용하고, 생산과 소비가 어떻게 이루어지며, 경제시스템이 어떻게 작동하는지를 연구하여 경제적 선택과 결과를 설명합니다.

　경제학은 헬라어 '오이코노미아oikonomia'에서 유래되었습니다. 이는 집을 뜻하는 오이코스oikos와 관리를 의미하는 노미아nomia가 합쳐진 용어로서 '가정의 관리'를 일컫습니다. 그리고 시간이 지나면서 집이라는 좁은 울타리를 넘어 '기업과 국가의 경제활동을 다루는 학문'을 뜻하는 용어로 진화되었습니다.

　경제학은 우리가 먹고사는 데 필요한 모든 경제적 활동을 연구하는 분야입니다. 하지만 경제학은 다루는 폭이 넓고 세부 분야가 많다 보니 많은 사람들이 경제학을 막연하고 어렵게만 느낍니다. 필자 역시 학창시절에 미시·거시경제이론, 계량경제학, 화폐금융론, 후생경제론, 경제정책, 경제사, 경제개발론 등의 다양한 경제학 과목들을 학습했지만, 당시만 하더라도 이러한 배움이 어디에 어떻게 쓰일지 구체적으로 알지 못했습니다. 이후 외국계 은행 딜링룸에 입사하여 외환딜러가 되면서, 각국의 경제상황과 지표들은 저에게 가장 중요한 탐구 대상이 되었습니다.

　당시 우리나라의 원화는 고정환율제도를 채택하고 있어서 외환시장 자체가 존재하지 않았고, 외환거래는 주로 미 달러화 대비 독일 마르크, 프랑스 프랑,

영국 파운드, 일본 엔화 등 주요 국제 통화들을 대상으로 하였습니다. 미국의 실업률, 물가지수, 경기선행지수가 발표되는 날이면 모든 딜러들이 사무실에 남아 촉각을 곤두세우며 발표를 기다렸고, 로이터-AP통신 모니터에 지표가 뜨는 순간 환율은 급변동했습니다. 이에 따라, 딜러들의 희비가 엇갈렸습니다. 단 1초만이라도 빠르게 정보를 접하거나 다른 딜러보다 빠르게 지표의 의미를 파악할 수 있었다면, 엄청난 돈을 벌었을 테니까요. 이후 채권, 주식, 원자재, 신용 및 각종 파생상품 트레이딩으로 업무를 확대하고 국내외 대고객업무와 상품개발을 관장하는 동안 두세 차례 경제위기를 경험하였습니다. 그리고 그 과정에서 경제가 개인과 기업, 국가 모두에게 얼마나 중요한지 절감하였습니다. 이후 대학에서 학생들을 가르치면서, 난해한 경제 개념을 보다 효과적인 방법으로 책에 담아야 할 필요성을 느끼게 되었습니다.

세계경제는 급속한 공동화와 정보기술의 발전으로 인해, 국가 간 무역 규모가 증가하고 있을 뿐만 아니라 자본이동이 빨라지고 정보와 기술이 신속히 전파되고 있습니다. 특히 미국 경제는 전 세계 금융시장과 실물경제에 막대한 영향을 미치고 있습니다. 각국의 주가와 채권시장은 국가의 경제상황과 개별 기업들의 실적보다는 미국 경제지표와 연준의 코멘트에 따라 좌지우지되고 있습니다.

본 서는 이론적·수학적 접근을 지양하고 최근 데이터와 함께 기본 개념과 경제 이슈들에 대한 이해의 폭을 넓히는 방향으로 집필하였습니다. 본 서는 총 14개의 Part로 구성되어 있습니다. 이를 크게 구분하면, Part 1은 경제학의 목적과 대상, Part 2~5까지는 미시경제의 기초적인 개념, Part 6~11까지는 거시경제변수와 이론, Part 12~13은 재정정책과 통화정책의 유효성, Part 14에서는 경제학이 풀어야 할 현안 과제들을 서술하고 있습니다.

Part 1	경제학의 목적과 대상
Part 2~5	미시경제의 개념
Part 6~11	거시경제변수와 이론
Part 12~13	재정정책과 통화정책
Part 14	경제학이 풀어야 할 현안 과제들

 학부를 졸업할 당시 은사님은 "이제 사회인이 되면 『The Economist』나 『BusinessWeek』과 같은 경제주간지를 지니고 다니면서 관심 있게 읽고 경제가 어떻게 돌아가고 있는지 늘 파악해야 한다."고 말씀해주셨습니다. 경제학은 학문을 연구하는 사람들에게만 국한된 분야가 아니며, 개인과 기업의 의사결정 및 정부의 정책을 만드는 데 중요한 역할을 합니다. 본 서를 통해 경제학의 기본 개념을 이해하고 경제의 최신 트렌드를 읽는 데 도움이 되기를 바랍니다.

 저의 새로운 여정을 늘 응원하고 격려해주는 가족과 주위 분들에게 감사의 말씀을 드립니다. 또한 본 도서가 출판되기까지 많은 도움을 주신 엄재근 교수님께 특별한 고마움을 표합니다.

목차

들어가며　2

Part 1. 경제학이란

경제적 인간과 선택　12
경제학은 어렵다?　15
구성의 오류　17
당도와 매운맛　20
드라마 「눈이 부시게」　22
경제와 경기변동　24
경제의 당면한 과제들　26

Part 2. 재화와 가격

시장경제의 작동원리　30
물과 다이아몬드　34
맥주 한잔의 즐거움　36
인간과 인공지능　38
콩코드의 퇴장　40
아일랜드의 대기근　43

Part 3. 시장의 생리

이윤극대화가 답?　46
농부의 배추 수확량　48
최적의 배추 생산량　50
현대자동차의 도약　52

Part 4. 시장 메커니즘

치킨과 맥주　56

모노폴리 게임　59

게임이론　62

반복게임과 포크정리　65

테슬라의 치킨게임　67

질레트 면도기와 공짜 경제　69

퍼플오션　71

2080 법칙　73

Part 5. 시장실패

염색공장의 폐수　76

무임승차자　79

중고차와 레몬마켓　81

Part 6. 국민소득과 총수요

국가의 경제성적표　84

기준이 되는 지표와 측정 방법　86

국민소득의 결정 요인　93

소비　96

투자　103

정부지출　106

순수출　109

승수효과　111

Part 7. 고용과 노동시장

실리콘밸리의 실직자들　116
실업급여와 실업률　119
실업의 유형　123
장미족과 청백전　127
비자발적실업을 줄여라!　130
노동시장의 유연안정성　133
장시간 노동　136
일자리 창출　138

Part 8. 물가와 국민경제

난방비 폭탄　142
바이든의 불평　144
빌라왕　148
디플레이터　152
기대인플레이션　155
스타벅스 라떼　158
좋은 인플레이션　161

Part 9. 화폐와 이자율

돈과 화폐　164
화폐를 보유하는 이유　166
화폐의 공급경로　168
화폐의 가격, 이자율　171
화폐의 양　174

Part 10. 국제수지와 환율

개방경제의 이익　178
사과 vs. 오렌지 생산　180
환율의 영향　183
균형환율의 결정　186
국제수지와 대외 여건들　189

Part 11. 경제성장과 경기변동

경제가 성장하려면　194
삶의 질을 높이자!　197
경제는 어떻게 움직이나?　201
탄광 속의 카나리아　204
10년 주기설　206
어떻게 예측하나?　208
경제학에서 복잡계　212
징후를 찾아라!　214
R과 S의 공포　218
어떻게 자산을 배분할 것인가?　221
주식투자의 큰 그림　223

Part 12. 재정정책과 정부

시장의 균형과 학파들의 견해　228

큰 정부의 시대　232

달고도 쓴 열매　236

샤워실의 바보　239

시장의 실패와 정부의 실패　241

소주성의 효과　243

국가는 재정적으로 건강한가?　246

얼마를 어디에 쓸 것인가?　250

정부의 신뢰와 정책의 일관성　253

거위의 깃털　256

"GDP and Beyond"　260

Part 13. 통화정책과 중앙은행의 역할

중앙은행의 역할　264

매파와 비둘기파　268

잭슨홀 미팅　272

펀치볼　274

금리인상과 테이퍼링　276

베이지북과 대차대조표　280

FED PIVOT　284

유동성함정과 아베노믹스　287

포워드 가이던스　291

긴축발작　294

2% 물가목표　297

어떤 정책이 효과적인가?　300

Part 14. 경제가 풀어야 할 현안

깨진 유리창　304

초고령화 사회　307

슬로벌라이제이션의 시대　309

5차 산업혁명과 가상자산　311

연금개혁과 세대갈등　313

명태와 꿀벌의 실종　315

글로벌 공급망, CHIPS Act와 IRA　318

노동시장과 코리아 디스카운트　322

일본 문화와 디지털화　326

The winner takes it all!　329

코끼리 사냥꾼　331

헬로 SOFR　334

DEEP STATE와 Q　336

임금-물가 스파이럴　339

정조의 수원화성　341

근린궁핍화정책　344

예상치 못한 시장의 충격　346

기축통화의 힘　349

화의와 척화　352

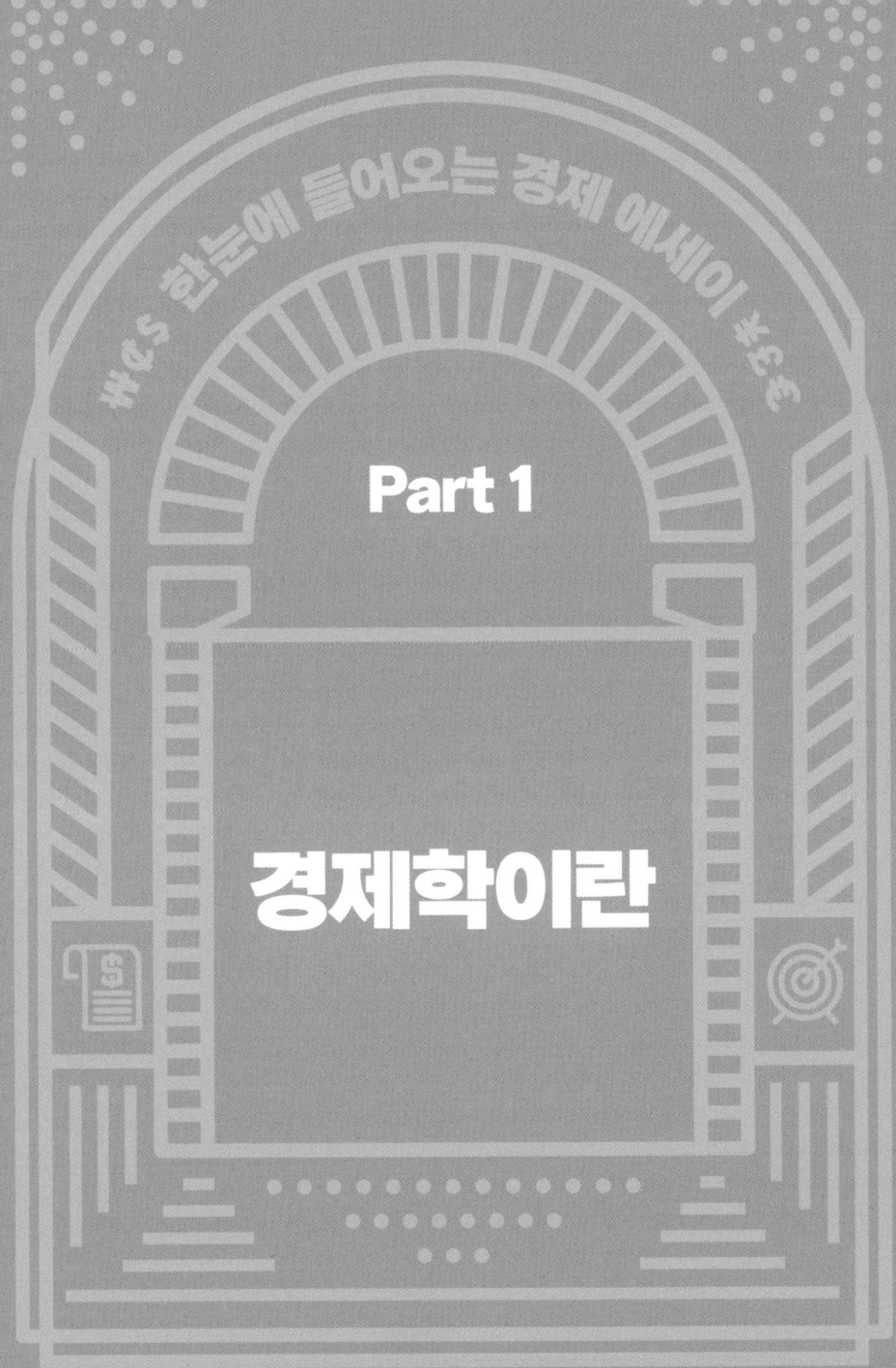

Part 1
001

경제적 인간과 선택
economic man and choice

　일반적으로 인간은 더 많은 소유나 성취를 이루어 충족이 커지거나, 욕망이 작을수록 더 큰 행복감을 느낍니다.

$$행복(happiness) = \frac{충족(satisfaction)}{욕망(need)}$$

　사람의 욕망은 끝이 없는 반면, 욕망을 충족시킬 수 있는 돈, 능력, 시간 등과 같은 자원은 늘 부족하지요. 따라서, 희소한 자원을 어떻게 사용하는 것이 최선일지 고민하게 됩니다. 자원이 제한된 상황에서 개인이나 집단이 어떻게 선택을 만들고 자원을 할당하는지를 연구하는 학문이 경제학입니다. 이러한 이유 때문에 경제학을 '선택의 학문'이라고도 부릅니다.
　경제학은 철학, 심리학, 사회학 등과 함께 기초 사회과학에 속하며, 기업의 활동을 다루는 응용 사회과학인 경영학과는 다른 분야입니다.
　경제학의 학문적 체계는 1776년 애덤 스미스가 저술한 『국부론』을 기원으로 여깁니다. 이 책에서는 현대경제학의 기반이 되는 개념과 원리를 포함하고 있으며, 시장경제와 경제주체의 행동에 대한 분석을 다루고 있습니다. 애덤 스미스는 경제주체들이 자유로운 시장에서 자기 이익을 추구함으로써 전체 사회의 복지가 증가한다는 '보이지 않는 손'의 개념을 제시하였습니다. 한편 이와 비슷한 시기에 다산 정약용은 실학을 집대성한 『경세유표』, 『목민심서』, 『여유당전서』를 저술하여 경제와 사회 문제를 다루었습니다. 1876년 개항과 함께 서구의 경제학이 우리나라에 소개될 때, 경제학이라는 용어는 일본으로부터 도입되었지만, 우리에게도 경세제민經世濟民(다스릴 경, 세상 세, 도울 제, 백성 민), 즉 '세상을 잘 다스려 백성을 구한다.'는 개념이 있었기 때문에 손쉽게 받아들여졌습니다.

경제학은 개인적·사회적 차원에서 이루어지는 모든 경제적 선택행위를 연구대상으로 하며, 가설을 만들고 검증하여 이론적으로 설명합니다. 경제학은 사람들의 경제활동에서 특정한 규칙성을 발견하는 것에 그치지 않고, 원인과 결과를 규명하여 미래 상황을 예측하는 데 쓰입니다. 경제학은 무엇을 선택하라고 지시하지는 않지만, 어떤 선택이 이루어졌을 때 그 결과를 예측하고 이해하는 데 도움을 줌으로써 귀중한 자원의 낭비를 최소화하게 합니다.

경제학은 복잡한 경제활동에서 특정한 규칙성을 찾습니다. 복잡한 인과관계를 단순화하고 일반화하려면, '다른 조건이 일정하다면'과 같은 여러 가지 전제가 필요합니다. 이 때문에 경제학을 '가정(if)의 학문'이라고도 부릅니다.

애덤 스미스는 "인간은 누구나 자신의 이익극대화를 위해 행동하며 이에 따라 합리적 선택을 한다."고 가정했는데, 이 가정은 수세기 동안 크게 변하지 않고 있습니다. 합리적 선택은 최적화 행동을 의미하는데, 예를 들어 집에서 멀리 떨어진 주유소의 기름값이 집 근처보다 싸더라도 먼 주유소에 가는 비용과 시간을 감안하여 집 근처 주유소가 경제적 이득이 있으면 근처 주유소를 이용한다는 것입니다. 여기서, 선택으로부터 얻을 수 있는 편익benefit을 위해서는 대가인 비용cost이 발생하는데, 결국 경제원리는 '최소의 비용으로 최대의 편익'을 얻으려는 선택입니다. 또 하나의 중요한 전제는 사람들은 경제적 유인incentive에 반응한다는 것입니다. 야채 가격이 오르면 사람들은 야채를 덜 사게 되고, 생산자인 농부는 좋은 가격에 팔 수 있기 때문에 야채 생산을 늘립니다. 이러한 경제적 유인은 편익을 증가시키거나 비용을 감소시키는 방식으로 사람들의 행동을 유도하여 합리적인 선택을 만들게 합니다.

경제학이 다루는 분야는 개인의 소비 및 저축, 기업의 생산 및 가격 결정뿐만 아니라 국민총생산, 경제성장, 실업률, 물가수준, 국가 간에 무역 마찰 등 다양한 분야를 포함합니다. 또한 경제주체들의 경제활동을 뒷받침하기 위한 각국의 경제체제와 정책도 중요한 연구대상입니다.

경제학에는 다양한 분야가 있습니다. 화폐와 화폐를 사용하는 금융시스템이 경제에 미치는 영향을 연구하는 화폐경제학, 자원배분의 경제적 효율성과 소득분배의 형평성을 기준으로 사회후생을 비교하여 우열을 가리는 후생경제학, 공적경제의 관리를 연구하는 정치경제학, 노동시장 참여자들의 행동을 분석하는 노동경제학, 심리학을 기반으로 경제적 현상을 분석하는 행동경제학 등의 분야가 있습니다.

경제학은 어렵다?

Part 1
002

Is economics difficult?

경제는 우리 삶과 매우 밀접한 관계가 있습니다. 그럼에도 불구하고, 많은 사람들은 경제학을 어렵거나 따분하게 느끼며, 전문가의 영역이라고 생각합니다.

경제학은 '현재 시장에서 거래되는 가격이 적당한가?', '왜 경제는 침체되는가?', '왜 개개인과 국가 간에 부의 편중이 생기는가?', '경제가 커졌음에도 왜 더 많은 실업이 발생하는가?' 등과 같은 다양한 사회현상에 답해야 합니다.

이러한 궁금증을 풀기 위해 복잡한 인과관계에 대한 경로를 찾다 보니, 이를 설명하는 경제학자들의 이론은 갈수록 어려워졌습니다.

경제학의 역사는 자본주의 발전과 같이 해왔습니다. 시장 기능을 옹호하여 자유방임을 주장했던 애덤 스미스 이후, 19세기 중반에 들어 자본가들이 노동자들을 착취하고 자신들의 이익만을 추구하자 자본주의를 비판하는 경제이론인 칼 마르크스의 『자본론』이 등장했습니다. 이후 1930년대 경제대공황이 발생하면서 국가가 시장에 적극적으로 개입해야 한다는 케인즈의 일반이론이 주류 이론이 되었습니다. 1970년대에는 정부의 지나친 간섭이 비효율을 초래하기 때문에 시장 기능에 맡겨야 한다는 신자유주의를 주장하는 학자들이 생겨났습니다. 이 밖에도, 제도학파, 통화주의, 행동경제학, 신제도주의, 포스트 케인지언 등 다양한 학파가 각기 다른 시각에서 경제를 연구하고 자신들의 주장을 펼쳤습니다.

이들 이론들은 서술적으로 표현되기도 하지만, 많은 경제 이론들이 어려운 용어, 복잡한 수식과 도표로 설명되어 경제학을 배우려는 사람들에게 어렵게 다가옵니다. 이는 현실 문제를 적극적으로 해결하려는 노력보다는 이론적으로 설명하는 데 지나치게 치중한 면이 있습니다. 또한 경제학자들의 대중과의 소통 부족도 경제학을 어렵게 느끼게 하는 한 가지 원인입니다.

경제학을 포함한 사회과학은 정답이 없는 학문입니다. 그렇기 때문에, 많은 다른 의견이 있을 수 있고 논쟁을 통해 결론에 도달하기도 합니다. 따라서 경제학 공부는 상대방을 존중하고 민주적인 토론 방식을 채택하여 다양한 의견과 관점을 포용하고 논리적인 논쟁을 통해 이루어지는 것이 효과적입니다.

구성의 오류
Part 1 / 003
fallacy of composition

나무가 모여 숲을 이루지요. 하지만 우리가 개별 나무를 안다고 해서 숲을 알 수는 없습니다. 나무가 많은 숲을 알려면, 나무도 알아야 하고 숲도 알아야 합니다.

'구성의 오류'란 부분적으로는 타당해 보이는 것이 전체적으로는 성립되지 않음을 뜻합니다. 즉, 개개인의 입장에서 옳은 행동이 구성원 전체로 확대하면 잘못된 결과를 초래하기도 한다는 것입니다.

경제에서도 '전체는 단순히 부분의 합'과 같지 않습니다. 개별 시장의 변화와 개별 경제주체의 행동을 단순히 집계한 것만으로는 전체 국민경제의 변화를 제대로 파악할 수 없습니다. '절약의 역설 paradox of thrift'은 '구성의 오류'의 대표적인 예입니다. 개개인이 절약하여 저축을 많이 하면 미래소득이 늘어 장래에 안정적인 생활을 기대할 수 있고, 기업도 투자자금 조달이 용의해져 투자활동이 활발해질 수 있습니다. 하지만 모든 국민들이 소비를 외면하고 저축에만 몰두한다면 국가적으로 물건이 팔리지 않아 재고가 쌓이게 되고 생산활동의 위축으로 실업은 늘어 국민소득이 감소하여 경기침체가 발생합니다.

　경제학은 크게 '미시경제학'과 '거시경제학'으로 분류합니다. 미시경제학은 가계 및 기업과 같은 개별 경제주체의 경제활동을 분석하는 분야이고, 거시경제학은 국민경제 전체를 다룹니다. 미시경제학은 자원의 배분과 기업 행동에 초점을 맞추어, 개별 상품이 시장에서 이뤄지는 균형점인 '가격'이 주요 관심사입니다. 예를 들어 소비자는 상품 가격에 어떻게 반응하고 기업은 생산과 가격을 어떻게 결정하는지를 설명하는 분야가 미시경제학입니다. 미시경제학에서는 주로 수요와 공급, 소비자이론, 게임이론, 독점시장이론 등이 다루어집니다. 반면, 거시경제학은 한 나라 또는 글로벌 경제 전체의 경기변동, 경제성장, 실업, 이자율, 환율, 국제수지 등과 같은 문제가 주요 쟁점입니다. 거시경제학은 국가 단위의 경제를 대상으로 하기 때문에, 정부의 정책과 상관관계가 큽니다. 따라서, 불황, 인플레이션, 실업 등을 줄여 지속적인 국가경제 성장을 위한 정부의 역할은 무엇이고, 어떤 정책이 효율적인지를 주요 연구의 대상으로 합니다. 거시경제학의 주요 이론은 경기변동론, 경제성장론 등이 있습니다.

　미시경제학과 거시경제학의 차이점을 정리하면 다음 표와 같습니다.

구분	미시경제학	거시경제학
분석대상	개별 경제주체들의 행동분석	총량적·집계적 분석
분석초점	가격 중심의 자원배분	국민소득 중심의 자원고용
분석변수	가격, 소비량, 생산량, 자원배분 등	물가, 실업, 이자율, 등
학파	고전학파	케인즈학파
가정	완전고용, 가격 신축성	불완전고용, 가격 경직성
경제주체	사경제 중심	혼합경제 중심

미시경제학과 거시경제학은 다루는 대상과 관점이 다르지만, 이 둘은 별도의 분야가 아닌 상호보완적인 관계에 있습니다.

Part 1
004

당도와 매운맛
brix and scoville

 사람들마다 맛에 대해 느끼는 강도가 달라, 어떤 과일이 더 달고 어떤 고추가 더 매운지 객관적으로 말하기란 쉽지 않습니다.

 과일과 야채를 파는 미국의 마트에 가면 당도와 매운맛 등을 측정해 숫자로 보여줍니다. 과일의 단맛은 '브릭스'로, 고추의 매운맛은 '스코빌' 수치로 표시합니다. 사람들은 이를 참조하여 자신의 취향대로 취사선택을 하게 되지요.

 나라마다 자신들의 언어가 있지만, 숫자는 만국 공통입니다. 수학자들은 숫자가 질서를 창조하고 이해하는 데 필수적인 도구로 간주합니다. 고대 그리스 철학자인 필롤라오스는 "인식할 수 있는 것은 모두 숫자를 가지고 있다. 숫자가 없으면 무엇 하나 이해하거나 생각할 수 없다."는 말을 남겼습니다. 중세 유럽의 귀족들은 로마숫자의 사용을 자신들만의 특권을 유지하려는 욕심에 사용하기 편한 아라비아 숫자 체계의 도입을 수세기 동안 반대하기도 했습니다.

 경제에서 숫자의 사용은 필수적입니다. 숫자는 우리 일상의 경제활동에 셈과 시간의 변화에 대한 표현을 가능하게 하고, 다양한 경제지표를 만드는 수단으로 쓰입니다. 이러한 지표는 예년의 것 또는 다른 국가의 숫자와 비교 가능하게 하여, 경제 현상이나 변화를 파악하고 예측하는 데 쓰입니다.

사실 경제는 '숫자' 자체보다는 '통계'를 기준으로 삼습니다. 사전에서 통계統計는 '한곳에 몰아서 어림잡아 계산함' 또는 '어떤 현상을 종합적으로 한눈에 알아보기 쉽게 일정한 체계에 따라 숫자로 나타냄'으로 정의합니다. 경제학은 과거 이론 중심에서 벗어나 통계를 기반으로 한 계량경제학Econometrics의 발전으로 현실 경제문제를 보다 실효적으로 분석하고 예측하게 되었습니다. 경제를 분석함에 있어 경제변수들 간에 연관성을 찾는 것만으로는 충분치 않고, 관련 변수들의 크기를 알아야 할 필요가 있습니다. 계량경제학은 통계의 분석 도구를 이용하여 크기를 파악하고 경제문제에 효과적인 대처를 가능하게 합니다. 실질적으로 이론 및 가설을 설정하고 변수를 선정한 후, 모수의 부호와 크기, 모형의 수학적 형태 등을 고려해 모델을 만듭니다. 이에 맞는 자료를 수집하고, 통계적 기법을 사용하여 추정한 후, 추정결과의 통계적 유의성을 살펴봅니다. 또 미래 값을 예측하여, 정책을 수립하고 집행하는 데 활용합니다. 전 세계 데이터 양은 2022년 97제타바이트에서 2025년에는 거의 두 배가 증가하여 180제타바이트에 이를 것으로 예측됩니다. 그야말로 빅데이터 시대가 도래할 것입니다. 또한 AI 등을 활용한 각종 통계적 분석기법이 눈부시게 발전하고 있습니다.

문제는 분석의 결과를 어떻게 해석하고 실행하느냐입니다. 분석 결과를 판단하는 데 있어 오류나 도덕적 해이가 발생하거나, 분석 결과를 특정 집단을 위한 정치적 의도를 가지고 해석한다면 이는 잘못된 정책으로 이어져 국민이 피해를 입게 될 것입니다.

드라마 「눈이 부시게」

Drama 「A blinding」

젊은이들이 데이트할 때 즐겨먹는 파르페는 아이스크림에 각종 과일, 과자, 시럽, 생크림 등을 얹어서 유리컵에 담아 먹는 디저트의 일종입니다.

파르페parfait는 원래 '완전한perfect'이라는 의미를 가진 프랑스어입니다. 하지만 인간이 사는 세상에 완전한 것이란 없습니다. 드라마 「눈이 부시게」에 등장하는 배우 김혜자 씨의 대사 중에 '등가교환의 법칙law of equivalence exchange'이란 용어가 등장합니다. 이는 소중한 하나를 선택하면 그만큼의 소중한 다른 하나를 희생해야 한다는 자신의 인생철학을 소개하는 장면에서 나온 용어입니다.

경제학에서 등가교환은 '동일한 가치를 갖는 두 상품의 교환'을 의미합니다. 기본적으로 상품의 사용가치와 교환가치가 일치하는 등가교환이 성립되어야 거래가 이루어집니다. 하지만 자본주의 사회에서 가치와 가격이 일치하는 경우는 흔치 않으며, 많은 경우 부등가교환을 통해 평균적으로 또는 관념적으로 등가교환이 성립된다고 봅니다. 화폐 역시 중앙은행이 금을 보유하고 증서인 화폐를 유통시켜 사용가치는 거의 없고 교환가치만 존재하기 때문에 부등가교환이 생깁니다.

　등가교환은 원래 마르크스의 『자본론』에 등장하는 용어입니다. 마르크스는 가격은 수요와 공급에 의해 결정되고 가치는 사회적 평균 노동시간에 의해 결정된다고 보았습니다. 마르크스는 가격보다 가치에 중점을 두어 연구했고, 결론적으로 노동자의 사용가치가 노동자의 교환가치보다 낮아 자본가들이 노동생산물을 착취한다고 주장했습니다.

　등가교환의 법칙은 우리가 상품 가치만큼 돈을 지불해야 하는 것처럼, 원하는 것을 얻기 위해서는 그 가치만큼 희생이 필요하다는 것입니다. "세상에 공짜 점심은 없다(TANSTAAFL: There ain't no such thing as a free lunch)."라는 미국의 격언이 있고, 러시아에도 "공짜 치즈는 쥐덫에만 놓여 있다."란 속담이 있습니다. 이는 어떤 것을 얻으려면 반드시 상응하는 대가인 비용을 지불해야 한다는 의미입니다.

Part 1
006 경제와 경기변동
economy and economic cycle

때때로 우리는 '경제'와 '경기'를 혼동하여 사용하기도 하지요. 경제와 경기는 영어로는 둘 다 'economy'라는 단어를 사용하지만 엄밀히 보면 경제와 경기의 의미에는 차이가 있습니다.

경제는 인간의 생활에 필요한 재화나 용역을 생산·분배·소비하는 모든 활동을 의미합니다. 하지만 경기(景氣)의 '경景'은 해가 비춘다는 의미의 한자어로 호황·불황과 같은 경제활동의 상태를 뜻합니다. 경제는 정책, 제도와 같은 구조적인 개념이 강한 반면, 경기는 경제의 흐름 또는 상태를 칭할 때 사용합니다. '경기가 좋다'는 것은 생산, 소비, 투자, 고용 등 각종 경제활동이 전반적으로 활발한 경우이고, 반대로 '경기가 안 좋다'는 것은 경제활동이 위축되는 것을 의미합니다.

경기 동향은 모든 경제주체들의 관심사입니다. 경기흐름에 따라 기업은 생산과 투자를, 개인은 소비와 저축 수준을 결정하며, 정책당국은 안정적 경제성장을 도모하기 위해 필요한 경제정책을 펼칩니다.

경기 동향은 경기종합지수, 선행지수, 후행지수, 산업활동동향 등의 지표를 파악하고 미래를 예측합니다. 경기와 경제가 반드시 동행하는 것은 아닙니다. 경기가 좋아도 경제는 나빠질 수 있고, 반대로 현재 경기는 나쁘지만 정부의 적극적인 구조조정 정책으로 향후 경제가 좋아질 수 있습니다. 특히, 산업의 경쟁력 저하 및 생산성 둔화 등의 문제는 경기보다는 경제의 구조적인 측면에서 해법을 찾아야 합니다.

경기흐름은 늘 등락이 있기 마련입니다. 경기가 지나치게 호황이거나 불황이 되면, 정부와 통화당국이 나서 재정정책 또는 통화정책을 써서 경기를 안정시킵니다. 예를 들어 경기가 부진에 빠지면 정부는 예산을 더 확보하여 추가적인 SOC사업을 수행하거나, 중앙은행이 금리를 인하 또는 통화량 공급을 늘려 경기부양에 나섭니다.

경제구조와 관련된 문제에는 보다 많은 시간과 노력이 요구됩니다. 산업 구조가 바뀌면서 경제성장률이 답보 상태가 되면 소비가 줄고 일자리 창출이 어려워집니다. 또 급속한 인구고령화는 생산성의 둔화를 불러오고 경제 전반에 활력을 떨어뜨립니다. 소득의 양극화 현상은 사회적 갈등을 불러와 불필요한 사회적 비용을 발생시킵니다. 이와 같은 경제의 구조적인 문제에는 경기의 일시적인 흐름보다 더 장기적인 목표와 비전이 필요합니다.

Part 1
007 경제의 당면한 과제들
challenges of the economy

경제학은 다루는 분야가 매우 광범위합니다. 국가별·시대별로 상대적 중요성이 다를 수 있으나, 국가의 경제목표는 일반적으로 효율성과 형평성, 경제성장, 완전고용, 물가안정입니다. 하지만 이들 목표 간에는 상충관계가 있어 동시에 모든 것을 달성할 수는 없습니다. 예를 들어 물가를 잡으려면 경제성장은 일정 부분 포기해야 하고, 사회적 약자를 보호하기 위해 최저임금을 올리면 실업자가 늘어나게 됩니다. 따라서 국가는 경제목표를 세울 때 우선순위를 두고 정책 방향과 수단을 결정합니다.

근본적으로 국가경제의 목표는 국민소득을 높여 국민 삶의 질을 향상시키는 것입니다. 국민소득은 물가가 반영된 국민들의 구매력을 나타내는 실질소득이 기준이 되어야겠지요. 안정적으로 실질국민소득을 높이기 위해서는 물가뿐만 아니라 실업, 교역 문제 등을 해결해야 합니다. 그 밖에도 산업 추이의 변화, 인구 변화, 기후변화, 국제 정세와 글로벌 공급라인의 변화 등에 따라 적절하게 대응해야 경제가 안정적으로 성장할 수 있습니다.

기존의 제조업과 대면형 서비스 중심의 산업구조가 인공지능, 빅데이터 등 디지털기술을 이용한 제4차~제5차 산업으로 빠르게 전환되고 있습니다. 3D

프린팅, 로봇, 인공지능, 챗GPT 등을 바탕으로 한 가상물리 시스템이 발전하여 실제 산업현장에서 사용되기 시작했으며, 사람들의 일자리를 대체하는 단계에 이르렀습니다.

인구고령화도 큰 문제입니다. 인구고령화는 대부분의 나라에서 발생하고 있는 현상이지만 우리나라의 고령화 속도는 매우 빠릅니다. 이는 청년층의 초저출산과 의료기술이 발달하면서 평균수명이 길어진 것이 주원인입니다. 2016년에 들어 처음으로 우리나라의 고령자인구가 유소년인구보다 많아졌고, 2025년에는 5명 중 1명이 65세 이상 노인 인구일 것으로 예상됩니다. 이와 같은 인구절벽 현상은 생산인구 감소로 경제성장에 부정적인 영향을 미칠 것입니다. 또한 우리나라 고령층(66세 이상 은퇴 연령층)의 상대적 빈곤율은 43.2%로 OECD 주요국 중 가장 높습니다. 이들 세대의 불충분한 노후준비는 의료비, 연금, 사회복지 서비스 비용을 증가시켜 사회적·경제적 문제를 야기할 가능성이 다분합니다.

기후변화 역시 인간을 위협하는 심각한 문제입니다. 이는 자연환경 문제일 뿐만 아니라 경제문제이기도 합니다. 인류는 윤택한 삶을 영위하려고 오랫동안 환경을 파괴해왔는데, 이로 인해 발생한 기후변화는 노동생산성 저하, 질병으로 인한 사망률 급증, 농산물 수확량 감소, 불평등의 가속화 등을 초래했습니다. 이에 대응하기 위해 탄소세를 부과할 예정인데, 탄소세를 부과하면 2050년까지 GDP 성장률이 연평균 0.32%p 하락하고 소비자물가는 연평균 0.09%p 상승할 것으로 예상됩니다.

정보통신의 발달과 산업의 고도화로 세계 경제는 빠르게 단일화되고 있습니다. 코로나19 팬데믹의 발발로 소비가 줄면서 전 세계 경기가 동시에 위축되었지요. 또 러·우크라이나 전쟁을 시발로 전 세계 물가가 크게 흔들리자, 미국이 금리를 인상하기 시작했고 여타국들도 같이 금리를 올릴 수밖에 없는 상황입니다. 또 미·중 간의 패권경쟁은 무역과 통상을 둘러싼 분쟁뿐만 아니라 정보통신기술, 환율, 국방 및 안보 부문으로까지 빠르게 확대되고 있습니다. 또한 글로벌 공급망 체제의 변화도 중요한 현안으로, 이는 생산요소의 수급 차질로 경제성장에 악영향을 주고, 생산비용이 상승해 물가를 위협할 수 있습니다. 이 밖에도 청년실업 문제, 정치권의 포퓰리즘적 정책과 정책의 비연속성, 집값, 가계부채, 국가 간의 불균형 등 많은 사안들이 경제에서 다루어져야 할 중요한 과제입니다.

Part 2

재화와 가격

Part 2
008 시장경제의 작동원리
mechanism of market economy

  2018년 OECD 상품시장규제지수 분석에 따르면, 우리나라는 OECD 38개 회원국 중 6번째로 규제가 강한 것으로 나타났습니다. 규제가 많은 이유는 우리나라 국민들이 시장에 대한 불신과 반기업정서가 강해 시장경제가 원활하게 작동되지 않는 것이 주요 원인입니다. 지난 정부는 부동산 가격 안정을 위해 각종 규제를 만들고 시행했으나 부동산 가격을 잡는 데 실패했습니다. 정부가 바뀌면서 이번에는 완화적 정책을 실행하고 있는데 부동산 가격이 오히려 하락하고 있습니다. 물론 규제 정도가 부동산 가격변동에 있어 가장 중요하게 영향을 미치는 것은 아니지만 수요공급을 고려하지 않은 시장 규제는 시장에 잘못된 시그널을 주어 가격을 왜곡시킬 수 있습니다.

  '자본주의'는 오늘날 세계를 움직이는 대표적인 체제입니다. 자본주의를 사전적으로는 '이윤추구를 목적으로 하는 자본이 지배하는 경제체제'라고 정의하고 있는데, 시장에서 형성된 가격을 중심으로 경제가 운영되어 이를 '시장경제'라고도 부릅니다. 또 자본주의는 개인의 사유재산을 인정하기 때문에 기업이나 개인의 이윤 증대가 경제의 최고 목적이 됩니다. 이 체제는 모든 사회구성원들이 자신의 효용을 극대화하기 위한 최선의 선택으로 합리적 자원배분을 할 때, 더 많은 소비와 생산이 가능해져서 사회 전체의 효용이 극대화된다고 봅니다.

시장경제의 기본적인 작동원리는 수요와 공급의 변화에 따라 시장에서 가격이 결정되는 것입니다.

여기서 '수요'란 어떤 상품에 대해 소비자가 구매하고자 하는 욕구이며, 수요량은 특정 가격하에 소비자가 구매하고자 하는 양입니다. 가격과 수요량의 관계를 '수요의 법칙'이라고 부르며, 일반적으로 가격과 수요는 반비례합니다. 사람들은 비용과 편익을 고려하여 행동을 결정하는데, 편익이 비용보다 크면 그 상품의 구매를 결정하고 편익과 비용의 차이가 크면 클수록 더 많이 구입하게 됩니다. 하지만 어떤 상품의 가격이 상승하면 상품 소비에서 얻는 편익은 그대로인데 반해, 비용이 상승하므로 편익과 비용의 차이가 줄어듭니다. 편익보다 비용이 커지면 소비자들은 그 상품의 구입을 포기하고, 대신에 비슷한 만족감을 주는 다른 값싼 상품을 구입하게 됩니다. 이러한 가격변화에 따른 소비자들의 민감도 변화가 '수요의 가격탄력성 price elasticity of demand'입니다. 수요의 변화는 상품의 가격뿐만 아니라 그 상품을 사려는 사람들의 소득, 다른 재화의 가격, 인구변화, 소비자의 선호도, 금리, 세금, 미래가격에 대한 예상 등에 영향을 받습니다.

반면 '공급'이란 생산자가 재화 또는 서비스를 생산하고자 하는 욕구인데, 이 역시 생산자의 편익이 비용보다 클 때에만 실행됩니다. 공급도 수요와 마찬가지로 가장 중요한 요인은 가격입니다. 생산자 입장에서 가격이 올라가면 재화 또는 서비스를 더 많이 생산하고 가격이 내려가면 덜 생산해 가격과 공급량은 정비례 관계를 가지는데, 이를 '공급의 법칙'이라고 합니다. 상품의 공급량은 가격 외에도 생산기술, 미래에 대한 기대, 투입 요소의 가격, 자연조건 등에 영향을 받습니다.

사람들이 원하는 물량보다 확보된 가용 물량이 적은 부족 사태가 발생하면 필연적으로 경쟁이 발생합니다. 경쟁시장에서는 수요와 공급이 일정 수준에서 일치함으로써 시장가격과 거래량이 결정됩니다. 여기서 수요에 초점을 맞춘 이론을 '소비자이론', 공급에 초점을 맞춘 이론을 '기업이론(또는 생산자이론)'이라고 합니다.

아래 도표와 같이, 수요곡선과 공급곡선이 만나는 E점이 '시장균형'이 되고, 이때 균형가격 Pe가 형성됩니다. 수요는 일정한데 공급이 증가하면 공급곡선이 우측으로 움직이면서 가격이 하락합니다. 반대로 공급은 일정한데 수요가 증가하면 수요곡선이 오른쪽으로 이동하면서 가격이 상승합니다.

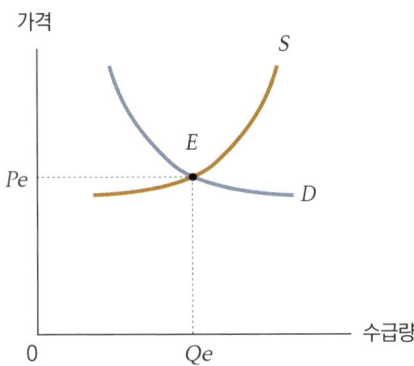

자본주의의 꽃은 '완전경쟁perfect competition'입니다. 완전경쟁시장은 생산자와 소비자가 다수 존재해서 시장의 가격 결정에 아무런 영향을 미칠 수 없는 시장입니다. 완전경쟁시장하에서 모든 공급자의 시장 지배력은 0이고 가격 수용자가 되며, 모든 재화의 품질이 같기 때문에 오직 가격만이 경쟁력을 가지는 시장을 의미합니다. 또 시장의 모든 참여자가 완전한 정보를 가지고 있어 시장가격은 늘 최저 가격에서 형성된다고 가정합니다. 하지만 완전경쟁시장은 현실에서는 존재할 수 없는 이론적 모형이고, 실제로는 자본의 차이와 진입장벽 등으로 시장을 지배하는 독점과 독과점 공급자가 생깁니다.

　시장에서 수요와 공급에 불균형이 생기면 경제에 크고 작은 문제가 발생합니다. 예를 들어 아파트 공급은 제자리 걸음인데 수요가 증가한다면 가격은 오를 수밖에 없지요. 특히 재화가 의식주와 관련된 필수재라면 다수 국민이 피해를 입게 됩니다. 이러한 문제를 정부가 해결해주어야 한다는 것이 '수정 자본주의'입니다. 하지만 정부가 상황을 잘못 판단하고 잘못된 방향으로 시장에 개입하면 오히려 더 큰 문제가 발생할 수 있기 때문에 매우 신중한 결정이 필요합니다.

　수요와 공급 및 균형의 개념은 시장에서 공급자와 소비자에 대한 미시경제적 분석에 필수적입니다. 거시경제학에서는 이를 응용해 총수요-총공급 모형으로 국가경제를 분석합니다.

물과 다이아몬드
Part 2 / 009
water and diamond

　물과 다이아몬드 중에 물의 사용가치는 다이아몬드보다 월등히 높으나 교환가치는 다이아몬드가 훨씬 높지요. 애덤 스미스는 효용과 가격의 괴리현상을 '가치의 역설paradox of value'이라는 용어를 사용해 설명했는데, 물과 다이아몬드처럼 유용성과 희소성 사이에는 역설적인 관계가 있다는 것입니다.

　생활에 꼭 필요하지 않은 다이아몬드의 가격이 비싼 것은 희소성 때문입니다. '희소성scarcity'이란 인간의 물질적 욕구에 비해 이를 충족시킬 수 있는 질적·양적 공급이 부족한 상태입니다. 희소성은 수요와 공급의 상대적 크기에 따라 결정됩니다. 자원의 희소성은 양 자체가 절대 부족해 생기기도 하지만, 보통은 상대적인 개념입니다. 중동의 사막지역에서 물은 귀한 자원인 반면, 우리나라 같은 비산유국은 석유가 물보다 희소성이 높습니다. 희소성이 높은 재화와 서비스는 비용 대비 가격이 높아 생산자 입장에서는 이를 더 공급할 인센티브를 가지게 되어, 노동과 자본 같은 생산요소를 투입해 더 많은 재화와 서비스를 생산하게 됩니다. 하지만 가격이 상승하면 수요가 감소해 희소성이 낮아지고 더 많은 공급은 가치를 떨어뜨립니다. 2023년 다이아몬드 원석의 가격은 전년에 비해 40%가량 폭락했습니다. 원석 가격이 떨어진 주요 원인은 다이아몬드 합성 제조 기술이 발달하면서 천연 다이아몬드와 다를 바 없는 인조 다이아몬드의 공급이 늘었기 때문입니다.

　'비용'은 어떤 일을 하는 데 드는 돈, 즉 어떤 경제행위를 하는 데 발생하는 손실입니다. 사람들이 경제활동을 하는 데에는 늘 비용이 발생하지요. 예를 들

어 가계가 소비행위를 하려면 대가를 지불해야 하고, 기업이 생산활동을 할 때에도 생산요소에 대한 비용이 발생합니다. 앞서 언급한 대로, 사람들은 자원이 부족하기 때문에 가질 수 있는 자원 안에서 가장 큰 만족을 얻을 수 있는 선택을 찾게 됩니다. 단순히 만족이 크다고 좋은 대안은 아니며, 주어진 자원 안에서 비용은 적게 치르고 만족을 최대한 크게 만들 수 있는 합리적인 선택을 하게 됩니다. 국가가 대규모 프로젝트를 계획할 때에도 사업으로 발생할 것으로 예측되는 편익과 비용을 비교해서 경제적 타당성을 판단합니다. 비용–편익분석을 적합하게 수행하기 위해서는 비용이 과소평가되거나 과대평가되지 않도록 주의해야 하는데, 여기서 사용되는 비용의 개념은 '기회비용opportunity cost' 입니다. 기회비용은 눈에는 보이지 않지만 선택했을 때 발생하는 진정한 비용입니다. 기회비용은 '어떤 자원을 이용해서 생산 또는 소비한 경우 그 자원으로 다른 것을 선택했을 때 얻을 수 있을 것으로 예상되는 잠재적인 비용'이라고 정의할 수 있습니다. 즉, 기회비용은 실제로 소비되는 비용이 아니라, 다른 것을 선택함으로써 포기하는 비용입니다. 기회비용은 선택을 하여 발생하는 실질적 비용인 '명시적 비용(회계적 비용)'과 선택을 함으로써 포기하게 되는 '암묵적 비용(잠재적 비용)'의 합입니다. 예를 들어 A 기업이 사내에 유보한 자금으로 새로운 사업에 투자한다면, 투자금에 대한 직접적인 이자가 발생하지 않습니다. 하지만 A 기업이 이 투자금을 새로운 사업에 투자하지 않고 대신 은행에 예금했다면 이자를 얻을 것입니다. 따라서 A 기업은 새로운 사업을 위해 이자수익의 기회를 포기한 것이지요. 결국 기회비용이 가장 작은 대안을 선택하는 것이 합리적인 의사결정입니다. 기회비용은 각 경제주체가 처한 상황에 따라 다르고, 이에 따라 선택이 달라집니다. 예를 들어 A 기업과 B 기업 모두에게 동일한 신규 사업기회가 있는데, A 기업의 기회비용이 B 기업의 기회비용보다 낮다면, A 기업이 이 사업을 선택할 가능성이 높습니다.

Part 2
010
맥주 한잔의 즐거움
pleasure of a glass of beer

    등산을 마친 후 동반자들과 시원한 맥주 한잔을 즐기는 것은 행복하고 기분 좋은 시간입니다. 하지만 두 잔, 세 잔 …… 적정량 이상의 음주를 하면 술로 인한 만족감의 크기는 줄고 오히려 주취로 인한 피로가 쌓여 건강에 해로울 수 있습니다.

    '효용'이란 재화와 서비스를 사용하여 얻을 수 있는 주관적인 만족감입니다. 효용이론에서는 모든 사람이 개인의 효용을 극대화하려는 합리적 인간이라고 전제하는데, 만족은 눈에 보이지 않는 추상적인 의미여서 측정하거나 관찰할 수는 없습니다. 따라서 효용이라는 개념을 사용하여 만족의 상대적 크기를 간주하며, 편익은 효용을 화폐가치로 표시한 것입니다.

    합리적 경제주체는 '한계marginal'를 선택의 기준으로 삼습니다. 여기서 한계란 추가적으로 얻을 수 있는 가치인데, 합리적 인간은 선택에 따라 추가적으로 늘어나는 이익변화분(한계편익)이 비용변화분(한계비용)보다 큰 경우에만 선택을 결정합니다.

    '한계효용'이란 동일한 재화를 하나 더 소비할 때 효용이 추가적으로 얼마나 증가하는가를 측정한 것입니다.

$$한계효용 = \frac{효용증가분}{소비증가분}$$

일반적으로 소비량을 늘리면 효용도 같이 증가하지만 소비가 늘어날수록 효용의 증가폭은 작아지는데, 이를 '한계효용체감의 법칙' 또는 '고센의 제1법칙'이라고 합니다. 한계효용이 떨어져도 소비에 대한 효용 자체가 줄어드는 것은 아니며, 증가폭이 줄 뿐입니다. 또 현실에서 소비자들은 제한된 예산하에서 소비활동을 하기 때문에 한계효용이 마이너스(-)가 될 수는 없습니다. 이때 한계편익과 한계비용이 균형을 이루는 E점이 소비자 효용을 극대화하는 지점이고, E점보다 왼쪽인 경우에는 비용보다 편익이 더 크므로 소비를 늘리고 오른쪽인 경우에는 소비를 줄이게 됩니다.

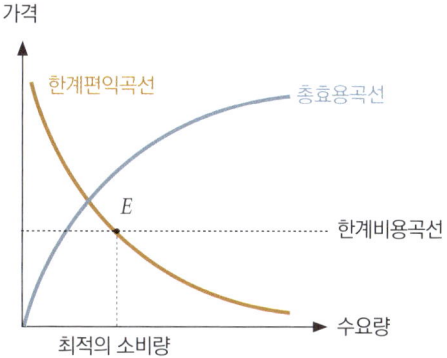

또 소비자가 복수의 재화를 소비할 때, 주어진 소득 내에서 각 재화의 한계효용이 균등하게 되도록 소비를 배분라는 것이 효용을 극대화하는 방법입니다. 이를 '한계효용균등의 법칙' 또는 '고센의 제2법칙'이라고 부릅니다. 예를 들어 맥주 가격이 5,000원이고 소주 가격이 4,000원인데, 운동 후에 맥주 1원당 한계효용이 소주보다 크다면, 맥주 선택이 합리적인 소비가 됩니다.

Part 2
011

인간과 인공지능
human vs. AI

　2016년 인공지능 알파고와 인간계 최고의 실력자 간의 바둑 대결이 있었는데, 대국 전 이세돌 9단은 "자신이 없어요. 질 자신이."라는 자신감을 표해 화제가 되기도 했습니다. 하지만 대국 최종 결과는 알파고가 4승 1패로 이세돌 9단에게 승리했고, 사람들은 예상치 못한 결과에 충격을 받았습니다.

　가계소득의 변화가 수요에 영향을 미치는 것을 '소득효과income effect'라고 부릅니다. 일반적으로 사람들은 소득이 높아지면 소비량을 늘리는데, 이에 해당하는 재화가 '정상재' 또는 '상급재'입니다. 반대로 소득이 늘면 소비가 주는 재화는 '열등재' 또는 '하급재'입니다. 예를 들어 연봉이 오르면 버스를 타기보다는 택시를 더 많이 이용하게 되는데, 이때 택시는 정상재이고 버스는 열등재라고 할 수 있습니다. 또 재화의 가격이 떨어지면 다른 재화 대신 해당 재화를 더 사게 되는데 이를 '대체효과substitution effect'라고 합니다. 대체효과는 소비자의 실질소득과는 관계없이 두 재화 사이의 상대가격의 비율 변화로 발생하는데, 이런 관계에 있는 재화를 '대체재'라고 합니다. 즉, 대체제는 성격이 비슷해 다른 상품을 대신하여 소비할 수 있는 재화입니다. 대체재의 예로는 커피와 녹차, 소고기와 돼지고기, 전철과 버스, 콜라와 사이다 등이 있습니다. 반면, '보완재'는 한 상품을 따로 소비하는 것보다 함께 소비할 때 더 큰 만족을 얻을 수 있는 재화입니다. 커피와 설탕, 짜장면과 단무지 등이 보완재의 예인데, 보완관계에 있는 재화는 한 재화의 수요가 증가하면 다른 재화의 수요도 같이 증가합니다.

　그럼 인공지능은 인간의 보완재일까요, 대체재일까요?

로봇이나 인공지능이 인간의 일자리를 빼앗을지도 모른다는 두려움이 현실로 다가오고 있습니다. 실제 많은 분야에서 인공지능이 활용되고 있고, 심지어 인간의 고유 영역으로 인식되던 분석력과 창의력을 요구하는 분야에서도 인공지능이 역할을 하기 시작했습니다. 2021년에는 로봇 프로세서 자동화 기술을 탑재한 AI변호사가 등장했는데, 이를 법률과 기술이 결합한 '리걸테크legal tech'라고 부릅니다. 현재 AI변호사는 적용할 법과 판례를 찾아주고 소액 소송의 서류작성을 도와주고 있는데, 놀랍게도 AI변호사가 도와준 사건은 인간변호사보다 20~30% 높은 승소률을 기록하고 있습니다.

2022년 12월 말에는 마치 영화 『아이언맨』의 자비스처럼 사용자와 대화하며 정보를 얻을 수 있는 챗GPT가 등장했습니다. 챗GPT는 단순히 인터넷에 흩어져 있는 정보를 제공하는 것이 아니라, 스스로 '실질적인 콘텐츠'를 생산하는 능력을 갖추었습니다. 챗GPT는 출시 2달 만에 사용하는 월 이용자가 2억 명을 넘어섰습니다. 학생들은 챗GPT를 사용해 숙제를 하며, 챗GPT는 미국 의사면허시험과 MBA시험에도 합격하는 능력을 보였습니다. 사실 반복적 성격이 큰 인간의 일자리는 인공지능을 탑재한 로봇에 의해 조만간 대체될 것입니다. 반대로 제4차~제5차 산업혁명과 관련된 기술직군과 관련 산업에서는 인간의 일자리가 더 늘어날 전망입니다.

'모라벡의 역설Moravec's paradox'은 '인간에게 쉬운 것은 컴퓨터에게 어렵고 반대로 인간에게 어려운 것은 컴퓨터에게 쉽다'는 컴퓨터와 인간의 능력 차이를 역설적으로 표현한 것입니다. 인공지능이 인간의 대체재가 아닌 보조재로서 상호보완을 통해 좀 더 나은 미래를 위해 작동되기를 기대합니다.

Part 2 012 콩코드의 퇴장
Concord's exit

영국과 프랑스는 10년 이상의 공동 개발 끝에 1976년 마하2 이상의 초음속 여객기 '콩코드'를 제작하여 상업 운행을 시작했습니다. 이 여객기의 속도는 지구의 자전 속도보다 빨라, 당시 항공사들은 "떠나기 전에 도착하라."라는 홍보 문구를 내걸기도 했습니다.

By Jeroen Stroes Aviation Photography from Netherlands - g-boab

하지만 이 비행기는 큰 소음과 짧은 비행거리 등의 기술적인 문제뿐만 아니라 연비가 매우 나빴습니다. 또한 최고의 승무원들이 제공하는 고급 기내 서비스, 콩코드 승객만을 위한 전용 라운지 운용, 헬리콥터 셔틀 서비스, 까다로운 미국 입국 심사도 단 2분 안에 통과하는 시스템을 갖추는 등의 고비용 구조의 서비스 방법을 택하면서 콩코드의 티켓 가격은 일반 여객기 일등석 가격의 2.5배가 넘었습니다. 탑승자 입장에서 콩코드는 부와 권위의 상징인 사치재였습니다. 이러한 낮은 경제성에 더해 오일 가격이 폭등하면서, 1976년 11월 불과 20대 생산을 끝으로 추가 생산이 종료되었고, 2000년 에어프랑스 소속 여객기의 사고가 발생하고 2001년 9·11 테러가 터지면서 결국 운항이 중지되고 콩코드는 역사 속으로 사라졌습니다.

'엥겔지수'는 가계의 국내 명목 소비지출액에서 식료품 지출이 차지하는 비율입니다. 독일의 통계학자 에른스트 엥겔은 가계소득이 늘면 의식주 문제가 개선되어, 식료품 지출 외에 다른 지출 비중이 더 늘어난다는 것을 입증했습니다. 1970년대 우리나라의 엥겔지수는 30%대였지만 점차 낮아져 2010년 후반 이후 10%대 초반을 기록하고 있습니다.

경제학에서는 '탄력성elasticity'이라는 용어가 자주 등장합니다. 탄력성이란 독립변수의 증감에 따라 종속변수가 변하는 비율(%), 즉 종속변수가 독립변수에 얼마만큼 민감하게 반응하는지 알려주는 지표입니다. 엥겔지수는 가계소득증가로 식료품비 지출 금액 자체가 줄어드는 것은 아니지만, 식료품비 지출 증가율이 소득증가율보다 높지는 않다는 것입니다. 앞서 언급한 '정상재' 수요의 소득탄력성은 0보다 크고 '열등재'는 0보다 작습니다. 정상재 중에서 소득탄력성이 0보다 크고 1보다 작으면 '필수재', 1보다 크면 '사치재'로 구분합니다. 식료품 수요의 소득탄력성은 1보다 작아 필수재로 구분됩니다. 사치재는 소득에 따라 수요량이 늘어나는 정도가 소득이 느는 정도보다 큰 재화입니다. 소량으로 생산되며 높은 가격에 판매되는 고급 승용차와 시계 등이 사치재에 속합니다.

사치재는 가성비를 따지는 재화가 아닙니다. 사치재의 가치는 희소성이며 여기에 여러 가지 스토리가 더해져 그 가치가 커집니다. 사치재 중에서도 명품이라고 불리우는 재화를 '베블런재Veblen goods'라고 합니다. 이 역시 '수요의 법칙'과는 달리 가격이 비쌀수록 소비가 증가하는데, 제품은 정확하고 적절한 속성을 갖추고 있으며 본질에 맞는 성과가 담보되어야 합니다. 베블런 효과는 미국의 경제학자인 베블런이 『유한계급론』에서 "상층계급의 소비는 사회적 지위를 과시하기 위해 이루어진다."라며 부유한 사람들의 과시적 소비행태를 비판한 데에서 유래되었습니다. 베블런재가 가격이 하락하면 사회적 지위를 과시할 수 있는 매력이 낮아져 오히려 수요가 감소합니다. 따라서 명품을 만드는 기업은 제품을 고급화하고 차별화하여 소비자의 구매 욕구를 자극하고 한정된 양만큼만을 공급해 제품의 희소성을 부각시키며 고가정책을 유지하는 전략을 펼칩니다.

과거 재화가 부족하던 시절에는 생산만 하면 판매되었습니다. 하지만 국가의 경제 규모가 커지고 시장이 개방되면서 물자가 풍족해짐에 따라 단순히 보통 제품을 생산하는 것만으로는 기업이 생존할 수 없습니다. 사치재에 대한 사회적인 인식은 대체로 부정적이지만 사람들은 남들과 다른 차별화된 제품과 서비스를 선호하며, 기업은 부가가치를 높이기 위해 필수재와 열등재가 아닌 사치재를 파는 데 더 많은 공을 들입니다. 기업은 제품이 어떤 재화로 시장에서 평가받고 있는지 파악하여 열등재로 분류되지 않도록 사전적으로 대응하는 전략을 펼칩니다.

Part 2 013 아일랜드의 대기근
the Great Famine of Ireland

우리나라와 아일랜드는 유사한 점이 꽤 많습니다. 특히 두 나라는 이웃 국가로부터 식민통치를 당했고, 민족정신이 강하며, 노인을 공경하는 대가족 전통과 자녀에 대한 뜨거운 교육열 등이 비슷합니다. 아일랜드는 1169년 이후 영국으로부터 지속적으로 침공을 받다가, 1542년에는 잉글랜드 국왕이었던 헨리 8세가 아일랜드를 통치하면서 식민상태가 되었고 이후 800년 동안 지배를 받게 됩니다. 아일랜드는 잉글랜드와 지리적으로는 매우 가까운 나라지만, 민족도 다르고 종교적 성향도 다릅니다.

감자는 원래 남미가 원산지입니다. 남미 안데스 지역에서 자생하던 감자는 1570년경 남미를 정복한 스페인 사람들이 유럽에 소개했습니다. 감자는 척박한 토양과 습한 기후에서도 잘 자라고, 경작과 보관이 쉬운 작물입니다. 하지만 유럽인들은 '악마의 식물' 또는 '비천한 계층의 식량'으로 취급했고, 유럽의 고소득층은 희고 고운 밀빵을, 중산층은 검은 호밀빵과 오트밀 죽을 즐겼습니다.

유럽 국가들 중에 저소득층이 많았던 아일랜드에서는 감자가 주식이었는데, 1840년대 초 감자역병이 발발하면서 대기근이 발생했습니다. 이 사건은 19세기 인류 역사의 가장 큰 재앙으로 기록되고 있습니다. 1843년 미국 뉴욕에서 시작된 감자역병은 전 세계로 빠르게 퍼졌는데, 특히 아일랜드에서 타격이 컸습니다. 당시 전체 인구 800만 명 중 100만 명이 목숨을 잃고 100만 명이 해외로 이주했습니다. 이 와중에도 당시 영국의 대지주들은 아일랜드에서 자란 곡물을 다른 나라에 수출하여 기아를 더 부추겼습니다. 그래서 "물론 감자 농사를 망친 것은 신이었다. 하지만 그걸 대기근으로 바꾼 것은 잉글랜드인들이다(the almighty indeed sent the potato blight but the English created the famine.)."라는 말이 있습니다.

잘 팔리던 상품도 가격을 인상하면 판매량이 감소합니다. 일반적으로 재화의 가격이 오르면 수요자의 실질소득이 줄어드는 소득효과가 발생해 수요가 줄어듦과 동시에 해당 상품과 유사한 효용가치를 지닌 다른 상품들로 수요가 이동하는 대체효과가 생깁니다.

하지만 여기에도 예외가 존재합니다. 그 중에 하나가 '기펜재'입니다. 기펜재는 가격이 상승할 때 수요가 늘고, 가격이 하락할 때 수요가 감소하는 수요의 가격탄력성이 플러스(+)인 재화입니다. 기펜재는 열등재 중에서도 소득효과의 크기가 대체효과보다 더 크기 때문에 발생합니다. 기펜재는 스코틀랜드의 통계학자인 로버트 기펜의 이름을 딴 용어인데, 이는 경제학자 알프레드 마셜의 저서 『경제학의 원리』에서 처음 등장합니다. 대표적인 기펜재가 아일랜드 대기근 때의 감자입니다. 당시 아일랜드에서는 감자역병으로 감자 가격이 폭등했는데도 수요가 줄지 않고 오히려 다른 재화의 소비가 줄고 감자 소비가 더 늘어나는 현상이 발생했습니다. 또 다른 예로 식물성 유지류인 마가린 가격이 내려가면 소득효과가 나타나 마가린 수요가 줄고 상급재인 동물성 유제품인 버터로 대체되어 버터의 수요가 증가하는데, 여기서 하급재인 마가린이 기펜재입니다.

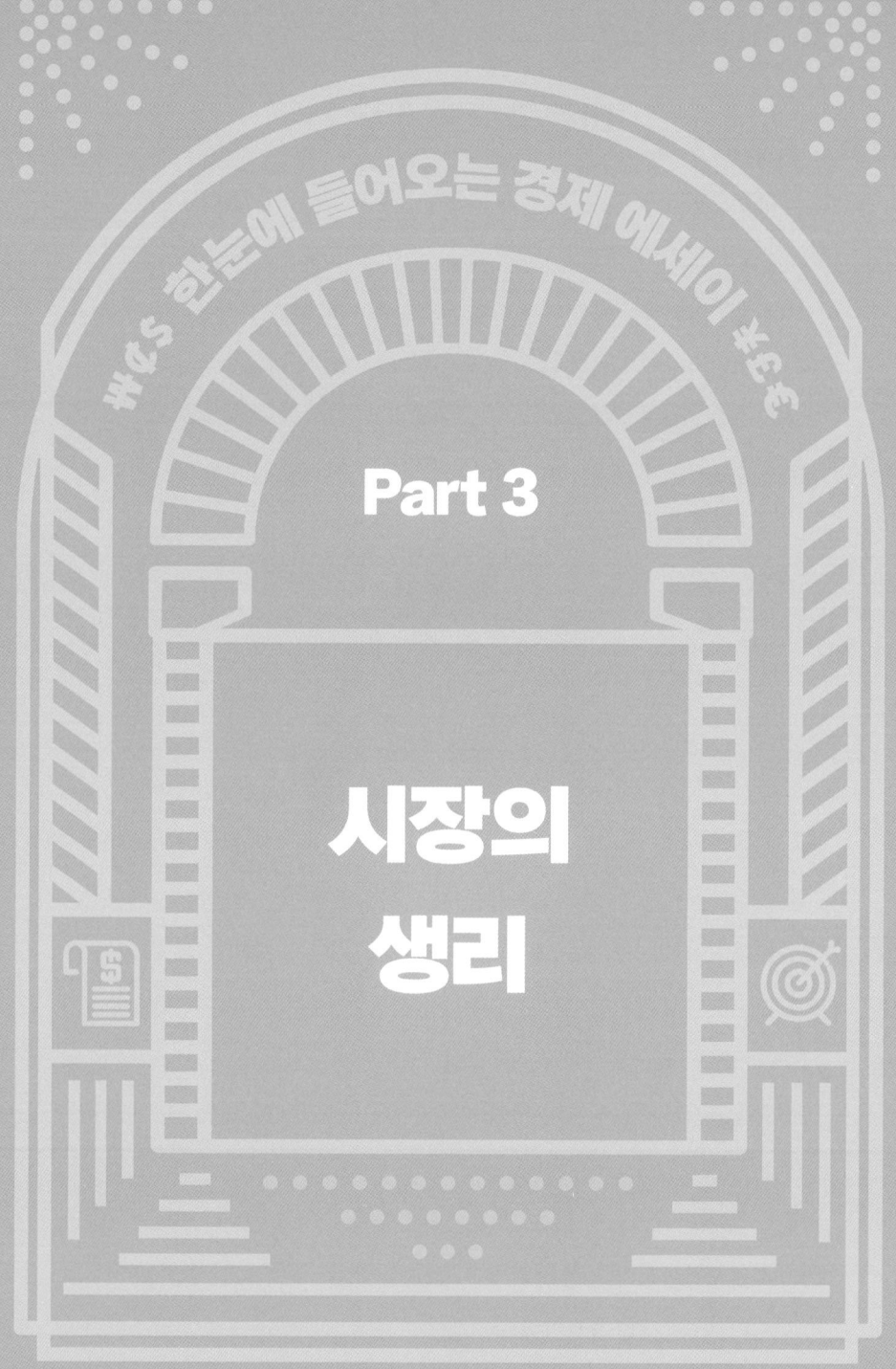

이윤극대화가 답?

Part 3 014

profit maximization is the right answer?

편의점을 영위하는 사업자는 다양한 상품을 진열하고 친절한 서비스를 제공하여 소비자들에게 보다 많은 제품을 판매함으로써 이윤을 추구합니다. 또 가격과 수량을 조절하여 판매수익을 극대화하고, 동시에 임대료와 인건비 등 비용을 효율적으로 관리하여 순이익을 올리는 것이 목표입니다.

사전적으로 기업은 '이윤의 획득을 목적으로 운용하는 자본의 조직단위'로 정의됩니다. 또 가계가 소비지출의 주체인 반면 기업은 자본, 노동, 토지와 같은 생산요소를 투입하고 경영활동을 통해 생산활동을 하는 경제주체입니다.

그럼 기업의 궁극적인 목표는 무엇일까요?

기업의 목적은 이윤을 창출하여 주주이익을 극대화하는 것입니다. 이와 동시에 기업은 개념상 계속기업going concern을 전제로 하고 있어, 기업에 별다른 사유가 없다면 앞으로도 지속적으로 경영활동을 한다고 봅니다. 따라서, 기업은 이해관계자들의 장기적 이익에 부합할 수 있는 지속가능한 발전을 이루어야 합니다. 만일 기업 경영이 지나치게 주주가치 극대화에 초점이 맞추어지면 단기 성과에만 집착하게 되어, 기업은 점차 경쟁력을 잃고 더 혁신적이고 생산적인 기업에게 고객을 빼앗겨 결국 시장에서 퇴출되게 됩니다. 실제, 20세기에 들어 많은 기업들이 단기 경영성과에 지나치게 치중하고 주가를 부양하는 데 모든 역량을 집중했습니다. 하지만 2008년 금융위기와 2020년 코로나19 사태로 전례 없는 혼란을 겪으면서, 단기적 경영성과를 통한 주주이익 극대화 전략이 오히려 기업가치에 부정적이라는 사실을 깨닫게 되었습니다. 전설적인 경영자로 불리는 잭 웰치는 과거 GE의 최고경영자로 근무하던 당시 주주가치 극대화가 경영과 투자의 원칙이 되어야 한다고 주장했지만, 은퇴 후, "주주가치 극대화 전략은 세계에서 가장 바보 같은 아이디어였고, 기업의 단기수익은 기업의 장기가치의 증대와 결합되어야 한다."고 회고했습니다.

기업의 목적이 이해관계자 가치의 극대화로 개념이 바뀌고 있으며, 이는 투자자들의 관점이 기업의 사회적 책임에 큰 의미를 부여하기 시작했다는 것을 뜻합니다. 즉, 기업의 재무적 성과만을 기준으로 투자를 판단하는 방식이 아닌, 기업의 비재무적 요소를 포함하는 ESG라는 포괄적인 개념이 기업경영과 투자자에게 새롭게 수용되고 있습니다. ESG는 기업의 생존을 위한 키워드가 되었으며, 사회적 가치 창출을 위한 글로벌 스탠더드 도입은 이미 시작되었습니다. 유럽 선진국들은 기업의 ESG정보에 대한 공시를 의무화했고, 우리나라도 2025년부터 자산 총액 2조 원 이상의 기업에 대해 ESG 정보 공시를 의무화하였습니다. 이는 2030년부터 모든 코스피 상장기업으로 확대될 예정입니다.

하지만 ESG경영 역시 장기적 기업 가치 제고를 위한 수단이며, 이는 채산성이 확보되어야 가능합니다. 본 서에서는 기업의 목적이 단순히 '이윤극대화'에 있다고 전제하고 기술합니다.

Part 3
015
농부의 배추 수확량
farmer's cabbage crop

시골에 한 농부는 혼자서 열심히 일해 매년 100포기의 배추를 수확하고 있었는데, 도시에 살던 아들이 귀농하여 농사를 도와주자 250포기를 수확하게 되었습니다. 이에 3명의 알바를 더 고용해 경작을 늘려 더 많은 배추를 수확할 것을 기대했지만 수확량 증가폭이 기대에 못 미쳤습니다.

생산물을 만드는 데 필요한 자본·노동·토지 등의 생산요소 가운데 자본과 토지는 일정하게 유지하고 노동의 투입량만을 증가시킬 경우, 생산물 전체는 증가하지만 추가로 투입되는 노동 한 단위당 생산물의 증가가 점차 감소하는 현상이 발생합니다. 이를 '수확체감의 법칙law of diminishing returns'이라고 합니다.

경제학자인 데이비드 리카도가 처음 제시한 수확체감의 법칙은 원래 농지에서 작업하는 노동자 수의 증가에 대한 일인당 수확량의 증가를 연구한 결과였는데, 이후 모든 산업부문으로 확장되어 개념화되었습니다. 실제 많은 경우에 생산요소를 추가로 투입하는 초기에는 생산량 증가의 폭이 점점 더 커지고

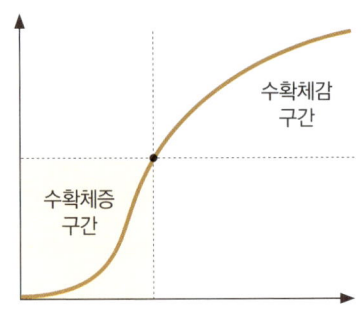

(수확체증), 일정 시점을 지나고부터 생산량 증가분이 점점 줄어드는 현상(수확체감)이 나타납니다.

　앞선 농부의 예에서, 농부 혼자 일할 때보다 아들과 같이 경작하여 배추수확량의 증가분이 더 커질 수 있었습니다. 그러다가 세 명의 알바를 더 고용하면서 정해진 밭에서 다섯 명이 함께 일을 하려고 하니, 동선이 겹치고 작업연계도 매끄럽지 않는 상황이 생겨 생산성의 한계에 봉착한 것입니다.

Part 3
016 최적의 배추 생산량
optimum cabbage production

그럼 농부의 배추 생산량은 어느 정도가 적당할까요?

노동력을 추가로 투입하면 일정 시점까지는 생산량의 증가폭이 늘어나다가 이 후 노동시간이 늘어나면 피로가 쌓이면서 생산량 증가폭이 줄어듭니다. 하지만 노동자의 시간당 임금은 고정되어 있기 때문에 생산량의 증가보다 비용이 더 빠르게 증가할 수 있습니다. 따라서 농부가 이윤을 극대화하려면 총수입은 늘리고 총비용(=총기회비용)은 최소화하는 점에서 배추의 최적 생산량을 결정해야 합니다.

앞서 설명한 수확체감의 법칙은 '한계생산물체감의 법칙law of diminishing marginal return'과 사실상 같은 개념입니다. 차이점은 수확체감의 법칙이 단일 생산요소를 추가적으로 투입하고 반응을 살펴본 개념인 반면, 한계생산물체감의 법칙은 다양한 생산요소를 추가로 투입하여 그 반응을 설명하는 데 초점을 둡니다.

생산량이 증가할 때 추가적인 생산요소 투입 대비 생산비용이 더 큰 비율로 증가하는 현상이 발생하는데, 이를 '한계비용체증의 법칙law of increasing marginal cost'이라고 합니다. 총비용은 생산량과 무관하게 발생하는 일정한 고정비용(단기에만 존재)과 생산량의 변동에 따라 변화하는 가변비용의 합입니다. 생산량을 늘리면 당연히 총비용도 증가하는데, 생산량이 늘어날수록 총비용곡선의 기울기가 가팔라져 한계비용이 커지는 경향이 있습니다. 이는 추가적으로 투입한 생산요소의 효용이 감소하면서, 생산비용 증가율이 더 빠르게 증가하기 때문입니다.

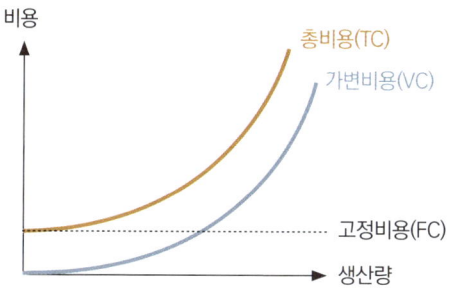

 기업 입장에서는 한계수입(한 개 더 팔 때 추가되는 수입)과 한계비용(한 개 더 생산할 때 추가로 드는 비용)이 일치하는 점 이상으로 생산을 늘리는 것도, 이하로 줄이는 것도 기업에 이익이 되지 않습니다. 다시 말하자면, 배추 한 포기를 더 생산할 때 드는 비용이 배추 한 포기를 더 팔아서 버는 수입보다 크다면 더 이상 생산하지 않아야 하고, 배추 한 포기를 더 생산할 때 드는 비용보다 한 포기를 더 팔아서 버는 수입이 크다면 생산량을 높여 이윤을 늘여야 합니다.

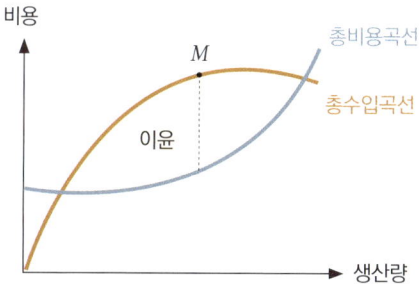

 따라서 한계비용과 한계수입이 똑같아지는 생산량에서 기업의 이윤이 최대가 됩니다. 위의 도표에서는 총수입곡선과 총비용곡선의 간격이 가장 많이 벌어지는 M점에서 생산량을 결정하는것이 농부의 배추 최적생산량이 됩니다.

Part 3
017

현대자동차의 도약
Hyundai Motor's leap

　현대자동차는 1998년 기아자동차를 인수하여 2022년 684만 대의 자동차를 생산하는 글로벌 3위 자동차 회사로 자리매김했습니다. 현대자동차가 글로벌 경쟁력을 가지고 세계적인 자동차 메이커가 된 것은 기업의 규모를 키워 산출량을 늘리면서 생산물 단위당 비용(장기평균비용)을 낮추어 '규모의 경제 economies of scale'를 달성할 수 있었기 때문입니다.

　대규모 생산 설비를 갖추려면 초기에는 많은 비용이 소요되지만, 생산이 시작되면 생산물 한 단위당 발생하는 고정비용이 줄게 됩니다. 즉, 생산설비비와 같은 고정비는 생산량과 관계없이 고정적으로 발생하는 비용이기 때문에, 생산량이 증가하면 평균비용은 감소합니다. 또 규모의 경제는 생산설비의 확대뿐만 아니라 대량구매로 원재료 구매비용을 낮추고, 분업과 전문화를 이루고, 유능한 전문경영인을 고용하고 R&D와 홍보에 더 많은 투자를 가능하게 하여 시너지를 만들 수 있습니다. 규모의 경제가 생긴 기업은 생산물 1단위당 비용이 줄어들어 이윤이 증가하거나, 판매 가격을 낮추어 이전보다 더 많은 제품을 팔 수 있습니다.

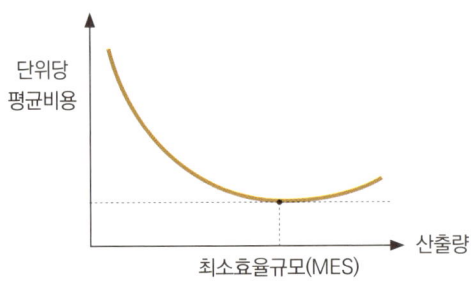

그럼 규모가 큰 기업이 무조건 효과적일까요?

규모가 크면 유리하지만, 반드시 효율이 증가하는 것은 아닙니다. 산출량을 늘리면 최소효율규모(MBS)까지는 단위당 비용이 줄다가, 이를 벗어나면 비효율적 요소들로 인해 생산 규모를 확대할수록 오히려 단위당 생산비용이 증가하는 '규모의 비경제diseconomies of scale' 상황이 발생할 수 있습니다.

규모의 경제효과는 산업의 특성에 따라 달라집니다. 석유화학, 항공, 인프라와 같은 자본집약도가 높은 산업에서는 규모의 경제효과가 큰 반면 의류 및 가구와 같은 자본집약도가 낮은 산업에서는 규모의 경제효과가 낮게 나타납니다.

한 기업이 두 개 이상의 제품을 함께 생산할 경우 각각 따로 생산하는 것보다 생산비용이 적게 드는 현상을 '범위의 경제economies of scope'라고 합니다. 규모의 경제가 생산량의 규모 증가에 따른 고정비용의 감소 효과인데 반해, 범위의 경제는 기업이 여러 사업으로 생산범위를 늘릴 때 비용이 절감되는 효과입니다.

많은 국내외 기업들이 규모의 경제와 범위의 경제를 실현하여 이윤을 늘리고자 합니다. 일반적으로 기업은 규모의 경제로 사업을 성장시키고 어느 정도 규모가 커지면 제품의 표준화와 규격화 등을 통해 사업을 확장하거나 다각화하는 범위의 경제를 시도합니다. 국가경제 전체적으로 기업이 많아지고 기업활동이 다양해지면 거래비용을 낮추어 사회적 효용이 증가합니다. 하지만 기업의 '문어발식 사업 확장'으로 인한 시장지배력 강화는 자유로운 경쟁을 방해하여 사회적 손실이 더 크게 발생할 수 있습니다. 또 과거 무리한 사업확장과 다각화로 재무와 조직관리 등에 실패하여 도산한 기업들도 많이 있습니다.

오늘날 기업은 지나친 확장을 지양하고 기술개발을 통해 산업경쟁력을 키우고 '선택과 집중'이라는 차별화된 전략으로 지속가능한 성장을 추구하는 것이 바람직한 선택입니다.

앞서 설명한 '수확체감의 법칙'은 생산량을 늘릴 때 추가적인 생산량의 증가율이 감소하는 현상인 반면, '규모의 경제'는 생산 규모를 늘리면 비용이 줄어들어 이윤이 증가하는 개념입니다.

두 법칙은 전제가 다릅니다. 수확체감의 법칙은 다른 생산요소 투입은 불변이고 한 가지 생산요소의 투입을 늘려 생산물의 증가분을 측정하는 것이고, 규모의 경제는 모든 생산요소의 투입을 늘려 평균비용을 살펴보는 것입니다. 따라서 수확체감의 법칙과 규모의 경제는 동시에 발생할 수 있습니다. 하지만 두 법칙은 일부 상충된 결과를 만들 수도 있습니다. 생산요소를 지나치게 많이 사용하여 생산성이 감소하는 수확체감의 법칙은 규모의 경제를 제한할 수 있습니다. 반면, 규모의 경제는 생산성의 증가로 이어져 생산요소의 효율적인 사용을 통해 이윤을 늘릴 수 있습니다. 즉, 기업이 대량생산으로 생산량을 증가시켜 생산비용을 절감할 때, 더 이상 추가적인 투자가 불가능한 자원의 한계에 도달하면 수확량의 증가폭이 감소합니다. 따라서 기업은 규모의 경제와 수확체감의 법칙을 동시에 고려하여 생산량을 결정하고, 생산비용을 최소화하면서도 수확량을 최대화하는 전략을 수립해야 합니다. 또 다른 차이점을 보면, 수확체감의 법칙은 기대 수익과 실제 수익에 차이가 날 수 있으나, 규모의 경제는 생산을 늘릴수록 생산 단위당 비용이 감소합니다. 즉, 규모의 경제는 대량 생산으로 생산성을 높여, 생산 단위당 비용이 낮아져 이익을 높이는 것으로 생산 과정에서 발생하는 수확체감의 법칙과는 다른 개념입니다.

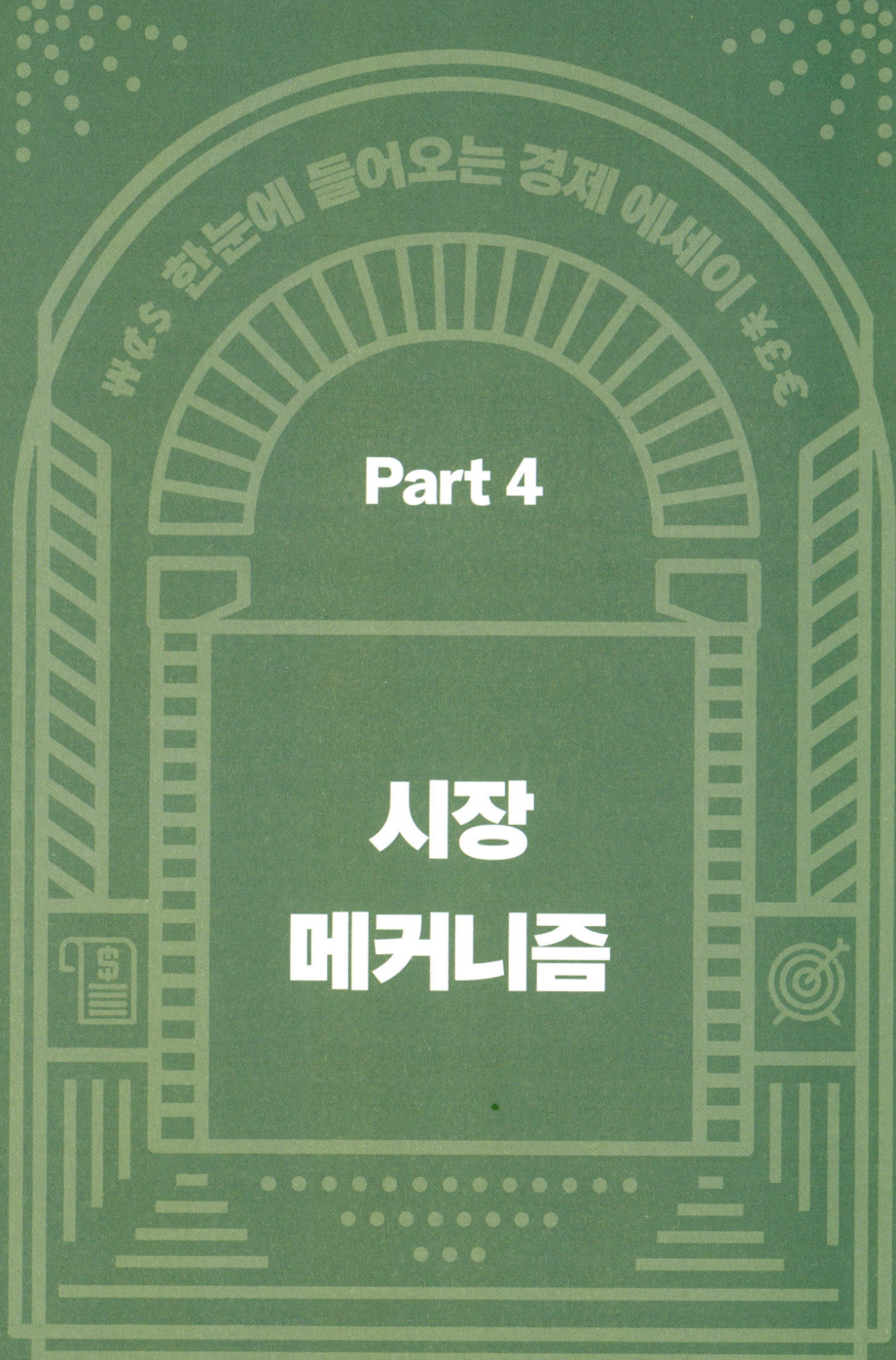

Part 4

시장 메커니즘

Part 4
018
치킨과 맥주
chicken and beer

'시장'은 공급자와 수요자가 만나 가격이 정해지고 거래가 이루어지는 장소입니다. 18세기 경제학자 애덤 스미스는 그의 저서 『국부론』에서 '완전경쟁시장' 개념을 처음 제시했는데, 특히 시장에서의 경쟁의 중요성을 강조했습니다. 그는 경쟁은 가격과 생산성의 향상을 가져오며, 이로 인해 국가 전체의 부를 높일 수 있다고 주장했습니다. 현실에서 완전경쟁시장은 존재하지 않지만, 우리나라에서는 경쟁이 매우 치열한 치킨, 커피전문점, 편의점 등이 완전경쟁시장에 가깝습니다.

'완전경쟁시장perfect competition market'은 다수의 공급자와 수요자가 존재하고, 제품은 동질적이며(일물일가一物一價의 법칙), 자유로운 진입과 이탈이 가능한 시장입니다. 또한 완전경쟁시장에서는 모든 공급자와 수요자가 시장에 대한 완전한 정보를 가지고 있어 시장의 자원이 효율적으로 배분됩니다. 이런 시장에서는 개별 공급자나 수요자의 행동이 시장가격에 영향을 미치지 않고, 기업들은 생산성을 높여 가격을 낮추고 제품의 질을 향상시키기 위해 노력합니다. 또 공급자와 수요자는 모두 시장가격을 조정할 수 없는 가격수용자일 뿐이고, 가격조정은 오직 시장에서만 일어납니다.

완전경쟁시장에서는 공급과 수요가 일치하는 시장균형점에서 가격이 결정됩니다. 다시 말해, 소비자가 효용을 극대화하는 수요량과 기업이 이윤을 최대화하는 공급량이 일치하는 점에서 가격이 형성됩니다. 시장균형점에서는 시장에서 원하는 양만큼의 상품이 생산되고 판매되어, 시장에서는 더 이상 과잉수요나 과잉공급이 발생하지 않습니다. 이러한 균형점은 시장에서 자율적

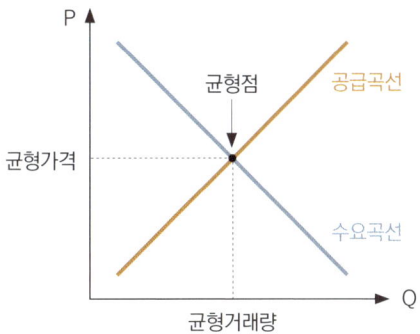

으로 형성되며, 시장 참가자들이 서로 경쟁하여 시장균형이 유지됩니다.

　만약 시장에서 수요가 공급보다 많아지면, 수요와 공급의 균형이 깨져 가격이 상승합니다. 이에 따라 공급자는 더 많은 제품을 생산하고, 동시에 수요자는 가격이 비싸지면 제품을 덜 구매하여, 수요와 공급이 다시 균형을 이루는 지점에서 새로운 시장균형점이 형성됩니다. 이와 같이 완전경쟁시장은 공급자와 수요자 모두에게 최적의 결과를 제공하여, 사회적 후생의 증가를 가져옵니다. 즉, 각 경제주체가 자신만을 위한 이익을 추구하더라도, '보이지 않는 손'인 가격조절 기능이 작동하여 최적의 자원배분 상태가 이루어지는 것이지요.

　어떤 시장의 변화로 누군가의 이익이 늘어났는데 다른 사람의 후생은 감소하지 않아 전체 후생이 증가하는 현상을 '파레토최적Pareto optimality'이라고 합니다. 예를 들어 A 씨는 치킨 2마리를, B 씨는 맥주 6캔을 가지고 있는데, A 씨와 B 씨가 합당한 가격으로 치킨과 맥주를 교환한다면 누구도 손해보지 않고

치맥을 즐길 수 있게 될 것입니다.

  이는 이탈리아의 경제학자 빌프레드 파레토가 제시한 이론으로 어떻게 자원을 분배하는 것이 가장 효율적인지를 결정하는 데 사용됩니다. 사회전체적으로 파레토최적은 사회적 효용이 가장 만족할 만큼 달성된 상태여서, 파레토개선이 불가능합니다. 반면에 어떤 배분 상태가 '파레토비효율'에 있다면, 어느 사람에게도 손해가 가지 않게 하면서 최소한 한 사람 이상에게 이득을 가져다주는 파레토개선을 추구할 수 있습니다.

Part 4
019 모노폴리 게임
monopoly game

어린 시절 모노폴리 보드 게임을 하며 놀았던 기억이 있습니다. 이 게임의 보드는 '독점'이라는 이름처럼 현재에도 보드의 개발사인 미국 파커 브라더스사만이 독점적으로 생산하여 공급하고 있습니다.

'독점'은 시장에서 특정 기업이 특정 재화나 서비스의 공급을 독점하는 상황(또는 한 기업이 시장점유율의 50% 이상을 차지)이며, 독점시장에서는 경쟁하는 기업이 없어 관련 대체재가 존재하지 않으므로, 독점기업은 가격지배력을 가집니다. 독점이 발생하는 근본적인 이유는 진입장벽이 높기 때문인데, 진입장벽이 생기는 원인은 규모의 경제(자연독점), 특정 산업에 대한 정부의 배타적 규제, 생산요소의 독점 등이 원인입니다.

| 독점시장 | 과점시장 | 독점적경쟁시장 | 완전경쟁시장 |

———————— 경쟁의 정도 ————————→

현실에서는 순수한 독점시장과 완전경쟁시장이 아닌 이의 중간 형태인 과점시장과 독점적경쟁시장이 존재합니다. '과점oligopoly'은 경쟁자가 있기는 하지만 소수의 기업들이 특정 재화나 서비스의 공급을 독점하여 지배하는 상황(또는 셋 이하의 회사가 시장 점유율의 75%를 차지)을 말합니다. '독점적 경쟁 monopolistic competition'이란 경쟁적 요소와 독점적 요소가 공존하는 시장으로서, 다수의 공급자가 존재하고 시장진입이 자유로우나 제품이 차별화되어 있고 비가격경쟁과 같은 독점적 요소가 있는 시장입니다. 과점시장은 흔히 찾아볼 수 있습니다. 석유 산유국들의 협의체인 OPEC에서는 공공연하게 가격과 공급량을 조절하고 있으며, 마이크로소프트의 윈도 운영체제와 구글의 검색엔진도 과점 상태로 볼 수 있습니다. 우리나라의 대표적인 과점시장은 이동통신분야와 주류업입니다. 과점기업 역시 가격결정자의 지위에 있으나, 가격을 정할 때 경쟁기업들의 가격을 고려하게 됩니다. 즉, 한 기업의 의사결정이 다른 기업의 이윤에 영향을 미치게 되어 서로 간에 협조와 경쟁사이에서 전략적 선택, 즉 게임상황이 발생합니다. 과점기업들은 서로 협조적으로 행동할 유인을 가집니다. 공급자들 간에 가격이나 생산량, 거래 조건, 판매 지역 등을 제한하는 담합collusion이 일어나기도 하고, 공급자들끼리 협약을 통해 카르텔cartel을 형성하여 독점기업이 시장을 지배하는 것과 동일한 효과를 누리기도 합니다. 하지만 카르텔이 늘 유지되는 것은 아니고, 협약한 구성원 간의 이익 차이나 불화, 또는 카르텔 외부에서의 경쟁력 증대 등으로 인해 깨지기도 합니다.

　독과점은 일반적으로 생산량을 감소시키고 가격상승을 유발하여 사회적 후생손실을 가져옵니다. 또 소비자 선택의 자유가 줄어들고, 독과점기업은 경쟁압력이 약해 기술혁신에 나설 유인이 적어지며, 소비자잉여 감소분 중의 일부가 독과점기업에게 이전되어 소득분배가 악화되는 등의 부정적인 측면이 있습니다. 우리나라의 독과점 정도는 전반적으로 완화되고 있지만, 일부 산업 특히 온라인 플랫폼 기업들의 시장지배력이 확대되면서 독과점의 폐해와 불공정 행위가 발생하고 있습니다.

　독과점으로 인한 자원의 비효율적 운영을 방지하고 경쟁을 촉진하기 위해, 각 국 정부는 반독점법을 제정하여 시행하고 있습니다. 반독점법은 1890년 미국에서 담합과 카르텔을 규제하기 위해 만들어진 '셔먼법'을 시작으로,

2022년에는 구글과 아마존 같은 공룡 플랫폼 기업들의 온라인 광고시장 독과점을 막기 위한 법안이 발의되었습니다. 우리나라도 1990년에 개정된 「독점규제 및 공정거래에 관한 법률」에 의해 다른 기업의 시장진입을 방해하거나 소비자의 이익을 침해하는 각종 불공정 행위를 금지하고 있습니다. 법 집행 외에 정부가 나서 독과점으로 얻은 이윤에 세금을 부과하거나 가격을 규제하기도 하며, 다른 기업들의 진입장벽을 낮추기 위해 규제를 풀기도 합니다. 또 독과점기업의 합병 승인을 거절하거나 기업 분할을 명령하기도 하고, 일부 독점 가능성이 큰 산업을 국유화하여 운영하기도 합니다.

  독과점의 폐해를 막기 위한 정부의 정책이 오히려 더 큰 부작용을 초래하기도 합니다. 일부 경제학자들은 독점에 의해 초래되는 비효율성이 정책실패의 비효율성보다 적을 수 있어, 독점에 대해 아무런 정책을 취하지 않는 것이 더 나을 수 있다고 주장합니다.

Part 4
020
게임이론
game theory

 '게임'은 원래 사냥을 통한 활동을 의미하는 단어입니다. 게임은 보통 규칙과 목적을 가지고 있으며, 참가자들끼리 서로 경쟁하거나 협력하여 승리하는 것을 목표로 합니다.

 '과점시장'은 진입장벽이 높아 새로운 기업의 진출이 어렵고 특정 소수 기업만이 상품과 서비스를 공급하는 시장입니다. 항공, 백화점, 자동차, 통신산업 등이 흔히 볼 수 있는 과점시장 형태입니다. 과점시장에서 기업들의 행동은 게임적 속성을 가집니다. 이는 한 기업의 의사결정이 그 회사뿐만 아니라 다른 기업에도 영향을 주기 때문입니다.

 여기서 게임이론이 등장합니다. '게임이론'이란 의사결정을 내리는 주체들 간의 상호작용을 분석하는 이론입니다. 즉, 한 경쟁주체가 자신의 행동을 결정하기 전에 상대방이 이 행동에 대해 어떤 반응을 보일 것인가를 먼저 생각하고 행동하는 전략적 행동을 연구하는 분야입니다. 게임이론의 모델링과 분석을 통해 최적 전략이나 균형 상태를 찾는데, 이는 다양한 분야에서 의사결정 과정에 도움을 줍니다.

 게임이론에는 제로섬 vs. 비제로섬 게임이 있습니다.

 '제로섬zero-sum'은 경제에서 여러 사람이 서로 영향을 받는 상황에서 모든 이득의 총합이 항상 제로가 된다는 것입니다. 제로섬이란 용어는 경제학자 레스터 써로가 1981년에 집필한 『제로섬 사회』라는 저서에서 처음 등장했는데, 무한경쟁 상황에서 패자는 모든 것을 잃고 절대 강자만 독식하는 상황을 제로섬 게임이라고 칭했습니다. 포커나 경마 같은 도박뿐만 아니라 외환시장과 국가 간의 무역수지도 큰 의미에서는 제로섬 게임에 해당합니다. 제로섬 상황에서는 경제 구성원들 간에 아무리 좋은 협상이 체결되어도 전체 파이를 확대할 수는 없습니다.

반면 한 경제주체의 이익이나 이득이 다른 주체의 손실을 초래하지 않는 상황을 '비제로섬'이라고 합니다. 이 상황에서는 게임 결과의 합이 '0'이 아니고 둘 다 이득이 되거나 손해가 되는 상황이 생길 수 있습니다. 주식시장이 대표적인 비제로섬 게임입니다. 주식 투자로 돈을 번 사람이 있으면 손해를 보는 사람이 있습니다. 하지만 시장 전체 주가가 올라 시가 총액이 증가하면 이익을 보는 투자자가 더 늘어납니다. 또 죄수의 딜레마와 윈윈전략 등이 비제로섬 게임의 일종입니다.

'죄수의 딜레마prisoner's dilemma'는 각자가 자신의 이익을 위해 선택한 최선의 방법일지라도 서로 협력하지 않는 상황에서는 오히려 모두에게 불리한 결과를 초래할 수 있다는 것입니다.

예를 들어 두 명의 범죄 용의자가 체포되어 각자 다른 취조실에서 심문을 받습니다. 용의자 두 명 다 범죄사실에 대해 자백하지 않으면 징역 6개월의 형량으로 끝날 수 있음에도, 다른 공범자의 범죄사실을 밝히면 형량을 감해준다는 수사관의 말에 용의자 중 한 명이 자백함으로써 징역 1년이라는 더 무거운 형량을 받게 되는 현상입니다.

용의자의 선택	자신의 자백	자신의 침묵
공범자의 자백	모두 징역 1년	자신 3년 징역, 공범자 석방
공범자의 침묵	자신 석방, 공범자 3년 징역	모두 징역 6개월

이는 용의자들의 선택이 상대방의 결과는 고려하지 않고 자신의 이익만을 최대화하려는 이기심 때문에 발생합니다. 즉, 용의자 입장에서는 침묵보다 자백이 자신에게 더 큰 이익이 될 수 있기 때문에 자백을 택하게 되는데, 이 상태가 내쉬균형이 됩니다. '내쉬균형nash equilibrium'은 미국의 수학자 존 내쉬가 그의 논문 '비협조적 게임'에서 소개한 개념으로 "그가 생각하는 걸 나도 생각한다고 그가 생각하리라는 걸 나는 생각한다."고 표현했습니다. 이 이론은 경쟁자 대응에 따라 최선의 선택을 하면 서로가 자신의 선택을 바꾸지 않는 균형상태를 의미합니다.

반면 '윈윈게임win-win game'은 원래 군사 용어에서 비롯되었지만, 이후 상호이득 또는 시너지효과 등의 포괄적인 의미로 사용됩니다. 양측 당사자가 자신의 이익만 주장하다 보면 합의에 이르지 못하지만, 이득이 좀 작아지더라도 상대방의 입장을 배려하면 모두가 이익을 얻어 승자가 되는 방안에 합의할 수 있다는 것입니다. 한미 FTA가 대표적인 윈윈게임의 사례입니다.

반복게임과 포크정리
Part 4 / 021
repeated games and fork theorem

　죄수의 딜레마에서는 서로 협력하면 모두에게 이익이 됨에도 불구하고 배신을 선택했습니다. 하지만 게임을 한 번만 하는 것이 아니고 여러 번 반복하게 되면 다른 행동을 취할 수 있습니다. 즉, 한 번의 게임에서는 비협력만을 생각하는 참가자라 해도 동일한 게임을 동일한 상대방과 반복해서 하게 되면 서로 협력해서 이익을 나누려는 쪽으로 바뀔 수 있습니다.

	1회	2회	3회	4회	보상의 합
비협력	50	5	5	5	65
협력	20	20	20	20	80

　위의 표에서와 같이, 1회만 게임을 하면 비협력이 이익이지만, 이를 4회까지 반복하면 협력할 때 보상의 합이 비협력 상황보다 15만큼 커집니다. 참가자들은 게임이 언제 끝날지 모르는 무한반복 게임 상황이 되면 당장은 손해를 보더라도 협력해서 더 큰 보상을 얻는 것이 가능해져, 미래의 이익을 고려해 현재의 '협력'을 선택하게 됩니다. 앞서 살펴본 카르텔 역시 상대방이 정해져 있고 여러 번 동일한 게임을 반복하는 상황입니다. 이에 따라, 먼저 상대방이 협력을 선택하면 다음에는 나도 협력하지만, 이번에 상대방이 비협력을 선택하면 다음에는 나도 비협력을 선택하는 것으로, 상대방의 반응에 따라 자신의 전략을 결정하는 '방아쇠 전략trigger strategy'을 택하게 됩니다.

즉, 방아쇠에 손을 올려놓고 있다가 상대가 합의된 균형에서 벗어날 경우 보복하는 것이지요. 서로가 방아쇠 전략을 취하면 결과적으로 계속 협력하는 것이 최적의 전략이 됩니다. 여기서 서로 자신의 이익만 챙기다가 상황이 악화되면 협조하게 된다는 포크 정리는 노벨경제학 수상자 로버트 아우만이 입증했습니다.

미·중 간의 패권경쟁을 게임이론에 대응하여 설명할 수 있습니다. 미국과 중국의 힘이 대등하다는 전제하에, 미국이 배신하고 중국이 협조하면 미국 경제는 성장하고, 미국이 협조하고 중국이 배신하면 미국 경제는 부진에 빠질 것입니다. 최악의 상황은 미국과 중국이 모두 배신하여 두 국가경제가 모두 침체되는 것이지만, 무한반복 게임하에 배신 후 따라오는 보복의 위협을 감안하면 양국 간의 협조가 내쉬균형이 됩니다.

Part 4
022 테슬라의 치킨게임
Tesla's chicken game

　기업의 기본적인 생리는 이윤추구이고, 이를 달성하기 위해 기업들은 서로 간에 끊임없이 경쟁합니다. 경쟁은 제품의 가격을 낮추고 질을 향상시켜 소비자에게는 이익이 되며, 이로 인해 소비가 커지고 경제가 발전하게 됩니다. 하지만 기업 간의 과도한 경쟁은 기업의 수지를 악화시켜 파산을 초래하고, 나아가 국가경제를 도탄에 빠뜨릴 수 있습니다.

　'치킨게임'은 1950년대 미국의 젊은이들 사이에 유행하던 게임으로, 두 명의 운전자가 마주보고 서로를 향해 돌진하면서 '계속 돌진할 것인지' 아니면 '핸들을 돌릴 것인지'를 결정하는 게임입니다. 상대방이 돌진할 것에 겁을 먹고 핸들을 먼저 돌리면 겁쟁이(치킨)로 취급되며, 핸들을 돌리지 않고 돌진한 사람은 승리자가 됩니다. 만약 두 사람이 모두 끝까지 핸들을 돌리지 않고 부딪치게 되면 둘 다 다치거나 큰 손해를 입게 되겠지요. 이처럼 이기면 올라가고 지면 떨어져 물러날 곳이 없는 잔인한 혈투를 '끝장승부' 또는 '단두대 매치'라고 합니다.

　치킨게임은 네거티브섬 게임의 일종인데, 이러한 생존을 위협하는 위험천만하고 무모한 기업 간의 출혈경쟁은 과거에도 현재에도 세계 곳곳에서 벌어지고 있습니다. 1981년에 사우디아라비아와 영국이 경쟁적으로 석유생산량을 늘리면서 석유가격이 급락했습니다. 채산성을 맞출 수 없게 된 영국의 석유업체들이 버티지 못하면서 이 석유전쟁은 영국의 패배로 돌아갔습니다. 2008년에는 메모리 반도체 분야에서 최고의 원가

경쟁력을 가지고 있었던 삼성전자가 치킨게임을 통해 세계 1위 지위를 공고히 한 적이 있습니다. 2010년 우리나라의 대형 할인마트들은 상대 마트보다 더 싼 가격에 팔겠다며 치열한 가격인하 경쟁을 펼치기도 했습니다.

경기가 나빠져 수요가 위축되면 물건이 잘 안 팔리고 재고가 쌓이게 됩니다. 기업들은 가격을 내려 수요를 유발하는데, 이 과정에서 생산원가가 높은 기업은 도산하고 살아남은 기업은 더 많은 점유율을 차지해 전체 잉여생산은 줄어들게 됩니다.

2023년 들어 테슬라는 중국, 미국에 이어 한국에서도 전기차 가격을 인하했습니다. 전기차의 정부 보조금 지급은 가격  과 연계되어 있는데, 경기 부진으로 수요가 위축된 상황에서 보조금마저 받지 못하면 매출에 어려움이 클 것으로 판단해 가격을 낮춘 것입니다. 테슬라의 영업이익은 16.8%로, 차량 한 대당 1만 394달러(약 1,279만 원)의 영업이익을 만드는 반면, 현대차는 차량 한 대당 249만 원의 영업이익을 남깁니다. 이것이 테슬라가 치킨게임을 할 수 있는 이유입니다.

치킨게임이 벌어지면 제품가격이 낮아져, 소비자 입장에서는 반길 일입니다. 하지만 이런 일이 지속될 수는 없습니다. 치킨게임에 들어가면 해당 업종에 속한 기업들은 크게 상처를 입게 됩니다. 치킨게임에서 먼저 핸들을 돌린 기업, 즉 경쟁에 이겨내지 못한 기업은 퇴출되고 남은 기업은 독점력을 확대하게 됩니다. 최악의 경우에는 경쟁하는 기업 모두가 파산하여 제품을 공급받지 못하거나 경쟁에서 이긴 기업이 자기 의사대로 제품의 판매량과 가격을 결정해 독점할 수 있습니다. 따라서 치킨게임은 공급자나 소비자 모두에게 바람직하지 않습니다.

Part 4
023 질레트 면도기와 공짜 경제
Gillette razord and freeconomics

　질레트는 면도기 분야에서 전 세계 독보적인 시장점유율을 가지고 있는 회사입니다. 창업자인 킹 질레트는 제1차 세계대전 당시 분리형 면도기와 면도날을 개발했으나 처음에는 소비자들로부터 외면당했습니다. 그는 제품을 알릴 목적으로 면도기를 공짜로 나누어 주는 판매 전략을 썼고, 결과는 대단히 성공적이었습니다. 판매 첫해 불과 50여 개 정도만 팔린 면도기는 다음 해에는 무려 9만여 개가 팔렸고 몇 년 만에 연간 수십만 개의 면도기와 수백만 개의 면도날을 파는 회사로 발전했습니다. 고가정책을 고수하고 있는 질레트사의 시장점유율은 예전에 비해 하락하기는 했지만, 판매전략은 여전히 먹히고 있습니다.

　미국의 제약회사인 존슨앤존슨사도 혈당측정기를 기존의 절반도 안 되는 가격에 판매하고 채혈침과 채혈시험지를 따로 파는 방법으로 수익을 창출하고 있습니다.
　'프리코노믹스'는 'free'와 'economics'를 합성한 단어로 우리말로는 '공짜 또는 무료 경제'로 번역됩니다. 이는 『롱테일long tail 경제학』의 저자인 크리스 엔더슨이 처음 사용한 용어로, 질레트처럼 공짜를 미끼로 2차 수익을 창출하는 일종의 마케팅 기법입니다. '공짜 경제'의 역사는 과거 미국 서부개척시대로 거슬러 올라갑니다. 이 당시 술집에서는 술을 일정량 이상 마신 손님에게 그 다음날 공짜 점심을 주곤 했습니다. 물론 공짜로 주는 점심값은 이보다 더 비싼 술값에 이미 포함되었겠지요. 요즈음도 호프집에 가면 간단한 공짜 안주를 주는데, 이는 손님이 서비스 안주로 인해 술을 더 마시기 때문입니다.

프리코노믹스는 구글과 네이버와 같은 포탈회사의 영업 전략에서도 많이 볼 수 있습니다. 과거 "공짜 점심은 없다."는 경제학자 밀턴 프리드먼의 명언이 바뀌고 있는 것이지요. 오늘날에는 인터넷 공간에서 공짜 전화도 있고, 공짜 메일, 공짜 저장공간, 공짜 광고도 존재합니다. 포탈회사들은 공짜 서비스를 제공하는 대신 광고로 수익을 올리거나, 99%의 고객에게는 무료로 서비스를 제공하면서 1%의 고객에게 유료로 프리미엄 서비스를 제공하여 수익을 창출합니다.

퍼플오션
Part 4 · 024
purple ocean

 '블루오션'은 새로 시작되어 경쟁자가 별로 없는 시장을 일컫습니다. 이는 넓은 푸른 바다에서 경쟁자 없이 평화롭게 지낸다는 뜻이지요. 반면 '레드오션'은 이전부터 존재하여 경쟁자가 많아 포화상태가 된 치열한 시장을 말합니다.

 레드오션 시장에서 새로운 사업을 하는 것은 성공 확률이 낮습니다. 반면에 블루오션 시장에 진입한 기업은 새로운 수요를 창출해 독점적 지위를 누리며 고수익을 낼 수 있습니다. 하지만 블루오션은 수익모델을 갖춘 사업 아이템을 찾기가 힘들고, 찾더라도 후발 주자들의 등장으로 이점이 금방 사라지기 때문에 사업 위험이 높습니다. 한국에서만 볼 수 있는 김치냉장고는 LG전자(옛 금성사)가 최초로 출시했지만, 이후 삼성전자, 위니아 등이 시장에 뛰어들면서 빠르게 레드오션이 되었습니다. 이렇듯 어떤 산업이든 사업에는 성장사이클이 있어, 블루오션이던 사업이 경쟁자가 늘면서 레드오션이 되고, 수요가 정체되면서 '블러디오션bloody ocean'이 됩니다. 여기에 더해 시장 자체가 자정작용을 잃고 부패와 타락으로 몰락하는 상황이 오기도 하는데, 이를 '블랙오션'이라고 합니다.

최근에는 '퍼플오션'이라는 용어도 등장했습니다. 퍼플오션은 레드오션과 블루오션을 섞은 중간 형태로 완전히 새로운 시장은 아니지만 발상의 전환과 기술 개발, 서비스 혁신 등을 통해 기존 시장과는 다른 새로운 형태의 추가적인 가치를 창출하는 파생적인 시장입니다.

『포브스』의 조사에 따르면, 전 세계 사업가 중 80% 이상이 안정된 수요와 수익을 창출할 수 있는 레드오션에서 새로운 사업 기회를 찾고 사업 실행은 퍼플오션 전략을 취하는 것으로 나타났습니다. 퍼플오션 전략은 기존 고객을 활용하면서도 예상치 못한 추가서비스giving little unexpected extras, GLUE를 제공하고 새로운 기술과 마케팅 전략을 활용해 추가적인 부가가치를 창출하는 것입니다.

퍼플오션은 기존의 레드오션 시장에서 블루오션 전략으로 살아남는 방법인데, 상황에 맞게 유연하게 변형하는 것이 중요합니다. 넷플릭스 역시 DVD에서 VOD 서비스로 전환할 당시에는 블루오션에서 사업을 시작했습니다. 이후 디즈니와 피콕 같은 경쟁사가 등장했지만, 콘텐츠를 늘리고 흥미로운 오리지널 콘텐츠를 제작하는 등의 퍼플오션 전략으로 사업 모델을 발전시켰습니다. 또 특정 국가에 서비스를 편중하지 않는 글로벌 시장 전략을 펼쳐 현재까지 전 세계 OTT 시장을 선도하고 있습니다.

Part 4 / 025

2080 법칙
80/20 rule

유태인들은 '78대 22' 비율을 우주를 지배하는 '창조와 자연의 법칙'이라고 여기고 이를 매우 신뢰합니다. 지구의 바다와 육지의 면적비율이 78대 22이고, 공기 중의 질소와 산소의 비율도 78대 22이며, 사람 몸의 성분 역시 78%의 물과 22%의 기타 유기물질로 구성되어 있습니다. 이렇게 우연의 일치라고 하기에는 아주 많은 자연 현상들이 이 비율로 이루어져 있는데, 유대인들은 상거래에서도 원가 78%와 이윤 22%가 가장 적절한 비율이라고 인식하고 있습니다.

이탈리아의 경제학자 빌프레도 파레토는 "이탈리아 인구의 20%가 이탈리아 전체 국부의 80%를 차지하고 있다."는 사실을 통계적으로 분석했는데, 이를 '파레토의 법칙Pareto principle' 또는 '2080 법칙'이라고 부릅니다. 이 같은 현상은 콩과 같은 식물과 개미와 꿀벌 등 곤충 세계에서도 유사한 실험 결과가 있습니다.

2080 법칙이 기업 경영의 황금비율로 알려지면서, 특히 기업 전략과 마케팅 계획을 세우는 데 영향을 미치고 있습니다. 기업에서 발생하는 문제 중 주요한 20%를 해결하면 나머지 80%는 저절로 해결된다는 설득력 있  는 주장과 함께 기업들은 '선택과 집중'의 파레토 법칙을 적용해 전략을 만들고 있습니다.

사실 상류층 20%가 전체 소비의 80%를 차지하는 상황에서 기업들이 VIP 마케팅에 집중하는 것은 자연스러운 현상입니다. 하지만 2080을 넘어 사회

곳곳에서 지나치게 편중된 1090 현상이 생겨 나고 있습니다. 실제로 우리나라 백화점 매출은 상위 10% 고객이 전체 매출의 90%를 차지하고 있고, 지나친 사교육으로 인해 학교에서 적극적으로 수업에 참여하는 학생이 10%에 불과한 실정입니다.

레드오션 상황에서 2080 법칙을 극복하기란 어려운 일입니다. 레드오션에서 하위 80%가 상위 20%로 올라타는 것은 현실적으로 매우 힘들기 때문입니다. 하지만 IT의 발달과 인터넷 기반의 다원적 커뮤니케이션이 보편화되면서 기존에 소외되었던 80%의 다수가 핵심적인 소수보다 더 큰 가치를 창출하는 상황이 연출되고 있습니다. 이를 '역파레토법칙' 또는 '롱테일법칙long tail theory'이라고 합니다. 서점 책들 중에 전체 매출의 80%는 잘 팔리는 20%의 책이 차지하여, 서점 주인은 잘 팔리는 20% 책들만 잘 보이는 곳에 진열하고 나머지 80%는 가장자리에 두거나 창고에 쌓아두었습니다. 하지만 책을 온라인으로 검색하고 구매하는 것이 일반화되면서 단기적으로 적게 팔리던 책이 장기적으로는 꾸준히 팔리는 상황이 벌어지기도 합니다. 이 모양이 마치 공룡의 긴 꼬리처럼 보여 '롱테일현상'이라고 부릅니다.

이는 공급자에게 좀 더 다양한 상품을 구성하게 하고 접근 채널을 확대해 보다 효율적인 구조를 확보하게 합니다. 또 소비자에게는 선택의 폭이 넓어지고 시간과 공간에 제약이 줄어드는 이점이 있습니다. 하지만 파레토법칙과 롱테일법칙은 일부 현상만을 관찰하고 분석한 것이어서, 현재로서는 이를 일반화하는 데에는 무리가 있습니다.

Part 5

시장실패

염색공장의 폐수
Part 5 · 026
wastewater from a dyeing plant

정화시설을 갖추지 않은 염색공장이 오염수를 하천에 무단으로 방출한다면, 이를 식수원으로 사용하는 많은 주민들과 하류에서 고기를 잡는 어부들이 피해를 보는 '후생손실'이 발생할 것입니다.

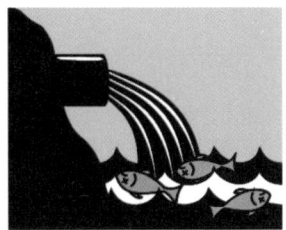

경쟁이 자유로운 시장에서는 수요와 공급에 의해 가격이 결정되며, 이를 통해 자원이 효율적으로 배분됩니다. 하지만 실제 시장에서는 자원배분이 효율적으로 이루어지지 않고, 과잉생산 또는 과소생산이 발생합니다. 이와 같이 시장의 가격조정 기능이 제대로 작동하지 못해 자원배분의 비효율성이 발생하는 상황을 '시장실패market fallure'라고 하며, 이는 앞서 설명한 불완전한 경쟁(독과점시장) 외에 외부효과, 공공재, 불완전한 정보가 그 원인입니다.

일반적으로 어떤 경제주체의 경제활동은 시장의 가격기능을 통해 제3자에게 영향을 미칩니다. 하지만 어떤 경제주체의 활동이 대가를 받지도 치르지도 않고 제3자 또는 사회전체의 편익과 비용을 발생시키기도 하는데, 이를 '외부효과(또는 외부성)externality'라 합니다. 이는 영국의 경제학자 아서 피구의 저서 『후생경제학』에서 처음 사용된 용어로, 외부효과 중에서 다른 경제주체에게 나쁜 영향을 주는 경우를 '외부불경제external diseconomy', 좋은 영향을 미치는 경우를 '외부경제external economy'라고 칭합니다. 위의 예에서 염색공장이 정화시설 없이 생산량을 늘려 더 많은 폐수를 방출한다면 다수의 사람들이 고통을 받는 외부불경제가 발생하고, 염색공장이 수질정화시설을 설치하고 주위에 나무를 심고 하천을 정비한다면 주민들은 안심하고 식수를 사용할 수 있고 어부도 고기잡이에 피해가 없는 외부경제 효과가 발생할 것입니다.

외부불경제가 발생하는 이유는 '기업의 사적한계비용'과 '사회적 한계비용'이 일치하지 않기 때문입니다. 즉, 염색업체 입장에서는 자발적으로 비용을 들여 정화시설과 식재, 하천정비를 할 유인이 없습니다.

그럼 외부불경제를 해소할 수 있는 방안은 무엇일까요?

외부효과를 내부화하는 첫 번째 방법은 관련된 두 회사가 합병하는 것입니다. 앞의 예에서 염색회사와 수도관리 회사가 합병하면 외부불경제를 내부화할 수 있지만, 이 방법은 현실적으로 가능성이 낮습니다. 두 번째 방법은 정부가 규제를 하는 것입니다. 정부의 규제는 기준을 설정하고 이를 어길 시에는 시정명령 또는 벌금을 부과하는 것과 같은 직접적인 방법과, 외부불경제에 상응하는 세금을 부과하거나(피구세Pigouvian tax), 외부경제가 존재하면 정부가 보조금을 주는 형태가 있습니다. 세금 부과는 보통 자원배분의 비효율성을 초래하지만, 피구세는 생산량을 사회적 최적생산량 수준으로 감소시켜 사회후생을 증가시킵니다(이처럼 자원의 효율적 배분에 긍정적으로 작용하는 조세를 '교정적 조세'라고 부름). 다른 방법으로는 사적 경제주체들 간에 자발적 교섭을 통해 외부불경제 문제를 해결하는 것입니다.

도널드 코즈는 '코즈의 정리'를 통해, 규제나 세금이 아닌 외부성의 피해자와 가해자가 서로 협상하여 자원의 배분을 결정하면 자원이 가장 효율적으로 사용된다고 주장했습니다. 앞선 예에서, 정부가 개입하지 않고 주민들과 어부가 받은 피해만큼 염색회사가 보상한다면, 사회적 한계비용과 사회적 한계편익이 같아졌으므로 더 이상 과다생산의 문제는 존재하지 않을 것이라는 주장입니다. 실제 사례 중 하나는 미국 일리노이주 시카고의 오페라하우스 근처 주택가와 공항 사이의 소음 문제를 해결하는 방법이었습니다. 이들은 규제가 아닌 협상을 통해 문제를 해결함으로써 효율성을 높이고 비용을 최소화할 수 있었습니다. 또 다른 예는 온실가스배출량 거래 제도입니다. 세계 주요국들은 1997년 '교토의정서 협약'에 따라, 기후위기에 대응하기 위한 온실가스 감축을 실행하고 있습니다. 정부가 각 사업장에게 할당된 범위 안에서만 온실가스 배출을 허용하고, 여분 또는 부족분의 배출량은 서로 간에 거래할 수 있게 하여 두 사업장의 한계감축비용을 동일하게 만드는 것입니다. 정부의 개입 없이도 외부불경제를 해결할 수 있다는 코즈의 정리는 재산권이 명확하고 거래비용이 없다고 전제합니다. 하지만 현실적으로는 여러 가지 제약이 존재하여 완전한 해결책이 될 수는 없습니다.

Part 5 / 027 무임승차자
free-rider

　사람들은 도서관에서 자료를 찾거나 도로 및 교통 시스템을 매일 이용하면서 일상 생활을 영위합니다. 이처럼 '공공재'란 특정 경제주체에 의해 생산된 재화나 서비스가 구성원 모두에게 혜택이 가는 것을 말합니다. 공공재는 어떤 사람이 추가로 재화를 소비한다고 해서 다른 사람의 소비가 줄어들지 않는 '소비의 비경합성'과, 대가를 치르지 않고 소비하려는 사람을 배제할 수 없는 '소비의 비배제성'이라는 특성을 가지고 있습니다. 예를 들어 비경합성은 밤이 되면 도로에 가로등이 켜지는데 한 사람이 혜택을 본다고 해서 다른 사람의 혜택이 줄지는 않습니다. 비배제성이란 주민 모두가 당번제로 청소를 하는 아파트의 공원에서, 청소를 하지 않는 특정 주민이 있다고 해도 그 사람만 공원 이용을 금지시킬 수 없는 것입니다.

　공공재는 외부불경제과 관련이 있습니다.
　대표적인 공공재로는 국방, 치안, 도로, 항만 등이 있습니다. 이러한 공공재는 시장에서 효율적으로 생산되어 공급되지 못해 외부성을 초래할 수 있습니다. 최적의 공공재 생산 수준은 공공재의 사회적 한계편익과 공공재의 한계비용이 일치하는 점에서 공급하는 것입니다. 공공재의 편익이 비용을 초과하면 정부는 세금을 부과해 공공재를 추가로 공급하여 사회적 후생을 높일 수 있습니다. 하지만 정부가 공공재로 인한 사회 편익을 정확히 알기 어렵고 타인에게 공공재의 부담을 전가시키는 무임승차자 때문에 공공재의 적절한 공급을 결정하는 것은 어려운 일입니다. 정부는 공공재 공급의 적정성을 높이고자 공공사업을 추진할 때에 비용-편익 분석을 실행합니다. 이 또한 필요한 가격이 존재하지 않아 가치의 속성을 제대로 평가하는 데에는 한계가 있습니다.

코뿔소는 멸종위기에 처했지만 소는 멸종되지 않은 것을 경제학자들은 사유재산권과 이윤추구에서 그 원인을 찾습니다.

공공재의 외부성을 해결하기 위해서는 정부의 개입과 규제가 필요하다는 주장이 '공공선택이론theory of public choice'입니다. 공공선택이론은 공공재의 생산과 분배, 그리고 공공서비스의 제공과 관련된 정책 결정의 문제를 다루는 분야입니다. 이 이론은 개인이 자신의 이익을 극대화하기 위해 선택하는 사적인 선택과, 공공재와 같이 공동으로 이용되는 재화나 서비스의 생산과 분배에 대한 선택 사항을 분석하는 것을 목적으로 합니다. 공공선택이론에서는 사회 전체의 이익을 고려하여 공공재의 생산 및 분배, 공공서비스의 제공에 필요한 비용을 산정하고, 이러한 비용을 최소화하는 방향으로 정부가 개입하고 정책 결정을 내리는 것이 중요하다고 주장합니다.

Part 5
028

중고차와 레몬마켓
used car and lemon market

중고차 딜러는 차의 상태를 잘 알고 있지만 중고차를 사려는 사람은 겉모양만 보고 구매하곤 합니다. 그래서 나중에 후회하는 경우가 종종 발생하는데, 이를 '레몬마켓'이라고 부릅니다.

오렌지와 비슷한 모양인 레몬은 원산지가 인도 히말라야로, 서양에 처음 들어왔을 때 신맛이 너무 강해 먹지 못하는 과일로 인식되었습니다. '레몬마켓'이라는 용어는 1970년 조지 애커로프가 처음 제시한 개념으로, 구매자와 판매자 간의 정보의 불균형 때문에 부정확한 경제 거래가 발생할 수 있다는 것을 뜻합니다. 이러한 정보의 비대칭성으로 인해 시장에서는 더 낮은 품질의 제품, 즉 레몬이 많이 거래되고 고품질 제품은 더 적게 거래되는 경향이 나타납니다. 이러한 현상은 시장의 효율성을 저해하고 시장 형성을 방해합니다. 2023년 들어 서울 아파트 거래량은 매달 증가하며 가격이 반등하고 있지만, 빌라는 '빌라왕 전세 사기'로 인해 임차 수요가 급감하고 전세 가격이 하락하면서 매매 가격 역시 큰 폭으로 하락했습니다. 이런 빌라왕 전세 사기 역시 정보의 비대칭에 기인한다고 볼 수 있습니다.

정보의 비대칭은 외부불경제를 초래합니다. 앞서 우리는 모든 경제주체들이 거래 대상에 대해 완전한 정보를 공유하고 있다고 가정했지만, 현실에서는 정보의 비대칭이 생기고 이로 인해 시장실패가 발생합니다. 이를 상대방의 행동을 감시할 수 없어 발생하는 '도덕적해이'와 숨겨진 정보로 인해 발생하는 '역선택'으로 나눌 수 있습니다.

도덕적해이는 원래 의료보험 가입자들의 부도덕한 행위를 가리키는 말로 사용되었지만, 점차 그 의미가 확장되어 정보비대칭 상황을 이용해 부당하게 자신의 사적 이익을 추구하는 행위로 일반화되었습니다. 예를 들어 기업의 주주들은 전문경영인을 뽑아 권한을 위임하고 그가 주주의 이익을 위해 최선을 다할 것으로 여깁니다. 하지만 전문경영인은 업무를 태만히 하거나 특권을 누리거나 자신의 보너스를 챙기기 위해 단기 성과에만 집착하는 등의 도덕적해이를 일으키기도 합니다. 이는 주주와 경영자 간에 이해관계의 상충(대리인 문제)뿐만 아니라 불완전한 정보에서 기인합니다. 전문경영인은 매일 출근해서 업무를 보기 때문에 회사에 대해 주주보다 더 많은 정보를 가지고 있고, 주주는 경영인의 행위를 모두 모니터링 할 수 없어 정보의 비대칭이 발생하고 이는 도덕적해이를 발생시킵니다. 역선택은 거래에 있어 충분한 정보를 가지고 있지 못한 쪽이 불리한 선택을 하게 되는 경우입니다. 이러한 상황이 계속되면 시장은 신뢰를 잃어 산업 자체가 존재하지 못하게 됩니다.

도덕적해이나 역선택은 거래의 비효율성을 야기하고, 이로 인해 사회적 비용이 증가합니다. 도덕적해이를 해결하기 위하여 금전적·비금전적 보상(또는 해고 위협), 교육과 훈련과 같은 윤리적 접근 방법을 쓰기도 하며, 경영자의 업무에 대한 모니터링을 강화하기도 합니다. 국가적으로는 규제와 법률을 강화(예를 들어, 「소비자보호법」)하여 거래의 투명성을 높이는 노력을 기울입니다. 또 역선택을 막기 위해 거래당사자들 간에 투명하게 정보를 제공하고, 투명한 계약과 상호검증, 그리고 보상제도를 도입하는 등의 방법을 사용합니다.

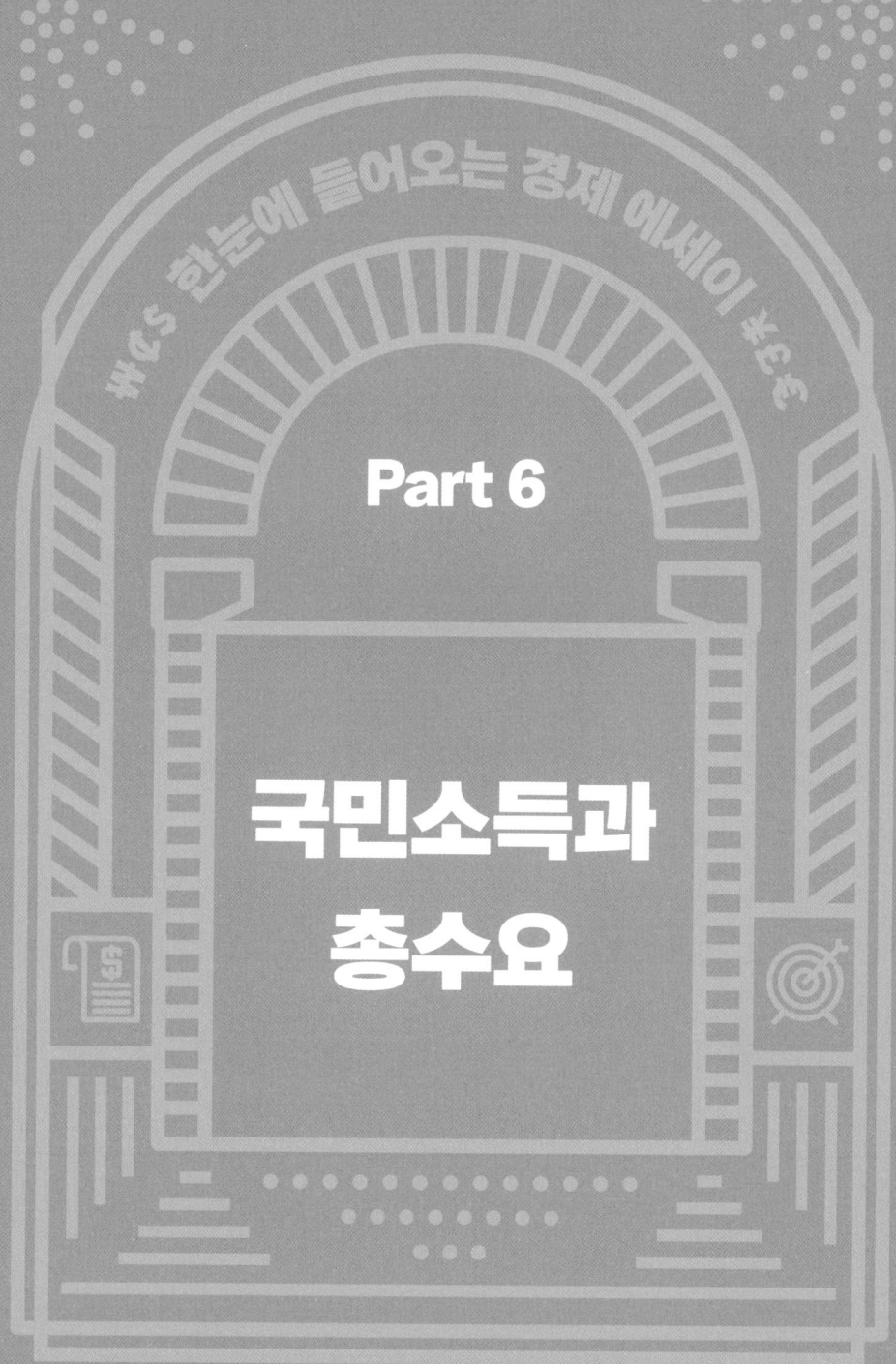

국가의 경제성적표
Part 6 — 029
national economic report card

국민경제의 목표는 경제적인 번영과 사회 안녕을 달성하여 국가 전체의 후생을 높이는 것입니다. 경제학에서 자주 등장하는 '후생厚生, welfare'이란 단어는 사람들의 생활을 넉넉하고 윤택하게 한다는 뜻입니다. 이를 달성하기 위해서는 지속적인 경제발전을 통한 경제성장과 사회적 불평등을 최소화하기 위한 분배의 조화가 필요합니다.

한 국가의 국민경제의 상태를 객관적으로 파악하고 필요한 조치를 취하기 위해서는 국민소득, 경제성장률, 물가상승률, 실업률 등의 경제지표를 살펴보아야 합니다. 이 중에서도 국민소득은 한 나라의 경제 수준을 종합적으로 측정할 수 있는 지표입니다. 한 개인의 경제적 지위를 그 사람의 소득 수준으로 평가하듯이, 한 나라의 경제적 풍요도 그 나라의 각 경제주체의 소득을 합한 국민소득으로 파악합니다. 국민소득은 한 나라의 국민이 일정 기간 새롭게 생산한 재화와 서비스의 가치를 시장가격으로 평가하여 합한 총소득으로, 한 나라의 경제성적표라고 할 수 있습니다.

국민소득과 삶의 질을 동일 선상에 두고 평가할 수는 없으나, 국민소득의 증가는 물질적 풍요를 가져와 보다 윤택한 삶을 누릴 수 있게 합니다. 실제로 우리나라는 1960~70년대 고도 성장기를 겪으면서 국민소득이 급증했고 이에 따라 국민의 삶의 수준이 크게 향상되었습니다.

 한 국가의 경제는 가계, 기업, 정부가 재화와 서비스를 생산, 분배, 지출하고 해외 부문과의 수출입을 통해 이루어집니다. 각 경제주체는 제품을 생산하거나 서비스를 제공하고 그 대가로 소득을 분배받으며, 분배받은 소득으로 지출하는 지속 반복적인 상호작용이 일어나면서 경제가 성장합니다. 그러나 이러한 국민소득 순환 과정에서 때로는 경제의 불균형이나 불안정성이 발생하여 정부가 개입하기도 합니다. 국민소득을 계산할 때에는 생산된 것은 반드시 분배되어 누군가의 소득이 되고 어떤 형태로든 지출이 된다는 '국민소득 3면등가3面等價원칙'이 성립한다고 가정합니다.

Part 6
030

기준이 되는 지표와 측정 방법
indicators and measurement methods

국민소득 통계는 국제적으로 정한 통일된 기준과 방법에 따라 작성되며, 측정된 지표를 통해 국가의 경제활동과 상태를 파악하고 타 국가와 비교하거나 정책 결정에 활용하는 데 쓰입니다. 우리나라에서는 '1993년판 국민계정체계'에 따라 한국은행이 작성하여 정기적으로 발표하고 있습니다.

GDP

국민소득을 나타내는 여러 경제지표 중에 가장 널리 쓰이는 지표가 1930년대 초 경제학자 사이먼 쿠즈네츠가 개발한 '국내총생산Gross Domestic Product, GDP'입니다. GDP는 일정 기간 한 나라 안에서 새로 생산한 재화와 서비스의 가치를 시장가격으로 평가하여 모두 더한 값입니다. 여기서 '일정 기간'이라 함은 통상 1년을 기준으로 삼으며, '한 나라 안에서'의 의미는 생산의 주체가 내국인이든 외국인이든 관계없이 한 나라 국경 안에서 생산된 모든 재화와 서비스 가치의 합입니다. 또 '새로 생산한 재화와 서비스의 가치'란 부가가치를 의미합니다. 예를 들어 식당에서 우동을 팔았는데 이에 사용된 면의 가치를 포함하면 중복 계산되기 때문에 우동을 판 금액만을 평가하여 계산합니다. 또 '시장가격'은 시장에서 거래되는 생산물의 가치만 GDP에 포함한다는 의미입니다. 따라서 주부의 가사, 봉사, 자가 소비를 위한 생산활동, 지하경제 활동(밀수, 마약 거래, 암시장 등)은 시장에서 거래되지 않는 상품의 가치이므로 GDP 계산에서 제외됩니다.

GDP는 한 나라의 경제규모와 생산능력을 알려주는 지표입니다. 2022년 우리나라 GDP는 1조 7,000억 달러로 세계 13번째였습니다(IMF 통계 기준). 이는 2021년 GDP 1조 8,000억 달러보다 적은 수치이고 국가별 순위 역시 세계 10위에서 3단계 하락한 것인데, 그 원인은 타 국가에 비해 원화의 절하 폭이 커서 달러 기준 GDP가 줄었기 때문입니다.

중국은 1979년 미·중 간 외교관계가 회복되고 개방개혁정책으로 지난 수십 년간 놀라운 경제발전을 이루면서 세계 2번째 경제 대국이 되었고, 미국의 경제 규모를 위협하는 수준에 도달했습니다. 중국의 GDP는 2022년 강력한 제로 코로나 정책으로 성장률이 주춤하면서 미국과의 GDP 격차가 벌어지기도 했지만, 중국 경제는 향후 연 4.7%씩 성장할 것으로 전망되어, 2030년경에는 미국의 GDP를 추월할 것으로 보입니다.

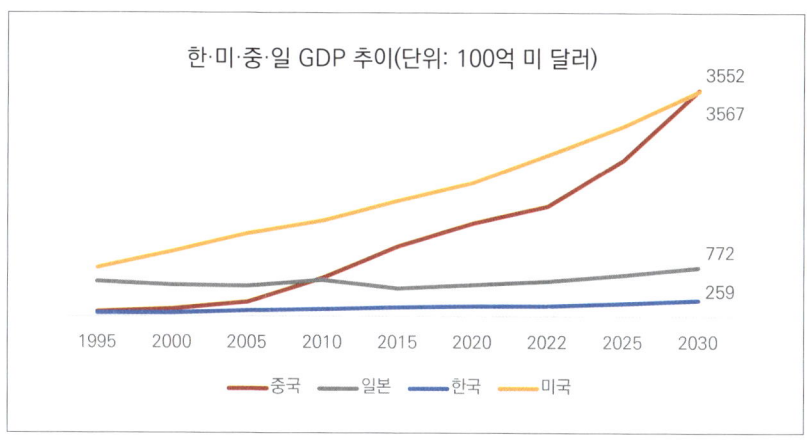

당해 연도의 GDP를 전년도 GDP로 나누면, 경제성장률이 계산됩니다. 경제성장률이 10% 올랐다는 것은 모든 생산물이 10% 증가했다는 의미입니다. 하지만 생산물이 증가하지 않고 가격이 올라도 GDP는 커집니다. 이러한 단점을 보완하기 위해 명목국민소득과 실질국민소득을 구분해 지표로 만듭니다.

'명목GDP'는 현재 시장가격에서 모든 경제활동의 총 가치를 측정한 것으로 물가를 고려하지 않은 지표입니다. 반면 '실질GDP'는 명목GDP에서 물가를 고려하여 가격변동 요소를 제거한 것입니다. 즉, 일정 기간의 가격을 일정한 기준 연도의 가격 수준으로 조정하여 경제활동의 양적 변화를 측정한 것이 실질GDP입니다. 예를 들어 2022년에 개당 100만 원인 휴대폰 100만 대가 생산되었는데, 2023년에는 생산량은 변함이 없으나 가격만 5% 상승했다고 가정하면, 명목GDP는 5% 상승했지만 실질GDP의 증가율은 0%가 됩니다. 따라서 시간에 따른 경제규모의 변화를 살펴보는 데에는 명목GDP보다 실질GDP가 적합합니다(명목GDP를 실질GDP로 나눈 값을 'GDP디플레이터'라 부름).

GNP와 GNI

'국민총생산Gross National Product, GNP'은 일정 기간 국내외에서 자국 국민이 생산한 최종생산물을 시장가격으로 평가한 총액입니다. GDP와 GNP의 차이점을 살펴보면, 먼저 GDP는 영토가 기준이 되는 속지주의 개념인데, GNP는 사람이 기준이 되는 속인주의 개념을 따른 것입니다. 또 GDP는 생산활동만을 고려한 것인 반면, GNP는 국민이 국내외에서 벌어들인 소득을 모두 집계한 지표입니다. 예를 들어 국민이 해외에서 벌어들인 소득이나 해외에서 운영하는 국내 기업의 이익도 GNP에 포함됩니다.

'국민총소득Gross National Income, GNI'은 일정 기간 한 나라의 국민이 국내외에 제공한 대가로 벌어들인 소득의 총액입니다. 따라서 해외 부문이 존재하는 개방경제에서 GNI는 다음 식으로 표시할 수 있습니다.

> GNI = GDP + 실질 국외 순수취 요소소득 + 교역조건 변화로 인한 무역손익

즉, GNI는 GDP로부터 외국인이 우리나라에서 벌어가는 임금, 이자, 배당

등의 국외지급요소소득을 차감하고, 우리나라 국민이 외국에서 벌어오는 임금, 이자, 배당 등의 국외수취요소소득은 더해주고, 추가로 수출품과 수입품의 상대적 가격 비율을 의미하는 교역조건의 변화에 따른 무역손익을 가감해 계산합니다. 현재는 GNP를 발표하지는 않고 GNI를 사용하고 있습니다.

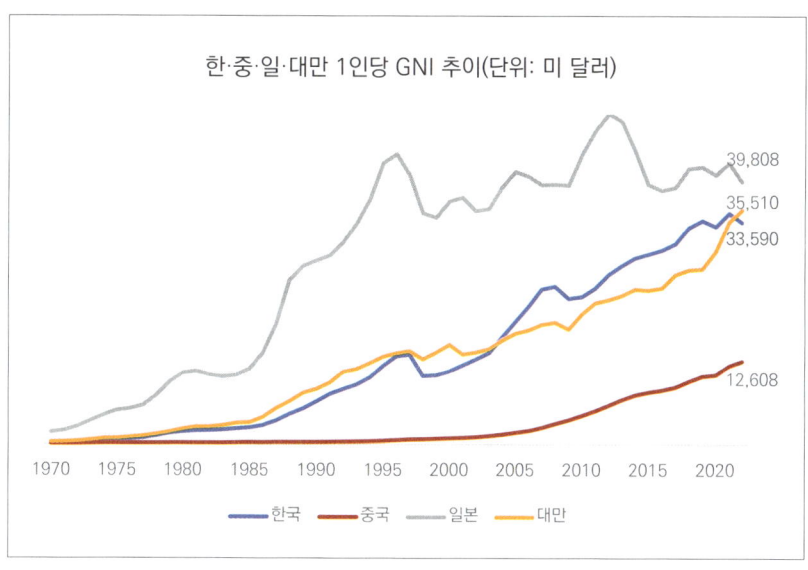

국가 전체의 경제규모를 비교하기 위해서 GDP를 사용하지만, 국민의 경제적 생활수준을 비교하기 위해서는 GNI를 총인구로 나눈 값인 1인당 GNI를 사용합니다. 중국의 GDP는 세계 2위이지만 1인당 GNI는 65위입니다. 사실 1인당 GNI가 높은 국가는 인구가 1,000만 명도 되지 않는 룩셈부르크, 아일랜드, 노르웨이, 스위스, 카타르 등이 상위권에 있습니다.

위의 도표는 한국, 중국, 일본, 대만의 1인당 GNI를 비교한 차트입니다. 주목할 만한 점은 우리나라 1인당 GNI가 일본과의 차이를 빠르게 줄이고 있으며, 2022년에는 대만이 우리나라 1인당 GNI를 넘어섰다는 사실입니다. 대만에게 1인당 GNI를 추월당한 것은 2022년 원화의 가치(12.9% 하락)가 대만 달러(6.8% 하락)보다 더 크게 하락한 것에서 기인한 부분이 있습니다. 하지만, TSMC, 폭스콘 등 대만의 반도체와 IT 기업들이 호황을 누리면서, 2018년 이후 두 나라 간의 경제성장률에 차이가 확대된 것 또한 원인입니다.

GDP와 GNI는 경제활동을 측정하는 지표로 널리 사용되고 있지만, 한계점이 있습니다. 우선, GDP와 GNI 계산은 금전적인 가치를 가진 경제적 활동만을 포함하여 가정, 레저, 문화, 봉사활동 등과 같은 비경제적인 활동은 고려하지 않습니다. 또 경제활동 분류에 일관성이 떨어지는 측면이 있습니다. 예를 들어 동일한 가사노동이더라도 가사도우미의 노동은 경제적 활동으로 인식하지만, 전업주부의 노동은 비경제적 활동으로 분류됩니다. 또한 GDP는 사채시장, 밀수, 마약거래 등과 같은 지하경제 활동이 포함되지 않는데, 이 또한 국가에 따라 큰 차이가 생기기도 합니다. IMF의 2018년 통계에 따르면, 일본의 지하경제 규모는 GDP의 8% 수준인 반면, 우리나라는 20%대로 추정됩니다. 또 GDP와 GNI는 환경, 사회적 포용, 건강, 교육 등과 같은 경제 외적인 요소들을 고려하지 않습니다. 예를 들어 자동차를 추가로 생산하면 GDP가 커지지만, 자동차 운행은 더 많은 이산화탄소를 배출하여 이를 해결하려면 더 많은 사회적 비용이 발생할 수도 있습니다. 따라서, GDP와 GNI만으로 국가의 지속가능한 발전과 사회적 복지를 평가하는 것은 충분치 않으며, 소득이 불균등하게 분배되는 경우 개인이나 가구의 삶의 수준이 개선되지 않을 수 있어, 단순히 증감만을 비교하여 국민의 삶의 질을 판단하는 것은 타당하지 않습니다. 또한 GDP와 GNI를 국가 간에 비교할 때 적용하는 시장환율이 한 나라 통화의 대외적인 실질구매력을 제대로 반영하지 못하는 경우 착시 현상이 생길 수 있습니다.

PPP 및 다른 지표들

하나의 경제지표가 모든 정보를 다 제공하지 못하기 때문에, 이를 보완하는 지표들이 새롭게 생겨나고, 필요에 따라 용도에 맞게 구분하여 사용하고 있습니다.

나라마다 물가수준이 다르기 때문에 물가를 반영한 GDP, 즉 국가별 실제 구매력을 나타내는 구매력평가 환율에 의한 국민소득(PPP국민소득)도 국민경제 수준을 측정하는 지표로 널리 쓰입니다. 이는 한 나라의 화폐가 어느 나라에서나 동일한 구매력을 지니도록 환율이 결정된다는 논리를 적용한 것으로, 예를 들어 1달러로 미국과 한국에서 구입할 수 있는 빅맥 햄버거의 양은 동일해야 한다는 것입니다.

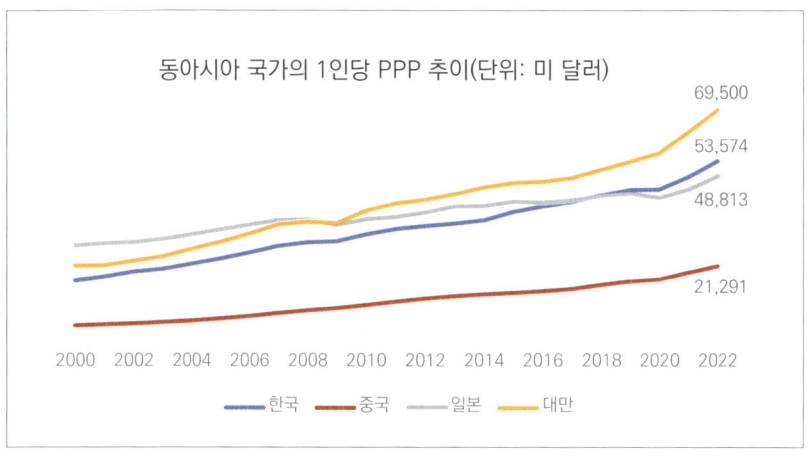

동아시아 4개국의 PPP국민소득을 비교해보면, 우리나라의 PPP국민소득(세계 26위)은 2018년부터 일본(세계 31위)을 앞질렀지만, 대만의 PPP국민소득(세계 11위)에 비해서는 낮은 수준입니다.

국내순생산Net Domestic Product, NDP과 국민순소득Net National Product, NNP을 지표로 사용하기도 합니다. 'NDP'는 국내에서 생산된 재화와 서비스의 가치에서 감가상각(자산의 가치하락)을 차감한 값으로, 국가 내에서의 경제적 생산활동의 순가치를 나타냅니다. 즉, 기업이 생산활동을 통해 창출한 가치에서 자산의 감가상각을 차감하여 실제로 국내 경제에 남아 있는 가치를 측정한 지표입니다. 반면에 'NNP'는 국내에서의 생산활동과 국외에서의 소득을 모두 고려한 값으로, 국민이 실제로 소득으로 취득한 가치를 나타냅니다.

GDP의 한계점을 보완하고 보다 포괄적으로 국민의 삶의 질을 파악하기 위해 순경제복지Net Economic Welfare, NEW와 녹색GDP를 사용하기도 합니다. 'NEW'는 환경영향, 사회적 불평등, 미래 세대를 위한 자원 보호 등의 요인들을 반영한 지표로, 경제활동의 영향을 보다 폭 넓게 평가하고 지속가능한 경제 발전과 사회적 웰빙 추구를 위한 정책을 결정하는 데 적합합니다. '녹색GDP' 역시 GDP의 보정된 형태로, 환경 지속가능성을 고려한 경제 지표입니다. 녹색GDP는 경제적 활동이 환경에 미치는 영향을 측정하고, 자원의 소비, 환경 오염, 생태계 파괴 등의 요소를 반영하여 GDP를 조정한 것으로, 경제 성장과 환경보호 사이의 균형을 논의하고 지속가능한 개발을 촉진하기 위한 노력의 일부입니다. 그러나 이 지표들을 측정하는 방법과 범위를 정하는 데 논란이 있어 기존의 국민소득 통계를 대체하려는 시도는 여전히 논의 단계에 머무르고 있습니다.

Part 6
031 국민소득의 결정 요인
determinants of national income

　국가경제에 있어 국민소득은 중요합니다. 국민소득의 증가는 국가의 경제적 활동이 확장되었음을 뜻하므로, 경제적 번영을 달성했다고 볼 수 있습니다. 국민소득이 증가하면 더 많은 일자리가 창출되고, 증가된 국민소득으로 국가는 더 많은 사회복지 및 교육, 보건, 인프라 등의 공공서비스를 제공하여 소득분배를 개선하고 국민의 삶의 질을 향상시킬 수 있습니다.

　그럼 국민소득은 어떻게 결정될까요? 국민소득의 결정 요인을 알면, 국민소득을 어떻게 높일 수 있을지에 대한 보다 명확한 해결책을 도출할 수 있을 것입니다.

　미시경제에서 개별 상품의 생산량은 해당 상품에 대한 수요와 공급이 균형을 이루는 점에서 결정됩니다. 수요와 공급의 상호작용에 따라 시장에서 가격이 형성되고, 이를 기반으로 개별 상품의 생산량이 조절되는 것입니다. 거시경제에서도 마찬가지로 국민소득은 국민경제 전체적으로 생산되는 모든 생산물에 대한 총수요와 총공급이 균형을 이루는 점에서 결정됩니다. 국민소득은 국가의 경제활동 전반을 포괄하는 개념으로, 모든 생산과 소비, 투자, 수출 등의 경제활동을 종합적으로 반영합니다.

　제1차 세계대전 이후 세계 경제는 호황을 누리다가, 1920년대 후반에 들어 거품이 꺼지면서 실물 경기에 침체가 오고 실업이 급증하는 등 자본주의에 심각한 위기가 생겼습니다. 이때 구원투수로 등장한 존 메이너드 케인즈는 1936년 발간한 그의 저서 『고용·이자 및 화폐에 관한 일반이론』에서 수요와 공급이 가격의 자동조절 기능에 의해 균형을 이룬다는 논리는 비현실적이며,

경기침체의 원인은 총수요가 부족하여 일어난 것이므로 총수요를 늘리는 정책적 개입이 필요하다는 '유효수요원리theory of effective demand'를 제시했습니다. 그는 수요와 공급이 변하면 가격이 즉각적으로 반응하여 경제주체들은 변화된 가격에 따라 다시 수요와 공급을 조정하여 경제 전체는 조화와 균형을 이룬다는 고전학파의 낙관적 믿음을 비판했습니다. 그는 "장기적으로 우리는 모두 죽는다. 폭풍우가 몰아치는데, 폭풍이 지나가고 많은 시간이 흐르면 바다는 다시 평온해진다는 말만 들려준다면 경제학자는 너무나 안이하고 쓸모없는 일만 하는 셈이다."라며, 수급불균형의 문제를 시장에만 맡겨서는 해결되지 않는다고 주장했습니다. 이는 당시 주류 이론이었던 공급이 수요를 창출한다는 '세이의 법칙'을 뒤집은 가히 획기적인 주장이었고, 오늘날까지 정부의 경제정책 운영에 매우 큰 영향을 미치고 있습니다.

케인즈는 한 나라의 최종적인 국민소득은 수요가 결정한다고 주장했는데(케인즈의 단순이론), 이는 다음과 같은 항등식으로 나타낼 수 있습니다.

$$\text{지출국민소득}(Yd) \equiv \text{소비}(C) + \text{투자}(I) + \text{정부지출}(G) + \text{수출}(X) - \text{수입}(M)$$

즉, 총수요는 소비, 투자, 정부지출과 같은 국내 수요뿐만 아니라 해외로부터의 수요, 즉 수출을 더하고 해외에서 생산된 생산물을 국내 경제주체가 구매하려는 수입을 차감하여 계산합니다.

2021년 기준 우리나라 국내총생산은 소비, 수출, 투자, 정부지출 순으로 구성비율이 높습니다. 추이를 살펴보면 소비의 비중은 점차 떨어지고 있는 반면, 정부지출은 확대되고 있습니다. 또 민간투자는 1990년 이후 정체되고 있는데, 이는 우리나라 경제성장이 과거에 비해 더디고 불확실성 요인들이 많아 기업들이 적극적으로 투자하지 않는 것이 주요 이유입니다.

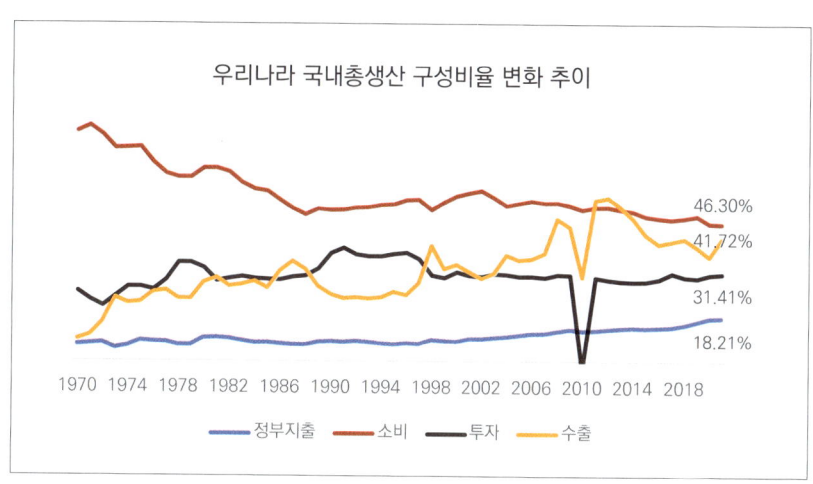

　한편 2008년 글로벌 금융위기 직후 수출과 투자가 크게 위축되었으나, 각국 정부의 강력한 재정정책과 통화정책에 힘입어 우리나라의 수출과 투자 역시 빠르게 회복되었습니다. 그럼, 국민소득을 구성하는 각 항목들을 구체적으로 살펴보겠습니다.

Part 6
032

소비
consumption

소비는 국민소득을 구성하는 요인들 중에 비중이 가장 큰데, 본 장에서는 소비가 어떠한 요소에 의해 결정되는지 알아보도록 하겠습니다.

소득

소득은 소비에 가장 크게 영향을 미칩니다. 일반적으로 처분가능소득이 높을수록 소비가 증가하여 경제활동이 활발해집니다. 여기서, '처분가능소득'이란 소득에서 조세, 연금, 사회보험료, 이자비용, 가구 간 이전 등의 비소비지출 금액을 공제한, 실제로 가구에서 처분할 수 있는 소득입니다.

회사원 A 씨는 세금 공제 후 월급을 300만 원 받아 250만 원은 소비하고 50만 원을 저축했습니다. 그런데 월급이 올라 400만 원을 받게 되었는데 이때 300만 원은 소비하고 100만 원을 저축했습니다. 즉, A 씨의 경우, 소득은 100만 원 늘었으나, 소비는 50만 원만 늘었습니다. 이렇게 다른 조건이 일정한 상황에서 가계의 처분가능소득과 소비지출 관계를 설명하는 모델이 케인즈의 '소비함수'입니다. 이는 이자율에 따라 소비 및 저축이 결정된다고 본 고전학파와는 달리, 케인즈는 소비의 결정요인으로서 현재 가처분소득의 중요성을 강조했습니다. 이는 다음 식과 같은 형태로 나타낼 수 있습니다.

$$C = a + b Y_d$$

소비함수의 핵심 아이디어는 다음과 같습니다.

a: 절대소비
- a>0, 소득이 전혀 없는 가계도 기본적인 생존을 위해 최소한의 소비가 필요
- 이 경우 저축한 돈을 찾거나 빌려서 소비

b: 처분가능소득 Yd 1단위 증가 시 소비 C의 증가분, 한계소비성향
- b>0, 처분가능소득과 소비는 밀접한 정(+)의 관계
- b<1, 가계는 증가한 소득을 모두 소비하지 않고 일부를 저축하기 때문에 소비의 증가분은 소득의 증가분보다 작음(소비추세선의 기울기 b는 1보다 작음)

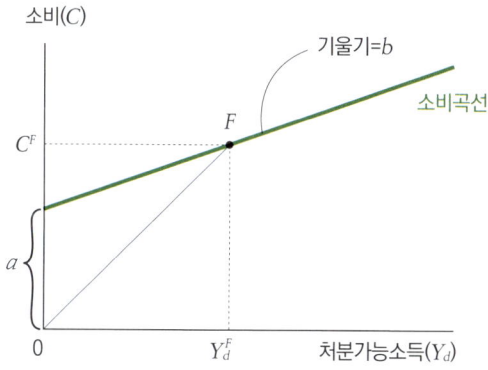

이와 같은 케인즈의 주장에 대체로 동의하지만, 어떠한 방식으로 소득을 높이는 것이 효과적인가는 학자들 간에 이견이 있습니다. 이러한 다양한 견해들은 'Part 12 재정정책'에서 알아볼 것입니다.

저축

가계는 노동력을 공급하여 소득을 얻고, 벌어들인 소득으로 소비를 합니다. 가계의 소비는 대체로 소득 내에서 이루어지지만, 가계는 모든 소득을 전부 소비하지는 않고 미래의 소비에 대비하기 위해 일부를 저축합니다. 경우에 따라 가계는 미래소득을 담보로 돈을 빌려 현재소득을 초과하는 소비를 하기도 하지만, 빌린 돈은 언젠가는 갚아야 하기 때문에 일생 동안의 소비는 일생 동안의 소득을 넘을 수는 없습니다.

그럼 소비를 어떻게 분배하는 것이 합리적일까요?

'소득가설'은 소득의 변화가 가계의 소비와 저축에 어떻게 영향을 미치는지를 연구하는 분야인데, 세 가지 대표적인 이론이 있습니다.

케인즈의 '절대소득가설'은 소비는 현재의 소득 수준에만 의존하며, 미래의

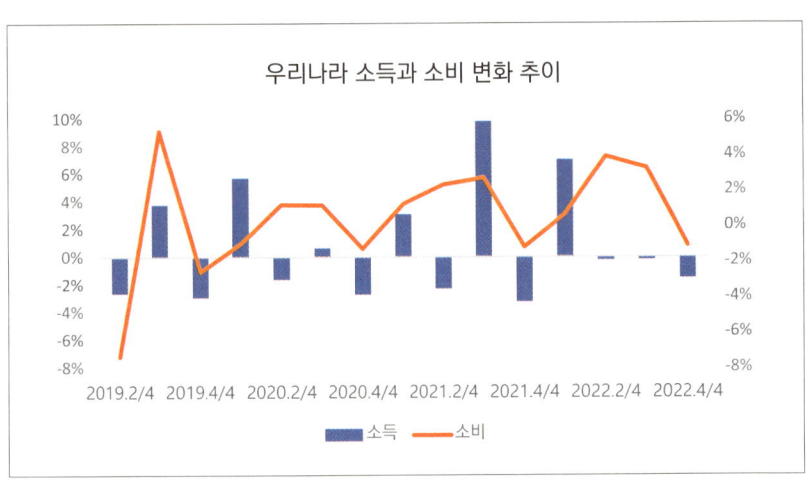

소득에 대한 계획이나 예측을 고려하지 않는다고 가정합니다. 케인즈의 주장은 절대소득가설을 바탕으로 정부가 공적 자금을 투입하여 소비를 촉진하면 경기침체를 극복할 수 있다는 것이지요.

위 도표와 같이, 소비는 소득과 밀접한 관계를 가지고 있지만 이 둘 사이에 변화된 폭과 시점에는 차이가 있습니다. 즉, 소비는 현재소득 외에 다양한 요인들에 의해 영향을 받기 때문에 절대소득가설만으로 복잡한 현실의 소비행태를 설명하는 데에는 한계가 있습니다. 이의 대안으로 항상소득가설과 생애주기가설을 제시했는데, 이 두 가설은 소득과 소비의 관계를 다른 관점으로 설명하고 있습니다.

'항상소득가설'은 앨버트 프리드먼에 의해 제안된 이론으로 1957년 『소비의 개인적 체험』이라는 그의 논문에서 처음 소개되었습니다. 이는 가계가 오랜 기간에 걸쳐 얻는 평균소득이 개인의 소비 결정에 영향을 미친다는 주장입니다. 즉, 가계는 일시적인 소득변화에 반응하여 소비를 크게 조절하지 않고, 장기적인 평균소득 수준에 따라 소비를 결정한다고 가정하여 미래의 소득에 대한 기대가 현재의 소비 결정에 중요한 역할을 한다고 주장했습니다. 따라서 가계가 미래의 소득이 증가할 것으로 예측하면 현재소득보다 더 많이 소비하고, 미래의 소득이 감소할 것으로 예측되면 현재소득보다 더 적게 소비하고 저축을 늘린다는 것이 이 가설의 핵심입니다. 항상소득가설은 절대소득가설만으로는 분석하기 힘든 경제현상이나 정책효과를 설명할 수 있다는 장점이 있습니다. 예를 들어 항상소득가설의 논리는 감세정책의 효과가 정책이 일시적인지 영구적인지 여부에 따라 크게 달라진다고 봅니다. 즉, 일시적인 감세정책인 경우 미래의 증세로 이어질 수 있기 때문에 항상소득에는 거의 영향이 없어 현재 소비를 늘리지 않는다는 것이지요. 결론적으로 항상소득가설은 미래의 소득 예측이 개인의 소비와 저축 결정에 영향을 미친다는 것이지만, 가계의 소비와 저축은 다양한 요인들에 의해 영향을 받기 때문에 항상 이 가설이 적용되는 것은 아닙니다.

'생애주기가설'은 개인이 일생에 걸쳐 얻는 전체 소득을 고려하여 소비와 저축을 결정한다는 것입니다. 이는 프랑코 모딜리아니와 앤드류 에프켈도시가 1954년 처음 제안했는데, 이 이론에 따르면 개인은 젊을 때 수입이 적은 상황에서 빚을 내어 소비를 하며, 중년에 수입이 가장 높을 때에는 저축을 늘리고, 노년에는 저축하여 축적된 자산으로 소비를 충당한다는 것입니다.

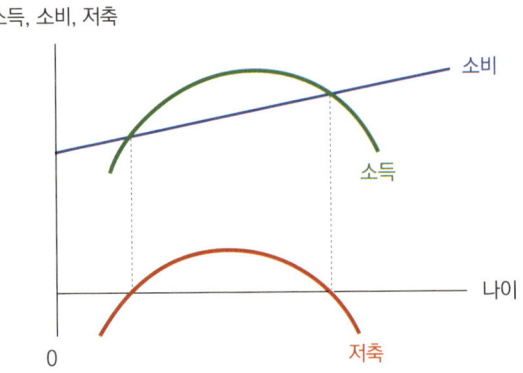

위의 도표와 같이 전 생애에 걸친 소득변화 패턴을 감안하여, 소득과 소비수준 간 괴리를 메움으로써 비교적 일정한 소비 수준을 유지한다는 것입니다. 생애주기가설에 따르면 중·장년층보다는 청년층이나 노년층의 한계소비성향 또는 평균소비성향 수준이 대체로 높은 경향이 있습니다. 따라서 정부가 소득 재분배 또는 사회적 지원의 형태로 이루어지는 이전지출transfer payments 가운데 청년수당 또는 기초연금의 형태로 청년층이나 노년층의 소득을 보조하는 정책이 근로장려금과 같은 일하는 중·장년층을 지원하는 정책보다 소비 증대에 효과가 더 클 수 있다는 것입니다. 하지만 생애주기가설에서 주장하는 가계의 소비가 근시안적으로 이루어지지 않고 합리적 기대를 통해 향후 전 생애에 걸친 소득이나 불확실한 미래소득을 예측한다는 가정에 의문이 있습니다. 설사 미래소득을 합리적으로 예측한다 하더라도, 유동성의 제약으로 미래의 예상소득을 담보로 현재 돈을 빌릴 수 없다면 소비자들은 소비 평탄화가 가능하지 않습니다. 또한 빠르게 진행되고 있는 고령화나 기대수명 증가와 같은 소비행태에 영향을 주는 여건의 변화를 고려하지 못한다는 한계가 있습니다.

기타 소비결정요인

소득과 저축 이외에도 재산 상태, 차입 여부, 물가수준, 이자율, 미래 경제상황에 대한 기대 등과 같은 여러 가지 요인들이 소비에 영향을 줍니다. 주요 요인을 살펴보면 다음과 같습니다.

가계의 재산이 늘어나면 소비가 증가하는 경향이 있습니다. 가계의 부는 보유한 자산에서 부채를 차감한 금액인데, 재산에는 부동산 등 실물자산뿐만 아니라 예금, 주식, 채권 등과 같은 금융자산도 포함됩니다. 이들 자산가격이 상승하면 가계는 소비를 늘리는데, 이를 '재산효과' 또는 '부(富)의 효과'라고 합니다. 재산효과는 실현되지 않은 재산가치 변화의 효과이며, 실현된 가치는 소득입니다. 재산의 가치가 증가하면, 소득에 변화가 없는 상황에서도 소비가 증가하고 저축이 감소하는 경향이 있습니다.

차입 여부 및 차입량도 현재 소비에 영향을 미칠 수 있습니다. 가계는 현재 소득이 없거나 모자라더라도 금융기관으로부터의 차입을 통해 소득 이상의 소비를 할 수 있습니다. 하지만 차입의 증가는 미래소비를 감소시키고 미래에 차입한 돈을 갚기 위해서는 소비를 줄이고 저축을 증가시켜야 하기 때문에, 장기적인 측면에서 소비에 긍정적인 영향을 미치지는 못합니다.

물가수준 역시 소비에 영향을 미칩니다. 물가가 상승하면 가계가 보유한 명목자산의 실질가치를 감소시켜 소비가 줄어드는 데, 이를 '실질잔고효과'라고 합니다. 물가수준이 높아지면, 가계가 보유한 화폐로 살 수 있는 재화와 서비스의 양이 줄어들고, 보유한 화폐의 가치뿐만 아니라 모든 명목자산의 실질가치가 떨어져 소비감소로 이어집니다.

이자율이 하락하면 가계는 더 많이 차입하여 소비를 늘리는 반면, 저축은 줄이게 됩니다. 대출이자율이 낮아지면 갚아야 할 이자 부담이 줄어들기 때문에, 가계는 더 많은 대출을 받거나 할부를 통해 자동차 등 내구소비재를 더 많이 구입하고 저축을 줄이게 됩니다. 하지만 연금수급자와 같이 이자소득으로 생활하는 가계의 경우, 이자율이 하락하면 수령하는 소득이 감소하여 소비에 오히려 부정적인 영향을 미칩니다.

미래 경제상황에 대한 기대 역시 소비에 영향을 미칩니다. 현재의 소비는 현재소득뿐만 아니라 미래에 발생할 것으로 예상되는 소득에 의해서도 영향을 받습니다. 미래에 소득이 증가할 것으로 예상되는 경우, 차입을 통해 미래소득을 미리 당겨씀으로써 현재의 소득수준 이상으로 소비가 증가합니다(항상소득가설과 생애주기가설의 논리). 또 가계는 미래소득 이외의 경제변수에 대한 기대에 따라서도 현재의 소비와 저축을 변화시킬 수 있습니다. 예를 들어 가축 전염병 확산으로 돼지고기 가격이 오를 것으로 예상되면 돼지고기의 현재 소비가 증가하게 됩니다.

소득과 소비는 밀접하게 연관되어 있지만, 보는 관점에 따라 다르게 해석할 수 있으며 이에 따라 경제정책이 달라집니다. 소득이 늘어나면 소비가 증가해 수요가 많아지고, 생산과 고용이 늘게 됩니다. 이로 인해 국가의 총소득이 커지게 되는데, 이를 어떻게 공정하게 배분할지도 정부의 중요한 과제입니다.

Part 6
033

투자
investment

2022년 기준, 투자는 전체 GDP의 31%를 차지하고 있습니다. 투자 활성화는 경제성장과 일자리 창출에 긍정적인 영향을 미칠 뿐만 아니라 생산력 향상과 기술발전 및 자본형성을 촉진하고, 금융시장의 발전을 가져옵니다.

기업의 근원적인 목적은 이윤극대화이며, 기업은 이윤을 얻고자 생산활동에 자본을 투자합니다. 여기서 '투자'라 함은 주식, 채권, 뮤추얼 펀드 등 금융상품 투자와는 다른 의미로, 기업이 생산적 자원을 확보하고 생산활동을 확장하기 위해 자금을 투입하는 행위를 말합니다. 투자(=총자본형성)는 매입하는 자본재의 성격에 따라 고정투자(총고정자본형성)와 재고투자(재고 증감)로 구분합니다. 고정투자는 다시 대체투자와 신규투자로 나뉩니다. '대체투자'는 기업의 생산과정에서 사용되어 없어진 자본시설을 보충하는 투자이고, '신규투자'는 생산량을 늘리려고 자본시설 규모를 확장하는 것입니다. 재고 증가는 국내에서 생산되거나 외국에서 수입된 상품이 소비나 총고정자본형성 또는 수출로 처분되지 않은 부분입니다. 재고는 생산된 최종재 가운데 판매되지 않은 부분으로, 차후 판매되어 미래의 경제적 이익을 발생시킬 가능성이 크기 때문에 자본재로 분류합니다. 기업이 대체투자만 하면 생산시설 규모가 커지지 않아 다음 해 생산량이 늘어나지 않지만, 신규투자를 하면 생산량을 지속적으로 늘리기 때문에 경제성장률이 높아질 수 있습니다.

투자는 건설투자, 설비투자, 지식재산생산물투자(무형고정자산투자의 변경된 명칭)로 구분합니다. 투자는 단기적 경기변동의 주요인이며, 물적·인적 자본의 축적을 통해 장기적 경제성장을 주도하는 원동력입니다.

기업이 자본 1단위를 증가시킬 때 늘어나는 생산량을 시장가격으로 평가한 것이 자본의 한계이익이며, 자본 1단위를 시장에서 차입했을 때 지불해야 하는 비용인 이자가 자본의 한계비용입니다. 기업은 한계이익이 한계비용보다 클 경우에만 투자를 결정하게 됩니다(자본의 한계이익과 한계비용이 일치하는 지점이 자본의 최적수준임). 이는 재무관리의 기본이 되는 내용인데, 기업은 여러 투자안들의 기대수익률을 각각 구한 후, 기대수익률이 높은 투자안부터 순차적으로 실행하여 투자의 기대수익률과 차입비용이 같아지는 수준까지 투자를 집행합니다.

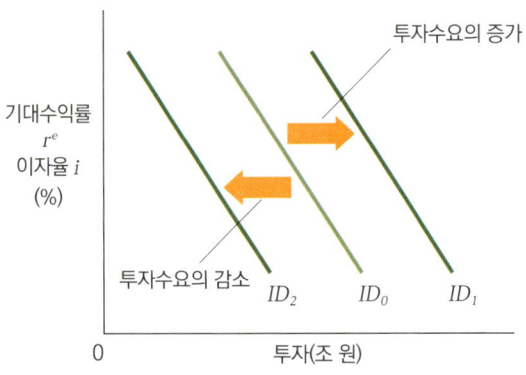

위의 도표에서 보듯이, 이자율과 투자는 역상관관계에 있습니다. 즉, 이자율이 높으면 투자는 줄고 이자율이 낮아지면 투자는 늘어납니다. 이자율 외에도 투자결정에 영향을 주는 요인이 많이 있는데, 이 중 하나가 투자자들의 기대심리입니다. 기업들이 미래 경제상황에 대해 낙관적으로 전망하면 전체 투자안들의 기대수익률이 상승하여 더 많은 투자안들이 시장이자율을 초과하게 되고, 이로 인해 실행되는 투자안이 늘면서 투자수요곡선이 우측으로 이동합니다. 반대로 미래 경제상황에 대해 비관적으로 전망하는 경우 전체 투자안들의 기대수익률이 하락하여 적은 투자안들만이 시장이자율을 초과하여 투자수요곡선은 좌측으로 이동하게 됩니다. 그런데, 여기서 언급하는 기대수익률은 다분히 주관적이어서, 투자자들의 주관적인 기대심리의 변화가 투자를 결정짓는다고 할 수 있습니다. 케인즈는 기업가의 주관적 심리에 의해 형성되는 불확실한 미래에 대한 장기적 기대를 '야성적 충동animal spirit'이라고 표현했는데, 이는 기업의 투자가 냉정한 타산보다는 감感과 같은 심리적요인에 영향을 받는다는 것입니다. 한국계 일본인인 소프트뱅크의 회장 손정의는 특유의 투자철학과 감으로 여러 스타트업 회사에 투자하여 성공을 거두었습니다. 그는 지난 2000년 중국의 전자상거래 기업 알리바바에 2,000만 달러를 투자하여 회사 지분의 26%를 소유하게 되었고, 2014년 알리바바가 뉴욕 증시에 성공적으로 상장하면서 2,000배 넘는 수익을 남겼습니다. 그는 이러한 통 큰 투자결정에 대한 배경을 묻자 "순전히 감이었다."고 회고한 바 있습니다. 이렇게 투자결정은 심리적인 요인에 크게 영향을 받기 때문에, 정부 및 중앙은행은 경제주체들의 심리를 면밀히 모니터링하고 이를 고려하여 경제정책을 수립합니다.

　기대심리 외에 자본재 가격의 변동, 세제 정책, 투입된 자본재의 양, 기술의 진보 등도 투자에 영향을 미칩니다. 자본재 가격이 비싸지거나 유지 및 운영 비용이 늘어나면 투자의 기대수익률이 낮아지고, 또 세금이 증가하면 투자의 세후수익률이 낮아져 투자수요곡선이 좌측으로 이동합니다. 또한 기업의 생산규모에 비해 자본재의 양이 과다하게 투입된 상황에서는 추가적으로 새롭게 투자된 자본재 역시 상당 기간 유휴상태로 둘 수밖에 없어, 투자의 기대수익률이 하락하면서 투자수요곡선이 좌측으로 이동합니다. 반면 기술진보를 통해 단위당 생산비용이 절감되면 단위당 얻을 수 있는 순수입이 증가해 투자의 기대수익률이 상승하여 투자수요곡선이 우측으로 이동합니다. 이뿐만 아니라, 정부의 규제, 지정학적 요인, 대외 여건 등이 투자에 중요하게 영향을 미칩니다.

Part 6
034

정부지출
government spending

 정부는 국가의 국민을 대표하고, 국민의 안전, 국방, 교육, 보건, 사회 그리고 경제를 안정적으로 발전시켜 국민의 복지와 안녕을 증진하는 역할을 수행합니다. 이를 달성하기 위해, 정부는 각 분야에 예산을 배분하고 지출활동을 수행합니다.

 경제에 있어 첫 번째 중요한 정부의 역할은 자원배분입니다. 공공재 성격을 가진 재화와 서비스를 시장경제에 맡겨두면 채산성 문제로 인해 사회적으로 필요한 수준까지 공급되지 않을 수 있습니다. 때문에 정부가 적절하게 공급하여 자원배분상의 비효율을 해소합니다. 두 번째 중요한 역할은 소득재분배입니다. 정부는 소득격차를 해결해 사회 전체의 질서를 유지하고 경제를 안정적으로 성장시키기 위해 세제운영과 사회보장제도 등을 시행합니다. 세 번째 역할은 대내외 경제의 불안한 요인들을 진단하고 안정시키는 것입니다. 또 정부는 지속가능한 성장을 위해 환경문제와 사회갈등을 적극적으로 해결해 나갈 의무가 있습니다. 이러한 역할을 수행하기 위해, 정부지출이 이루어집니다. 정부지출은 재정지출fiscal expenditure과 같은 의미입니다.

 '재정'이란 정부 세입과 세출에 관련된 모든 경제활동입니다. 정부는 공공기능을 수행하기 위해 필요한 재원을 마련하고 그 돈으로 여러 가지 사업을 수행하는데, 이를 통틀어 재정이라고 합니다. 경기가 과열됐을 때에 정부는 지출을 줄이고 세금을 더 많이 거둬들여 흑자재정을 실현함으로써 과열된 경기를 억제합니다. 반면 기업의 생산활동이 위축되고 실업자가 늘어나는 등 경기침체가 우려될 때에는 세금을 적게 거둬들이고 정부지출을 늘려 가계와 기업의 소비 및 투자를 촉진시킵니다. 정부는 재정지출과 수입을 계획하는 예산안을 편성하고 이를 국회로부터 승인받는 과정을 거칩니다. 이는 국가의 재정활동을 투명하고 민주적으로 관리하기 위한 중요한 절차로, 국회가 국가의 예산에 대한 검토와 승인을 통해 예산의 합리성, 효율성, 타당성 등을 평가하고 결정하게 됩니다.

정부의 재정은 국민의 복지증진, 경제 활성화, 사회적인 목표 달성 등을 위해 사용됩니다. 하지만 생산활동과 무관하게 국가가 아무런 대가 없이 지급하는 '이전지출'은 재정지출에 포함되지 않습니다. 예를 들어 기초생활수급자에 대한 지원금, 국가유공자 등에 대한 보상금, 국가책임에 대한 배상금, 재난지원금 등은 경제적인 부가가치를 창출하지 않아 GDP 계산에 포함되지 않기 때문입니다.

우리나라의 2022년 정부지출의 규모는 2015년에 비해 1.63배나 많아졌습니다. 특히 사회복지, 일반행정 및 보건 분야에 지출 규모가 크게 늘었는데, 이는 코로나19 발발로 인한 지출이 컸기 때문입니다.

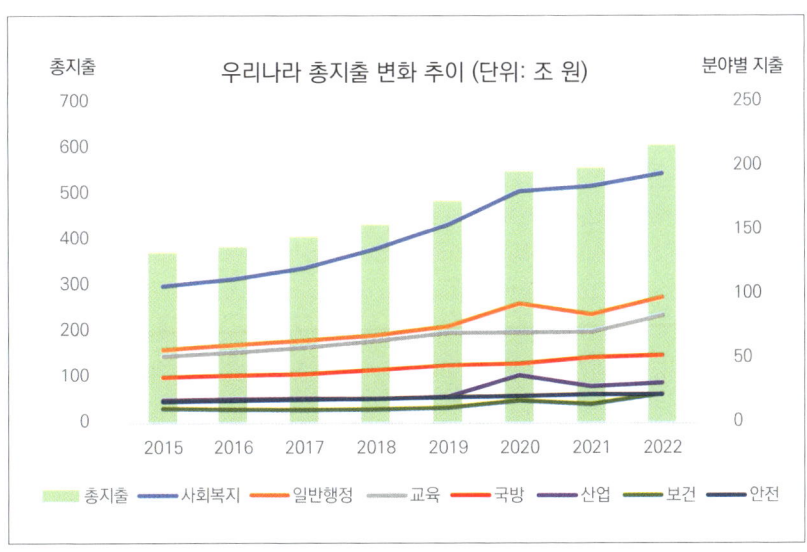

재정지출을 위한 수입원은 소득세, 법인세, 관세 등과 같은 국세수입에 의존하지만 벌금, 몰수금 및 과태료 등과 같은 세외수입을 통해서도 이루어집니다. 지출에 비해 수입이 부족하면 국채를 발행하거나 해외로부터 차입을 통해 부족분을 메우게 됩니다. 정부의 지출이 수입을 초과하는 상황을 '재정적자 fiscal deficit'라고 하며, 재정적자의 원인은 정부가 경제 활성화를 위해 투자 또는 사회복지 프로그램을 확장하는 등의 지출을 늘리거나 정부의 세금 수입이 예상보다 적게 거치는 경제 불황기에 발생합니다. 재정적자는 국가의 부채를 늘려 국가의 재정건전성과 경제적 안정에 부정적인 영향을 미치기 때문에, 정부는 재정균형을 맞추기 위한 노력을 기울여야 합니다.

Part 6 035 순수출
net export

'수출'은 국내에서 생산된 생산물 가운데 해외 부문이 구입하는 재화와 서비스의 총가치로서, 이는 총수요의 구성요소입니다. 한편, 총수요는 국내에서 생산된 생산물에 대한 지출만을 의미하므로, 해외에서 생산된 생산물에 대한 국내 지출, 즉 수입은 차감하게 됩니다. 수출입은 경기변동의 중요한 요인 중 하나인데, 특히 우리나라처럼 무역의존도가 높은 국가는 수출입이 국민소득에 큰 영향을 미칩니다. 수출이 증가하면 수출기업의 생산과 고용이 늘어나고, 무역수지 흑자가 늘어 경제성장을 견인할 수 있습니다. 또한, 수출이 증가하면 국가의 외환보유액이 증가하여 국가의 신용도가 향상됩니다.

순수출은 교역대상국의 국민소득, 상대적 물가수준, 환율, 국제무역 정책 등에 영향을 받습니다. 한 나라의 수입은 교역하는 상대국 입장에서는 수출을 의미하지요. 따라서 우리나라와 교역하는 국가의 국민소득이 증가하면 우리나라의 수출이 늘어나고, 우리나라의 국민소득이 증가하면 수입이 늘어나게 됩니다. 대체로 수입 규모는 국민소득의 크기와 정(+)의 관계를 가집니다. 예를 들어 원유가격이 상승하면 중동국가들의 소득이 늘면서 중동 지역으로의 우리나라 수출이 증가하게 됩니다. 교역대상국의 상대적 물가수준도 수출입에 영향을 미칩니다. 우리나라 수출품의 상대적 가격이 상승하면, 우리나라의 수출은 감소하고 수입은 증가하여 순수출이 감소합니다. 상품의 가격과 관계없이 환율이 변동되어도 순수출에 영향을 미칩니다. 미 달러 가치가 상승하면(원화가치 하락) 수출이 증가하고 수입이 감소하여 순수출이 증가하게 됩니다.

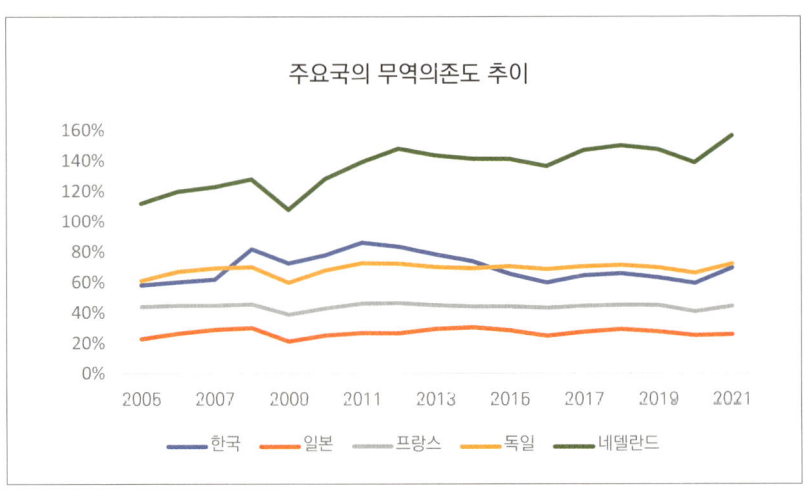

　우리나라의 무역의존도는 매우 높은 편입니다. IMF 통계에 따르면, G20 국가 중 우리나라의 수출의존도는 네덜란드, 독일에 이어 세계 3번째이고, 수입의존도는 네덜란드, 멕시코, 독일에 이어 세계 4번째입니다. 우리나라를 포함해 무역의존도가 높은 나라는 일반적으로 인구 규모가 크지 않아 내수기반이 취약하거나 부존자원이 부족해 생존차원에서 국제무역을 강화해왔기 때문입니다. 반면 미국이나 일본과 같은 나라는 내수기반이 탄탄해 무역의존도가 상대적으로 낮습니다. 무역의존도가 높다는 것은 대외 경제 여건에 따라 대내 경제의 변동성이 커질 수 있고 이로 인해 안정성에 문제가 생길 수 있습니다. 따라서 소비와 투자의 확대를 통해 내수가 차지하는 비중을 높이는 노력이 필요합니다.

Part 6 036 승수효과
multiplier effect

　총수요와 총공급이 일치하는 점에서 균형국민소득이 결정됩니다. 총수요의 구성요소인 소비, 투자, 정부지출, 수출이 증가하거나 감소하면 균형국민소득도 같은 방향으로 증가하거나 감소합니다. 한데, 총수요 구성요소의 변화가 국민소득과 일대일로 대응하지 않고 더 큰 폭으로 늘어나기도 하는데, 이를 '승수효과'라고 합니다. 예를 들어 정부가 공항을 새로 건설하면 고용이 늘고 소득이 증가하는 파급효과를 가져오며, 사회 전체적으로는 공항 건설에 지출한 금액보다 총수요의 증가 폭이 커지는 유효수요가 확대되는 현상이 생깁니다(반면 정부지출을 늘려도 총수요가 늘어나지 않는 현상을 구축효과crowd-out effect라고 함).

　선거철이 되면, 각 당의 후보들은 지역발전을 위해 선심성 공약을 쏟아붓습니다. 이를 두고 비판하는 세력도 있지만, 이를 옹호하는 쪽에서는 재정지출이 승수효과로 인해 경제 전체에 도움이 된다고 주장합니다.

　'승수'는 총수요 구성요소가 1원 증가할 때, 국민소득의 증가분입니다. 예를 들어 정부가 경기부양을 위해 정부지출을 10조 원 늘렸을 때, 실질GDP가 40조 원 증가했다면 승수는 4(=40조 원÷10조 원)가 됩니다. 초기에 정부가 10조 원만큼 지출을 늘리면 10조 원만큼 소득이 늘고, 여기에 한계소비성향 0.75를 감안하면 7.5조의 소비가 발생하게 됩니다. 2단계에서 7.5조 원의 소득증가는 5.6조 원만큼 소비를 늘리게 되고 이러한 과정이 이어지면 최종 실질GDP는 40조 원이 늘어납니다.

	실질GDP의 변화	소비의 변화	저축의 변화
1단계: 10조 원 정부지출	10.0	7.5	2.5
2단계	7.5	5.6	1.9
3단계	5.6	4.2	1.4
4단계	4.2	3.2	1.1
⋮	⋮	⋮	⋮
합	40.0	30.0	10.0

이처럼 승수의 값을 결정하는 것이 한계소비성향입니다.

$$승수 = \frac{1}{(1-한계소비성향)} = \frac{1}{한계저축성향}$$

승수는 한계소비성향과는 정(+)의 관계를, 한계저축성향과는 역(-)의 관계를 가집니다. 즉, 늘어난 소득 중 소비로 지출되는 비중을 나타내는 한계소비성향이 클수록, 소비되는 금액이 늘어 국민소득의 증가분이 커집니다. 반면 한계저축성향이 커지면, 소비되는 금액이 줄어 국민소득의 증가분이 작아집니다. 이는 한계소비성향이 높은 계층에 정부지출을 늘리는 것이 경제를 발전시키는 데 효과적이라는 주장을 뒷받침합니다.

승수효과를 도표로 나타내면 다음과 같습니다.

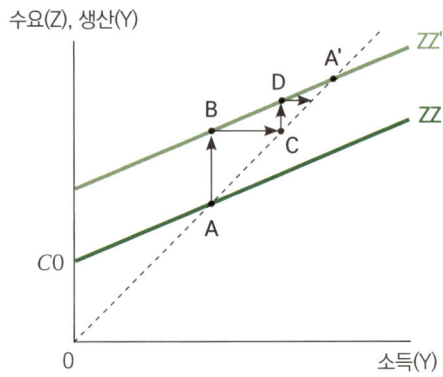

총수요곡선 ZZ(한계소비성향으로 인해 기울기가 45도보다 작음) 선상에서 A는 최초의 균형점인데, 정부지출로 인해 소득이 늘면서 한계소비성향을 뺀 만큼 소비가 증가하고, 이는 소득의 증가를 가져와 소비가 다시 증가합니다. 이런 상황이 반복되는 승수효과로 인해, 최종적으로 총수요곡선은 ZZ', 균형점은 A'로 이동합니다.

승수효과는 재난지원금 지급과 같은 이전지출을 늘리거나, 세금을 줄여주는 감세로도 가능하지만, 이러한 방법은 재정지출의 효과보다는 작다는 것이 대체적인 의견입니다. 재정지출은 직접적으로 수요를 자극하지만, 이전지출과 감세는 가처분 소득을 늘려 간접적 효과만을 기대할 수 있고, 소득 중 일부가 저축으로 갈 수 있기 때문입니다. 또 다윈 리카도는 당장 세금을 줄이더라도 미래에 이에 상응하는 세금이 부과될 것이라고 여겨 사람들은 현재의 소비를 늘리지 않는다고 주장했습니다.

재정지출에 대한 승수효과는 각 국가와 시대에 따라 다르게 나타납니다. 우리나라 정부가 추산하는 재정승수는 0.3~0.4 수준인 반면, 미국은 경기침체기에 재정승수를 최소 0.5에서 최대 2.5까지도 예측합니다. 현실에서의 승수효과는 한계소비성향에 따라 이론적으로 계산된 값에 비해 대체로 적게 나타납니다. 왜냐하면 가계는 늘어난 소득 가운데 일부는 세금으로 지출하고 수입품의 소비도 발생하기 때문입니다. 또, 정부지출 등의 총수요 구성요소가 증가하면 현실에서는 총공급 대비 총수요 또는 총지출이 증가하여 경제의 물가수준이 상승해 소비지출이 줄어듭니다(실질잔고효과). 이러한 승수효과는 정부지출에만 국한되는 것은 아니고 민간투자와 순수출이 증가해도 승수효과가 작용합니다.

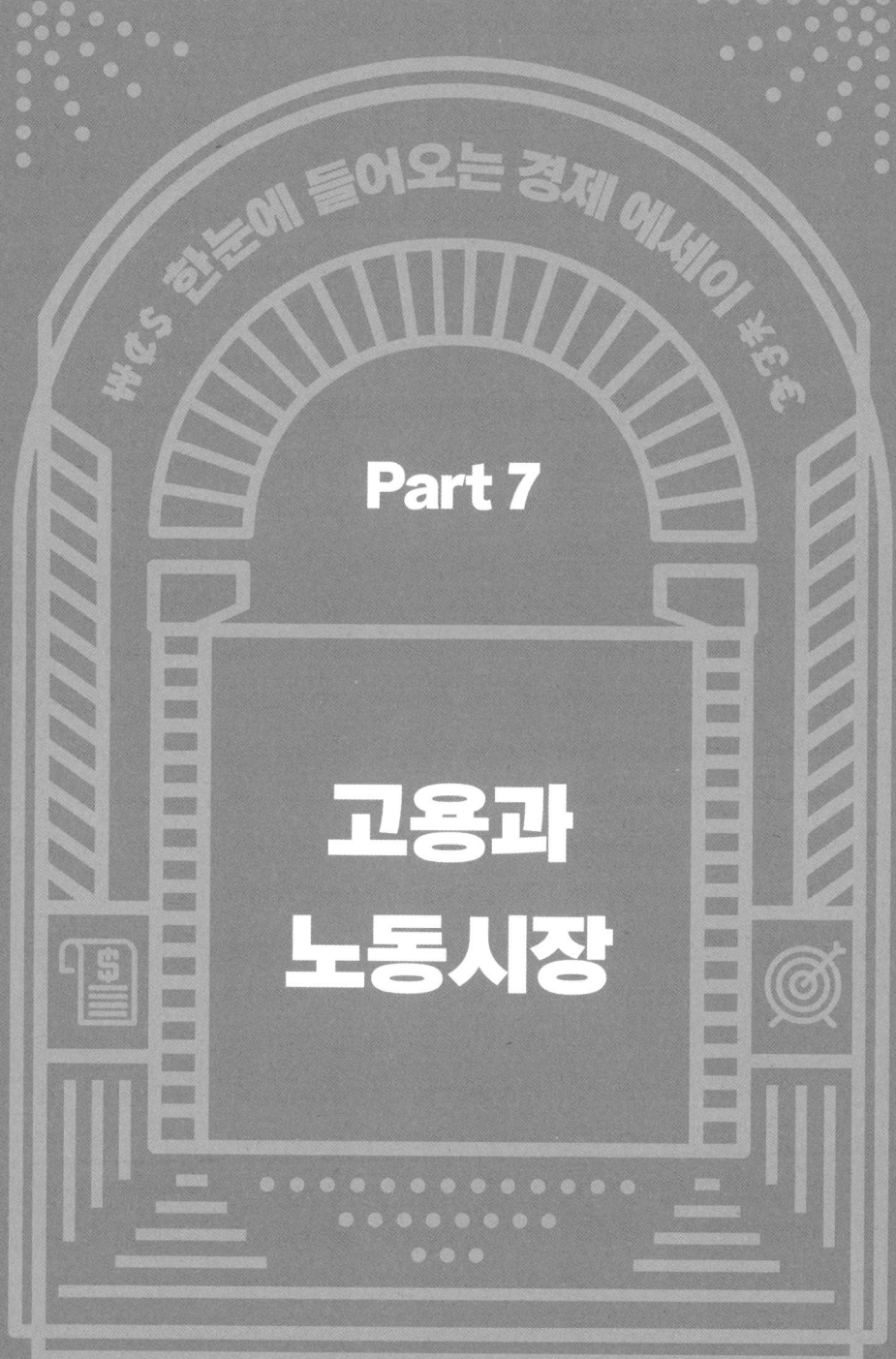

Part 7
037

실리콘밸리의 실직자들
unemployed in Silicon Valley

　금리 인상으로 경기침체의 조짐이 보이자, 2022년 하반기부터 구글 1만 2,000명, 메타 1만 1,000명, 아마존 1만 명, 트위터 5,000명 등 미국의 빅테크 기업들이 감원을 시작했습니다. 2022년 한 해 동안 미국의 IT 분야에서 해고당한 직원은 15만 명에 이르는데, 2023년 1월 미국의 실업률은 3.4%로 오히려 53년 만에 최저치를 기록했습니다. 이는 실리콘밸리에서 근무하던 해고자들이 IT 기업이 아닌 다른 산업군에 빠르게 취업되었기 때문으로, 미국의 노동시장이 그만큼 유연하다는 증거이기도 합니다.

　사람들은 원하는 직장에 취업하여 안정적으로 일하기를 원하지만 현실은 그렇지 못합니다. 일할 능력도 있고 일하고 싶은 의사도 있는데 일자리가 없어서 일을 못하는 상태를 실업이라고 하고, 실업 상태에 있는 사람을 실업자라고 합니다. 실업은 국가경제에 중요한 영향을 미칩니다. 개인에게 실업은 소득을 얻을 수 있는 기회를 빼앗아 생계유지를 힘들게 하며, 자아실현의 기회를 박탈해 무력감과 좌절감을 느끼게 합니다. 국가적으로 실업은 사람들이 생산활동에 참여할 수 없게 되어 인적자원이 낭비됨으로써 경제성장 잠재력이 약화됩니다. 또 실업의 증가는 사회계층 간 갈등을 유발하고 사회적 불안의 원인이 됩니다.

　일반적으로 임금이 하락하면 실업률이 낮아집니다. 노동시장에 수요와 공급의 원리를 적용하면, 임금이 하락하는 경우 고용주 입장에서는 노동비용이 낮아져 수요가 증가하고, 반대로 임금이 상승하면 수요가 감소합니다. 임금을 적게 지불하면 기업은 전체 생산비용을 낮추어 경쟁력을 강화할 수 있고,

이로 인해 생산활동이 확대되는 경우에는 일자리 창출로 이어질 수 있습니다. 그러나 임금 하락이 국가경제에 부정적으로 작용할 수도 있습니다. 낮은 임금 수준은 노동자들의 소득을 줄여 소비가 위축되고, 이로 인해 수요가 감소하여 생산이 축소될 수 있습니다. 또한 낮은 임금은 노동력의 질과 생산성 하락으로 이어져 일자리가 감소할 수 있습니다.

또 실업률은 경제변동과 밀접한 관계가 있습니다. 일반적으로 경기가 좋을 때는 생산이 활발하여 고용이 늘게 되고 실업이 줄어듭니다. 하지만 경기가 좋지 않으면 기업이 생산한 재화나 서비스가 잘 팔리지 않아 재고가 증가하고 생산이 줄어, 기업은 고용을 줄이게 되고 실업이 증가하게 됩니다.

미국의 경제학자 아서 오쿤은 한 나라의 GDP와 실업 사이에는 안정적인 음(-)의 관계가 있다는 것을 검증했습니다. 오쿤은 실업률이 1% 늘면 성장률이 장기 추세성장률보다 2.5% 줄고, 성장률이 2% 높아지면 실업률은 1% 준다고 주장했습니다(오쿤의 법칙 Okun's law). 또 경기 회복기에는 고용의 증가 속도보다 GDP의 증가 속도가 크지만, 불황일 때는 고용의 감소 속도보다 GDP 감소 속도가 더 크다는 것을 입증했습니다.

그럼, 물가안정과 완전고용이라는 두 가지 과제를 동시에 달성하는 것이 가능할까요?

답은 '어렵다'입니다. 경제학자 올번 필립스는 실업률이 낮은 기간에는 물가가 상승했고 반대로 실업률이 높은 기간에는 물가가 안정적이라는 사실을 발견했습니다. 이처럼 물가상승률과 실업률 사이에 역의 상관관계를 나타내는 곡선을 '필립스곡선'이라고 합니다. 이는 실업률을 낮추려는 정책은 물가상승을 가

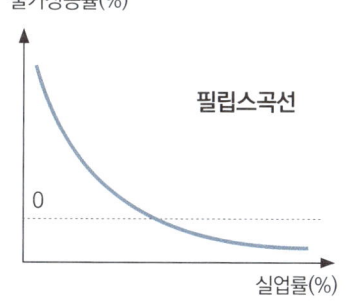

져올 수 있고, 물가상승률을 낮추려는 노력은 실업률을 높일 수 있다는 논지입니다.

실업과 물가상승은 국민에게 직접적으로 피해를 주기 때문에 정책 당국의 최우선 목표가 됩니다. 하지만 상충관계에 있는 물가상승률과 실업률을 동시에 해결할 수는 없고, 다만 두 가지 모두를 낮게 유지하기 위해 노력합니다. 국민들이 경제적으로 얼마나 어려움을 느끼는지 파악하기 위해 실업률과 물가상승률을 더한 '경제고통지수Economic Misery Index'를 측정해 비교하기도 합니다. 이 수치가 높을수록 실업자가 늘고 물가는 높아지는 상황으로, 국민 삶의 고통이 더 큰 것으로 판단합니다.

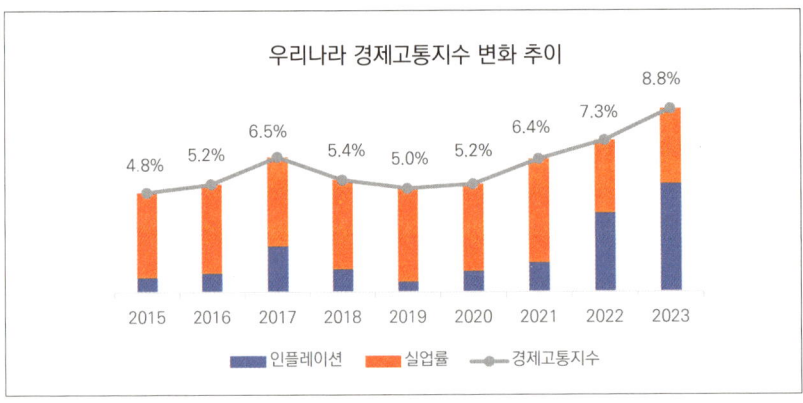

위의 수치를 보면, 우리나라의 경제고통지수는 5%대를 유지하다가 2021년 이후 높은 물가상승으로 인해 지수가 큰 폭으로 올라갔습니다. 그럼에도 불구하고, 우리나라의 경제고통지수는 태국, 일본, 대만, 스위스 등과 함께 세계적으로는 비교적 양호한 편에 속합니다.

실업급여와 실업률

unemployment benefits and unemployment rate

2023년 들어 실업급여에 대한 수술이 시작되었습니다. 이는 실업급여 지급 조건을 좀 더 까다롭게 하는 것입니다. 2023년 현재 근로자가 실업급여를 받기 위해서는 180일 이상만 근무하면 수급 대상자가 됩니다. 또 노동자는 최저임금을 기준으로 4대 보험과 세금 등을 제외하면 월 180만 4,000원을 받게 되는데, 실업급여는 하한액이 184만 7,000원이어서 실수령액이 4만 3,000원 더 많습니다.

'실업자'는 일할 의사와 능력이 있음에도 불구하고 직장이 없는 사람입니다. 즉, 일할 의지와 능력이 없어 직장을 가지지 않는 사람은 실업자로 분류되지 않습니다. 예를 들어 복권에 당첨되어 평생 먹고살 걱정이 없게 된 사람이 다니고 있던 직장을 그만두고 구직활동을 포기해도 실업자로 분류되지 않습니다.

통계청은 매월 표본조사를 실시하여 실업 및 고용 통계를 발표합니다. '생산가능인구'인 15세 이상 인구(군인, 교도소 수감자 등은 제외)를 조사대상으로 하여, 일하려는 의사와 능력이 있는지 여부에 따라 '경제활동인구'와 '비경제활동인구'로 분류합니다. 여기서 경제활동인구란 취업자와 일자리를 찾고 있는 실업자를 더한 숫자이고, 비경제활동인구는 생산가능인구 가운데 취업

도 실업도 아닌 상태에 있는 전업주부, 학생 등과 같이 일할 의사나 능력이 없는 사람입니다.

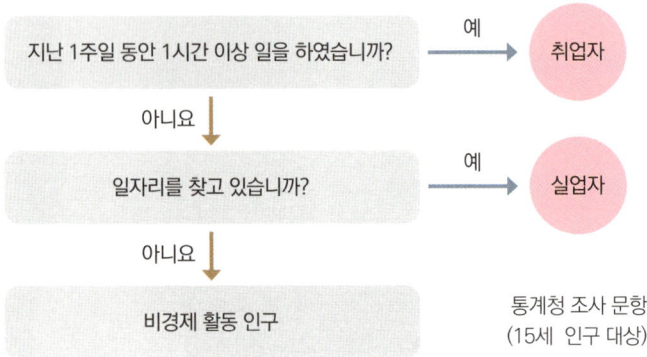

통계청 조사 문항
(15세 인구 대상)

　우리나라 취업자와 실업자의 조사기준은 국제노동기구(ILO)가 제시한 방식을 따르고 있습니다. 구체적으로, 취업자는 조사대상 주간에 수입을 목적으로 1시간 이상 일한 자 또는 가구 단위에서 경영하는 사업체의 수입을 높이는 일을 도와준 가족종사자로서 주당 18시간 이상 일한 자, 그리고 직업 또는 사업체를 가지고 있으나 조사대상 주간에 일시적인 병, 휴가, 노동쟁의 등의 이유로 일하지 못한 일시휴직자를 포함합니다. 실업자는 취업자 조건을 만족시키지 못한 자 가운데, 지난 4주간 구직활동을 하였던 사람으로서 일자리가 주어지면 즉시 취업이 가능한 자이며, 이렇게 분류된 사람들은 실업수당 청구가 가능합니다.
　경제적·사회적으로 막대한 비용을 야기하는 실업은 국가가 해결해야 할 가장 중요한 과제 중 하나입니다. 하지만 실업률이 실제 실업자 수보다 적게 계상되어 사람들이 느끼는 체감실업률과 통계상의 실업률은 상당한 괴리가 발생합니다.
　우리나라의 실업률은 일본과 함께 다른 선진국에 비해 상대적으로 낮게 유지되고 있습니다. 일본의 실업률이 낮은 이유는 과거 수십 년 동안 경제활동인구가 줄어든 데 기인하지만, 우리나라의 낮은 실업률은 전업주부, 군인, 아르바이트 종사자 등과 같은 실업자 경계가 모호한 부분이 작용합니다. 실업자를 판단하는 데에는 일하고자 하는 의사가 있는지 그 유무가 관건인데, 이는 조사응답자의 주관적 판단에 따라 달라집니다. 또 경기가 지나치게 나빠져 일자리가 없을 것 같아 구직활동을 포기한 구직단념자(실망실업자)는 실업자 통계에서 제외되고 비경제활동인구로 분류됩니다. 그러나 이들 중 상당수는 일자리가 생기면 언제든 일할 의사가 있는 사람들이지요. 또 시간제근로자가 1주일에 1시간만 일을 해도 취업자로 분류되는데, 이미 일자리를 가진 사람들도 좀 더 많은 일을 하려는 의사가 있을 수 있기 때문에 절반의 실업자라고 할 수 있습니다.

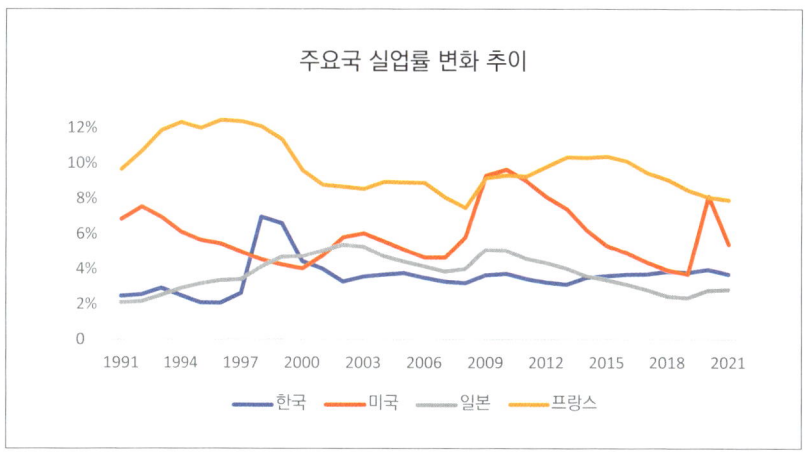

이러한 실업률 측정에 본질적 한계로 인해, 실업률 대신 고용률을 더 널리 활용하거나 실업률을 보완하는 지표를 새롭게 개발하여 사용하고 있습니다. 고용률은 취업한 사람들의 비율입니다. 그럼 '고용률 + 실업률 = 100%'라는 등식이 성립할까요? 그렇지 않습니다. '고용률'은 취업자를 생산가능인구로 나눈 것이고 '실업률'은 실업자를 경제활동인구로 나눈 지표이기 때문에 비교 대상이 다릅니다. 따라서 일자리 상황을 정확히 파악하기 위해서는 고용률과 실업률을 함께 볼 필요가 있습니다. 또 실업률의 한계를 보완하기 위해 2015년부터 '확장실업률'이 널리 사용되고 있습니다. 확장실업률은 실업률보다 넓은 범위의 실업을 파악하는 지표로서 '실업자', 주 36시간 미만의 근로자인 '부분실업자', 취업이 되지 않아 대학원에 진학하거나 취업준비생처럼 표면적으로는 취업하고 있으나 실질적으로는 실업 상태에 처해 있는 '잠재실업자'를 합산해 계산합니다. 따라서 확장실업률은 구직활동을 장기간 쉬거나 단기 아르바이트를 하면서 다른 직장을 찾는 사람도 포함됩니다.

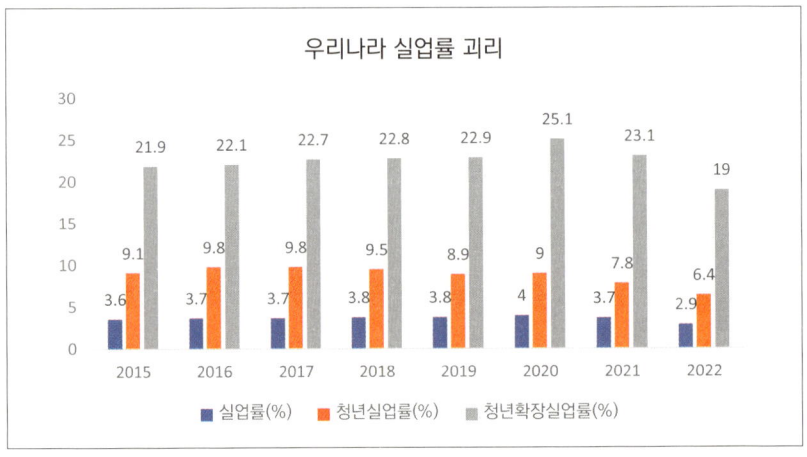

실업률은 특히 15~29세 사이의 청년층이 높은데, 청년층을 확장실업률 방식으로 계산하면 그 차이는 더 벌어집니다. 이 기준으로 보면 현재 우리나라 청년 4~5명 중 한 명이 일자리를 찾지 못하고 있는 심각한 실정입니다.

Part 7 039 실업의 유형
type of unemployment

사람들은 여러 가지 다른 이유로 실업에 처하게 됩니다. 누군가는 좀 더 나은 직장을 찾기 위해 다니던 직장을 그만두고, 누군가는 다니던 회사가 속해 있던 산업이 사양화되거나 회사의 경영사정이 악화되어 해고를 당하기도 합니다.

실업의 유형은 크게 비자발적실업과 자발적실업으로 구분할 수 있습니다. '비자발적실업'이란 노동자들이 시장에서 통용되는 임금수준을 받으며 일할 의사가 있음에도 불구하고 일자리가 없어 취업을 하지 못하는 상황입니다. 이는 현재 시장임금 수준에서 노동의 초과공급이 생길 때 발생합니다. 반면 '자발적실업'은 시장에서 통용되는 수준보다 더 높은 임금(또는 더 좋은 근무조건)을 제공하는 일자리를 찾기 위해 탐색하는 경우입니다. 이는 노동자가 눈높이, 즉 요구하는 임금을 시장수준으로 낮추면 취업이 얼마든지 가능하다는 점에서 비자발적실업과는 차이가 있습니다. 따라서 자발적실업은 노동시장이 균형인 상황, 즉 현재 시장 임금 수준에서 노동의 초과공급 또는 초과수요가 존재하지 않는 상황에서도 얼마든지 발생할 수 있습니다.

또 실업의 유형은 실업의 원인에 따라 마찰적실업, 구조적실업, 경기적실업으로 분류합니다.

'마찰적실업'은 노동시장이 '마찰friction'로 인해 신속하고 유연하게 구직자와 구인 기업을 연결하지 못해 발생하는 실업입니다. 더 좋은 직장을 찾으려는 이유 등으로 이직하는 사람들은 늘 존재하며, 이직 과정에서 일시적으로 실업이 발생합니다. 마찰적실업은 위의 분류에서 자발적실업에 속합니다. 자신에게 맞는 새 직장을 탐색하는 과정에서 시간과 비용이 소요되지만, 노동자들은 자신의 능력과 적성에 맞는 직장으로 이직하고, 기업들은 일자리 특성에 맞는 노동자를 고용함으로써 이전보다 노동생산성이 높아지고 인적자원이 효율적으로 배분될 수 있습니다.

'구조적실업'은 기술변화나 산업구조의 재편과 같은 경제의 구조적 요인에 의해 개별 노동시장의 수요와 공급이 불일치함으로써 발생하는 실업입니다. 예를 들어 석탄 산업이 사양화되어 광부에 대한 노동수요가 감소하여 대량 실업이 발생하거나, 휴대폰 생산공장이 해외로 이전하여 국내 노동자들이 실직하는 경우입니다. 근로자는 새롭게 교육·훈련을 받아 직종을 바꾸거나, 원래 직종의 일자리를 찾아 다른 지역으로 이사해야 하는데, 현실적으로 새롭게 창출된 직종으로 이직하는 것은 결코 쉽지 않아 다른 유형의 실업에 비해 보다 장기적으로 지속되는 경향이 있습니다. 또 본인의 의사가 아닌, 경제구조 변화에 따른 비자발적 실업이라는 점에서 사회적 비용이 크게 발생합니다.

'경기적실업'은 경기변동에 따른 총수요 감소로 인해 현재 시장임금 수준에서 노동의 초과공급이 발생하는 비자발적실업입니다. 경기침체기에는 재화나 서비스에 대한 수요가 감소하여, 생산을 위한 노동수요가 줄면서 실업이 발생합니다. 경기적실업이 노동의 수요와 공급의 불일치로 인해 발생한다는 면에서는 구조적실업과 동일합니다. 하지만 개별 노동시장의 수급불일치가 원인인 구조적실업과는 달리 경기적실업은 경제 전체적으로 노동수요가 적어 실업이 발생한다는 점에서 차이가 있습니다. 따라서 재정 및 통화정책과 같은 주요 거시경제정책의 목표는 경기가 위축되는 것을 완화하여 경기적실업을 줄이는 것입니다.

경기적실업을 설명하기 위해서는 자연실업률과 완전고용 개념에 대한 이해가 필요합니다. '자연실업률'이란 경제 전체의 노동수요와 노동공급이 일치하는 완전고용상태에서의 실업률입니다. 여기서 완전고용상태란 현재의 시장임금 수준에서 일할 의사가 있는 사람들은 모두 채용할 수 있을 만큼의 일자리가 존재한다는 것을 뜻합니다.

그렇다면 완전고용상태에서는 실업자가 존재하지 않을까요?

자발적실업인 마찰적실업은 완전고용상태에서도 존재합니다. 완전고용상태는 일하고자 하는 사람들을 모두 채용할 수 있을 만큼의 일자리가 존재한다는 것을 의미할 뿐이고, 실제로 이들이 모두 채용되는 것은 아닙니다. 또 구조적실업은 단기간에 해소될 수 있는 실업이 아닙니다. 따라서 완전고용이란 실업이 전혀 없는 실업률이 '영(0)'인 상태가 아니라, 완전고용하에서도 마찰적실업과 구조적실업으로 실업률은 '플러스(+)'가 됩니다. 이러한 완전고용 상태에서 측정되는 실업률을 '자연실업률'이라고 합니다. 현실에서 자연실업률을 직접적으로 관찰하는 것은 불가능합니다. 실업을 구분하는 기준인 '일하려는 의사' 자체가 주관적이고 자의적이며, 자발적인 마찰적실업자와 비자발적인 경기적실업자를 구분하는 것은 거의 불가능하기 때문입니다. 경제학자들은 장기적으로 실제 실업률이 자연실업률로 복귀한다고 전제합니다. 임금이 신축적인 장기 기간대에서는 노동시장이 완전고용상태를 달성하므로, 실업률 역시 완전고용상태의 실업률인 자연실업률과 일치하기 때문입니다.

마찰적실업을 완화하기 위해서는 구직자와 구인기업 간에 서로 필요한 정보를 쉽게 얻을 수 있어야 합니다. 또 실업급여제도는 마찰적실업에 영향을 줍니다. 유럽의 선진국들이 시행하는 것처럼 실업급여를 수령하는 기간이 길고 급여수준이 충분하다면 실업자들은 좀 더 오랜 기간 구직활동을 할 것이고, 일하고 있는 취업자들도 더 나은 일자리를 찾기 위해 다니던 직장을 그만두고 구직활동에 뛰어들 것입니다. 이 경우 마찰적실업은 증가하지만, 거시경제적으로는 자원배분의 효율을 기대할 수 있어 반드시 나쁜 것만은 아닙니다. 한편 구조적실업은 산업 부문간의 인적 이동이 원활하게 이루어질 수 있도록 직업훈련이나 재교육 훈련을 강화하여 근로자가 새로운 기술을 습득할 수 있도록 도와줄 필요가 있습니다. 또 경기적 실업은 정부가 경기부양 정책을 적기에 실시하는 대책이 필요합니다.

Part 7
040 장미족과 청백전
long-term unemployment and youth unemployment

'장미족'이란 장기간 미취업 상태에 있는 그룹, 그리고 '청백전'은 청년 백수 전성시대를 칭하는 신조어입니다. 이는 실업 문제, 특히 청년실업이 얼마나 심각한지 시사하고 있습니다. 실업률은 세대별, 성별, 학력별, 지역별로도 차이가 나는데, 이는 우리사회의 다양한 갈등의 원인이 되기도 합니다.

연령별로는 청년층(15~29세)의 실업률이 중·장년층보다 훨씬 높습니다. 지표상으로는 우리나라 청년실업률이 다른 선진국과 비교할 때 특별히 높은 편은 아닙니다. 청년기는 노동시장에 최초로 진입하여 능력과 적성에 맞는 직업을 탐색하는 시기로서, 숙련도가 낮고 이직률이 높아 실업률 수준도 구조적으로 높을 수밖에 없습니다. 문제는 청년층 실업이 경기변동과 노동시장의 구조적 변화에 더 민감하게 반응한다는 점입니다.

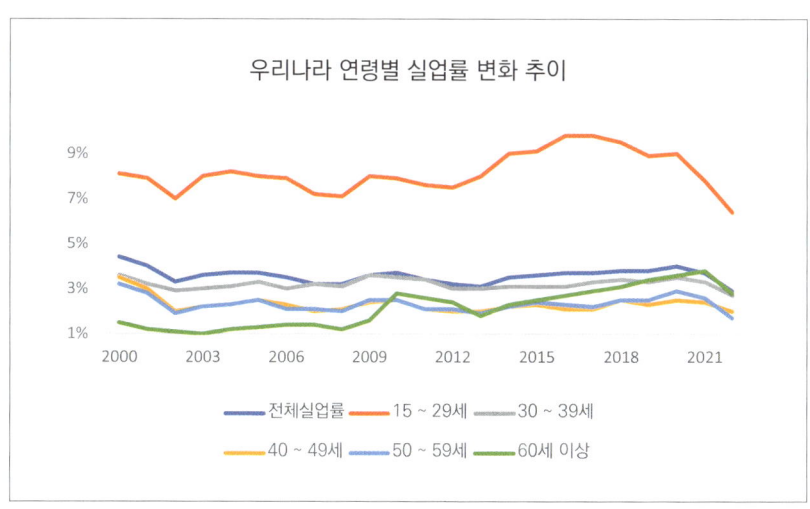

OECD와 UN 등 국제기구에서는 청년실업률을 15~24세를 기준으로 하고 있으나, 우리나라는 남성의 군복무를 고려하여 15~29세를 적용하고 있습니다. 1990년대 중반까지 우리나라 경제는 고속성장으로 인해 청년층의 실업률이 크게 문제되지 않았지만, 1990년대 후반 외환위기 이후 성장률이 낮아지고 노동시장의 구조적인 문제가 이슈가 되면서 청년층의 고실업이 중요한 문제로 부각되었습니다. 이후 우리나라 정부는 청년실업률을 낮추기 위해 공공부문 일자리 확대와 같은 직접적인 일자리 창출과 교육개편 및 직업훈련 지원, 노동시장의 인프라를 확충하기 위한 노력을 기울이고 있습니다.

실업률 추이는 성별에 따라서도 변화가 있습니다. 과거에는 남성의 실업률이 여성의 실업률보다 높았는데, 이는 구직을 단념한 전업주부와 같이 일할 의사가 있는 여성임에도 불구하고 경제활동인구에서 제외되어 여성 실업률이 낮게 잡혔기 때문입니다. 선진국의 경우 여성의 경제활동참가율이 남성과 비슷한 수준이여서 실업률도 비슷한데, 우리나라도 2014년 이후 이와 유사한 현상이 나타나고 있습니다.

여성이 주로 육아와 가사노동을 부담하고 있는 현실에서 여성의 경제활동

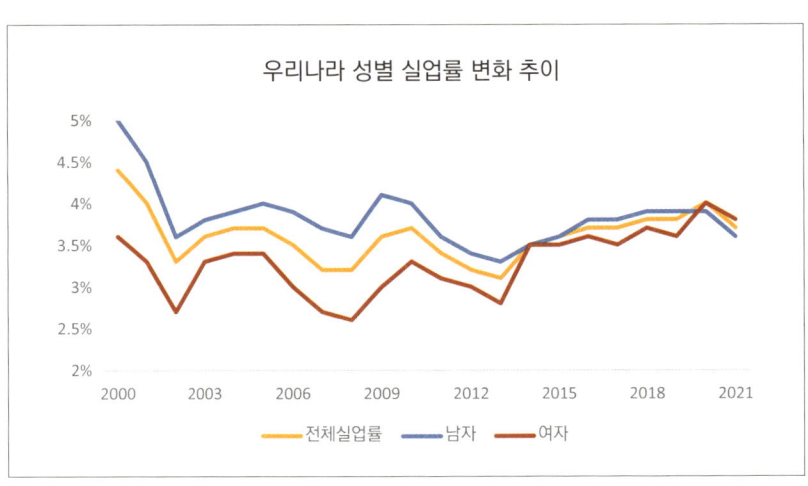

을 활성화시키기 위해서는 유연한 근로시간 선택이 가능해야 합니다. 또 남녀가 동일하게 유급 육아휴직을 받을 수 있는 환경 마련은 여성의 취업률을 높이는 데 도움을 줄 것입니다. 더욱이 여성 비율이 상대적으로 낮은 유틸리티, 건설, 제조업 부문에서 성비를 개선하기 위해서는 정책적 조치가 따라야 합니다.

학력별로도 실업률 격차에 변화가 있습니다. 고졸 이하 저학력자의 실업률이 대졸 이상 고학력자의 실업률보다 높게 나타납니다. 하지만 여기에는 대졸자 취업준비생의 경우 비경제활동인구로 분류되기 때문에 실업률이 낮게 잡히는 통계적 착시 현상이 있습니다. 학력 간 실업률 격차는 대체로 감소하고 있는 추세이지만, 저학력자의 실업률은 경기변동에 더 민감하기 때문에 더 많은 정책적 고려가 필요합니다.

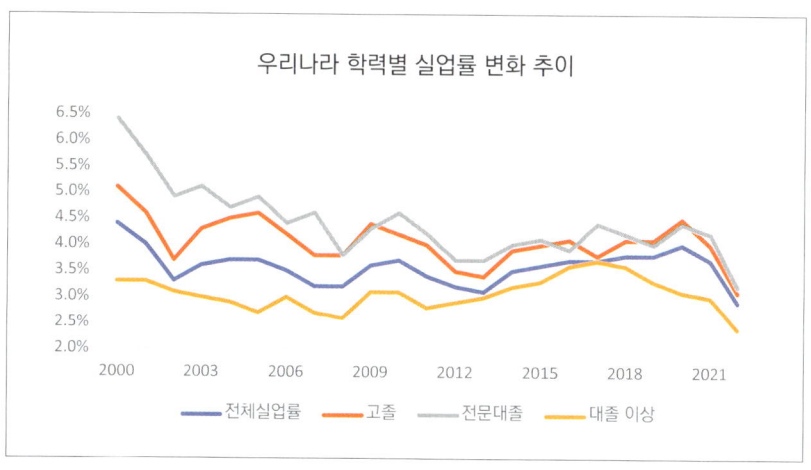

이러한 세대 간, 성별 간, 학력 간 격차를 해소하기 위해 정책당국은 다양한 정책을 내놓고 있습니다. 하지만 정책방향이 과거 단기적 대책에서 벗어나 중·장기적인 관점에서 경제와 산업, 교육 정책이 융합된 종합적인 대책이 필요합니다. 또한 나열식으로 분산된 대책이 아닌 일관성 있는 정책추진이 요구됩니다.

Part 7
041 비자발적실업을 줄여라!
reduce involuntary unemployment

경제정책 측면에서 주로 관심의 대상이 되는 것은 자발적실업보다는 비자발적실업입니다. 이는 비자발적실업의 경제적·사회적 비용이 자발적실업에 비해 훨씬 크기 때문입니다.

비자발적실업의 근본적인 원인은 임금의 하방경직성에 있습니다. 비자발적실업은 현재의 시장임금 수준에서 노동의 초과공급으로 발생합니다. 만일 임금이 신축적으로 움직이면 노동시장의 수급조절기능이 원활하게 이루어지면서 노동의 초과공급이 신속히 해소되고, 비자발적실업은 발생하지 않습니다.

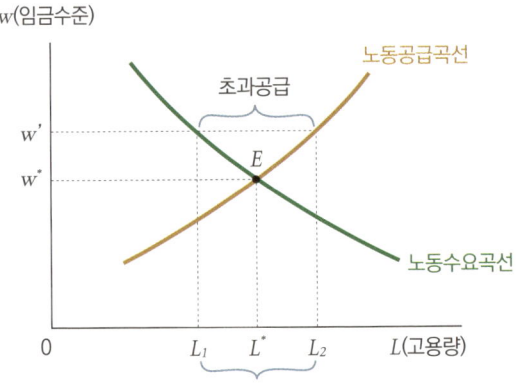

그렇다면 임금은 왜 하방경직성을 가질까요?

임금이 하방경직적인 가장 큰 이유는 노사 간 협상에 따른 기간단위의 임금계약과 법정 최저임금 등의 제도적 요인을 들 수 있습니다. 임금은 다른 상품의 가격과는 달리 노사 간의 협상에 의해 기간 단위의 계약을 통해 결정되므로, 한번 결정된 임금은 상당 기간 경직적으로 고정되지요. 또 저임금 노동자의 경우 임금은 거의 법정 최저임금에 연동되어, 최저임금 자체의 제도적 변경 없이는 실제 임금 역시 변할 수 없습니다.

임금의 하방경직성은 제도적 요인 외에 경제적 요인을 통해서도 설명됩니다. 여기에는 두 가지 주요 이론, 즉 효율임금이론과 내부자외부자이론이 있습니다.

'효율임금이론'이란 근로자의 임금이 생산성을 결정한다는 것입니다. 즉, 노동자의 임금 수준이 업무 효율에 영향을 미쳐 임금이 높으면 생산성이 올라간다는 것이지요. 이는 비자발적실업이 존재할지라도, 기업이 노동생산성 향상을 통한 이윤극대화를 위해 시장의 균형임금보다 높은 수준의 임금(효율임금)을 지불하는 이유가 됩니다. 효율임금이론의 세 가지 근거는 다음과 같습니다.

- 시장균형 수준보다 높은 효율임금을 받는 노동자는 해고의 기회비용이 상대적으로 더 커서, 태만하지 않고 더 열심히 일할 가능성이 높음
- 높은 수준의 효율임금을 지불함으로써 상대적으로 생산성이 높은 우수한 노동자를 채용하고 유지할 수 있음
- 높은 임금은 노동자의 이직률을 낮추어 채용 및 훈련 비용을 절감할 수 있을 뿐 아니라, 노동자의 근속연수가 길어지면서 숙련도가 높아져 업무효율 및 노동생산성이 더욱 향상됨

'내부자외부자이론'은 비자발적 실업이 발생하는 경우에도 기업들은 낮은 시장균형임금을 주고 외부자들을 고용하는 대신, 기존의 높은 임금수준에서 내부자들을 계속 고용하는 경향이 있다는 것입니다. 노동시장이 일반적인 경쟁시장이라면 비자발적 실업이 발생하는 상황에서는 임금이 신속히 낮아져

야 합니다. 외부자들은 현재의 시장임금보다 더 낮은 수준에서 일할 의사가 있고, 기업도 내부자보다 더 낮은 임금으로 고용하는 것이 유리하기 때문입니다. 하지만 기업들은 높은 임금수준에서 내부자를 계속 고용하려는 경향이 있는데, 외부자를 고용하면 임금은 낮아질 수 있지만 임금 이외에 상당한 비용이 추가로 발생하기 때문입니다. 외부자를 신규로 고용하려면 채용 및 훈련 비용이 소요되고 노동자의 평균근속연수가 짧아지면서 숙련도가 떨어져 노동생산성이 낮아집니다. 또 내부자들이 외부자와의 업무협조 등을 집단적으로 거부 또는 방해하기까지 하면 노동생산성은 더욱 떨어집니다. 이러한 이유로 경제 전체적으로 평균 임금은 하방경직성을 띠게 되는데, 그 결과 외부자들은 비자발적 실업자로 계속 남게 됩니다.

한편, 우리나라의 비자발적 퇴사자 3명 중 2명은 실업급여를 못 받는 것으로 조사되었습니다. 특히 실업급여를 못 받는 비정규직 비율이 정규직에 비해 약 5배 더 높은 것으로 나타났습니다. 실업급여의 부정수급은 우리사회의 문제입니다. 하지만 실업급여는 원치 않게 실직한 노동자가 새로운 일자리를 찾기 전까지 생존권을 유지할 수 있게 하는 최후의 사회안전망입니다. 정부는 비자발적실업의 원인을 철저히 분석하고 관리하여야 하며, 이와 동시에 고용보험의 사각지대를 해소하려는 노력을 기울여야 합니다.

Part 7
042 노동시장의 유연안정성
flexicurity of labor market

세계경제포럼(WEF)의 GCR에 따르면 우리나라의 노동시장 유연성과 안정성은 세계 최하위 수준입니다. 이는 실업률뿐만 아니라 국가 전체 경쟁력에도 부정적으로 영향을 미치고 있습니다.

노동유연성은 경기상승이나 침체와 같은 외부환경의 변화에 대응하여 노동시장에서 인적자원이 신속하고 효율적으로 배분·재배분되는 능력을 말합니다. 노동유연성은 노동수요 변화에 따라 근로시간, 구성원 수와 기능 등을 신축적으로 조정할 수 있고, 기업 성과와 연관하여 임금이 어느정도 유연하게 결정되는가를 따지는 것입니다. 노동안정성은 직장에서 해고당하지 않고 한 직장에 오래 다닐 수 있는 '일자리 안정성', 다니던 직장에서 해고당하더라도 지속적으로 일자리를 얻을 수 있는 '고용 안정성', 다른 직장 또는 산업으로 이동하더라도 안정적인 소득을 얻을 수 있는 '소득 안정성', 일과 가정을 동시에 돌볼 수 있는 '결합 안정성'으로 구분할 수 있습니다.

유연성을 '기업인의 해고의 자유', 안정성을 '노동자의 평생직장 보장'의 개념만으로 본다면 이 둘의 양립은 불가능합니다. 2000년대 들어 유연성과 안정성의 합성어인 노동시장의 '유연안정성'이라는 개념이 등장했습니다. 이는 유연성과 안정성을 대립적 개념으로만 보지 말고 양자를 조화시켜 노동시장의 효율성과 형평성을 동시에 높여야 한다는 것입니다. 이를 통해 경제성장 잠재력을 높이고 양질의 일자리 창출을 도모해야 합니다.

아담 스미스는 『국부론』에서 "국가의 부는 모든 국민이 연간 소비하는 생활필수품과 편의품의 양이고 이는 노동을 통해서만 얻어질 수 있다."고 주장했습니다. 또 "교환가치인 가격은 시장에서 보이지 않는 손이 있어 자유로이 시장에서 결정된다."고 보았습니다. 그는 기업주 입장에서 돈을 더 많이 벌기 위해 노동자를 투입하여 생산하지만 노동자에게 배분되어야 할 부를 착취한다면 자유주의 시장경제는 공멸할 것이라고 주장했습니다. 노동유연성은 기업이 생산성을 높이기 위해 마음대로 노동자를 해고하고, 정규직을 낮추고 비정규직 비율을 높이는 것을 의미하는 것이 아닙니다. 노동유연성은 노동자와 기업이 어떻게 서로 상생하여 기업이 효율적으로 인력을 재배분하여 생산성을 높이고, 이를 통해 실업을 줄이고 사회 전체의 소비를 촉진시켜 경제성장률을 높이는 경제 선순환 구조를 만드는 것입니다.

일본의 경우, 정부가 고용요건을 완화하자 해고와 비정규직이 늘고 소비가 위축되면서 장기 불황이 되었지요. 반면 덴마크와 네덜란드는 유연성과 안정성을 병립하는 정책으로 노동시장의 효율을 높일 수 있었습니다. 덴마크의 황금삼각형Golden Triangle 모델은 고용요건을 완화하되, 정부가 나서 고용안정성을 확보하고 충분한 실업급여의 지급을 통해 소득안정성을 보장했습니다. 네덜란드는 고용을 보호하는 대신, 시간제 노동을 확대하여 유연성을 주고 시간제 노동자들에게는 별도로 보상하여 안정성도 확보했습니다.

우리나라 노동시장은 유연성과 안정성 모두가 크게 부족합니다. 여기에 더해 노동조합 이슈도 있습니다. 정부는 노동조합 부패를 '3대 부패' 중 하나로 규정하고, 투명한 회계자료의 제출을 거부할 시에는 정부의 지원금과 세액공제를 중단하겠다고 선언했습니다. 노조는 이를 노동자 탄압이라고 반발하며 대응 수위를 높이고 있습니다. 오늘날 유럽의 선두 복지국가 중 하나인 스웨덴은 20세기 초까지 만해도 '북유럽의 병자' 취급을 받았습니다. 노동자들의 극렬한 장기파업이 이어지면서 실업률이 40%에 달했고 가난과 굶주림에 지친 많은 국민들은 이민선에 올랐습니다. 국가의 존망 위기에 몰린 스웨덴은 1938년 크리스마스를 앞두고 전환점을 맞게 됩니다. 휴양지인 살트셰바덴에서 노사정이 만나, 회사는 일자리를 보장하고 노조는 파업을 자제하고 임금을 동결하는 대신 정부가 나서 무상에 가까운 의료서비스와 교육 지원을 약속했습니다. 또 기업은 벌어들인 이익의 85%를 법인세로 내는 대신 지주회사를 통한 지배구조와 차등의결권을 보장받았습니다. 이러한 노사정 대타협 이후에도 재무장관 주재하에 직군별 노사대표가 대화를 이어가며 노사문제 현안을 해결하였는데, 이러한 전통은 현재까지도 이어지고 있습니다. 점차 약해지고 있는 우리나라 경제에 활력을 불어넣고 국민 전체 삶의 질을 향상시키기 위해서는 노동의 유연안정성의 제고가 시급합니다. 정부의 리더십과 노사 간에 적극적인 협의와 공동 노력이 절실히 필요한 시점입니다.

장시간 노동
Part 7 043
labor of long hours

　2023년 우리나라 정부는 '주 최대 69시간'과 함께 근로시간을 유연화하고자 제도 개편을 시도했지만, 노동계의 반발과 여론이 나빠지면서 이를 보류했습니다. 2021년 기준 우리나라 근로자의 연간 노동시간은 1,915시간으로 OECD 회원국 평균보다 약 200시간이 길어 OECD 국가 중 5번째로 깁니다. 그나마 이 순위는 지난 10년간 근로자의 노동시간이 10% 이상 줄어 2011년 1위에서 내려온 순위입니다. 우리나라의 노동시간이 크게 준 것은 2018년부터 시행한 주 52시간 근무제(기본 40시간 근무에 연장근무를 최대 12시간으로 제한)에 주로 기인한 것이지만, 비정규직 고용 비율이 증가한 것도 영향을 미쳤습니다.

　근로시간 유연화는 획일적인 주 52시간 근무제를 지양하고 연장근로 시간의 관리 단위를 현행 '주'에서 '월·분기·반기·연'으로 설정하여 노사의 선택권을 넓힌다는 것입니다.  이는 소위 "일이 많을 때 몰아서 일하고, 쉴 때 몰아서 쉬자."는 취지입니다. 이를 옹호하는 쪽에서는 이는 노동자가 선택권을 더 가지는 제도로 근무일수를 줄이고 직원들의 만족도가 더 올라갈 수 있기 때문에 잠재적 비용을 줄일 수 있다고 주장합니다. 반면, 반대하는 쪽에서는 사용자와 노동자 사이에 힘의 불균형이 존재하여 노동자가 근로시간을 선택한다는 것은 현실적으로 어려우며, 초과근무나 장시간 노동을 조장하여 노동자의 건강과 삶의 질에 악영향을 미치고, 중소기업과 여성 고용의 상황을 더 악화시킬 것이라고 주장합니다.

　노동환경과 관련하여 우리나라와 일본을 많이 비교합니다. 과거 복종문화가 강했던 일본은 장시간 노동으로 유명합니다. 2015년 일본 최대 광고사 '덴쓰'의 신입사원이었던 다카하시 마쓰리가 월 105시간의 초과근무 끝에 자살해서 사람들을 놀라게 했습니다. 이 사건 이후 일본 정부는 '근로방식개혁'을 추진하면서 초과근무를 지양하고, '삶과 일의 균형work and life balance'을 개선해 노동자들의 능력을 더 효율적으로 활용하고자 했습니다. 일본은 빠른 인구 고령화로 인해 노동인구 감소가 가장 큰 고민이고, 경제성장을 위해서는 필수적으로 노동생산성을 높여야 했습니다. 일본 기업들은 정부의 방침에 따라 초과근무를 줄이고, 노동자들이 퇴근하도록 사무실에 불을 끄고 에어컨 작동시간을 줄이고, 금요일에는 조기퇴근을 강요하는 등의 조치를 취했습니다. 이로 인해, 2021년 일본의 연 노동시간은 1,607시간으로 우리나라에 비해 300시간이나 적었습니다. 하지만 일부 대기업 외에는 효과가 미미했고, 이후 무급 초과근무가 다시 늘기도 했으며, 일각에서는 "노동개혁을 위해 더 노동하게 한다."라는 비판도 있었습니다. 우리나라는 일본과 유사한 경제체제와 노동문화를 갖고 있을 뿐만 아니라 고령화가 빠르게 진행되고 있어, 일본의 노동개혁 시도는 시사하는 바가 큽니다.

  노동개혁은 노동생산성에 초점이 맞추어져야 합니다. '노동시간'은 노동자가 특정 작업을 수행하는 데 소요되는 시간이고, '노동생산성'은 단위시간당 생산량인데, 이 둘 사이에는 서로 상충관계가 생길 수 있습니다. 예를 들어 근로시간이 길다면 노동자의 피로와 스트레스가 증가할 수 있고, 이는 노동생산성을 저하시킬 수 있습니다. 따라서, 정부는 노동시간과 노동생산성을 균형 있게 고려하여 노동환경을 조성하고 노동자의 생산성을 개선하는 정책을 추진하는 것이 중요합니다. 또한 노동자들의 참여와 소통을 촉진하고, 다양성과 인권을 존중하는 등의 긍정적인 노동문화를 조성하면 노동자들의 직무 만족도와 생산성이 향상될 것입니다.

Part 7
044 일자리 창출
job creation

1990년대 후반 외환위기 이후 제조업 성장이 부진해지고 서비스업의 생산성도 정체되면서, 새로운 일자리가 부족해지고 있습니다. 아래 우리나라 산업별 취업자 증감 그래프를 보면, 2020년 마이너스(-)를 기록한 취업자 수는 2022년에는 3% 증가했습니다. 이는 코로나19로 인해 줄어들었던 취업자 수가 반사효과로 인해 일시적으로 증가한 것입니다.

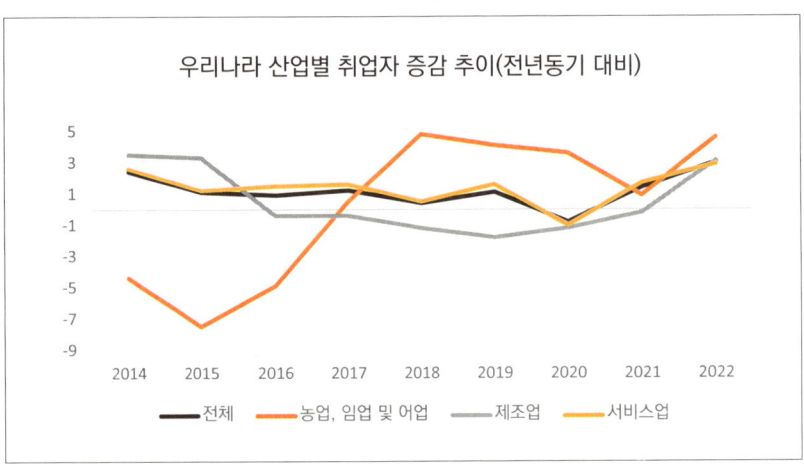

저성장·양극화·저출산 등 구조적 문제를 안고 있는 우리나라 경제가 경제성장의 원동력을 확보하기 위해서는 양질의 일자리 창출이 반드시 필요합니다. 특히 청년실업 문제는 매우 심각합니다. 국민연금의 고갈이 우려되는 현재 상황에서 연금 수령 나이를 늦추는 논의가 이어지고 있습니다만, 정년연장은 청년층의 고용 악화를 가중시킬 수 있어 신중한 접근이 필요합니다. 고령화 심화 등으로 정년연장이 불가피하다면 직무급제나 임금피크제의 도입이나 확대 등과 같은 임금체계 개편도 함께 추진해야 합니다.

　일자리 문제를 근본적으로 해결하기 위해서는 민간의 일자리 창출을 획기적으로 늘려야 합니다. 그간 정부는 실업률을 낮추기 위해 공공부문 일자리 창출에 주력했지만 이는 단기적 처방에 불과했습니다. 민간 일자리를 늘리기 위해서는 보다 효과적인 노동 인프라가 구축되어야 하는데, 이를 위해서는 정부의 역할이 중요합니다. 정부는 기업에게 경기에 대한 긍정적 확신을 심어주어 투자를 끌어내고, 규제를 과감히 없애 산업경쟁력을 제고하고 플랫폼 경제와 저탄소 경제 등 새로운 시장변화에 빠르게 대응해야 합니다. 또 혁신형 창업을 촉진하고 지역을 기반으로한 일자리 창출에 투자해야 합니다. 차별 없는 일터 조성과 전국민 고용보험 로드맵 등 안전망을 확충하고, 특히 여성·장애인·농어촌 등 대상·분야별 지원을 강화해야 합니다. 또한 양질의 일자리 확보를 위해, 다국적 기업의 지사 또는 아시아 지역 본부를 유치할 수 있는 방안을 찾는 노력이 필요합니다.

Part 8
045 난방비 폭탄
surge in heating costs

2022년 한 해 동안 도시가스 주택용 소매요금은 네 차례에 걸쳐 5.47원 올라 인상률이 38.4%에 달하는 '난방비 폭탄'이 발생했습니다.

가스요금의 폭등은 러시아·우크라이나 전쟁이 발발하면서 도시가스 원료인 국제 액화천연가스(LNG)의 가격 급등이 주원인입니다. 산업통상자원부 원자재 가격정보에 따르면 LNG 수입가격은 2021년 12월 t당 893원에서 2022년 12월 1,255원으로 40.5% 크게 올랐습니다. 여기에 더해 2023년 초 한파가 닥치면서 난방 수요가 크게 늘어난 것도 원인입니다. 도시가스 요금은 2020년 7월 이후 1년 8개월간 동결되었다가 2022년 4월부터 인상되기 시작했습니다. 현 정부의 인사는 지난 수년간 가스 요금 인상 요인이 있었지만 인상을 억제한 것은 전 정부의 잘못된 정무적 판단이라고 비판하기도 했습니다.

난방비로 어려움을 겪는 가정이 늘어나자 산업통상자원부는 취약계층에게 제공하는 에너지 바우처 지원 금액을 상향 조정하고 도시가스 요금 할인폭의 확대를 발표했습니다. 이후 유럽의 이상고온 현상으로 국제 에너지 가격이 다소 하락했지만 우리나라의 난방비가 당분간 하향 안정화되기는 어려운 실정입니다. 현재 인상된 도시가스 가격은 여전히 원가 아래이고 가스공사의 현재 9조 원 이상의 누적 미수금을 해소하려면 3배가량의 요금 인상이 필요한 것으로 분석됩니다.

에너지 요금이 오르면 난방비뿐만 아니라 각종 물가를 자극해 국민들이 큰 피해를 보게 됩니다. 반면에 비용보다 편익이 큰 공공재 가격을 지나치게 낮게 정하면 불필요한 소비를 조장할 수 있습니다. 따라서 국내외 상황과 에너지 생산 및 공급 체계를 고려하여 에너지 가격 개편과 함께 에너지 사용의 효율을 높일 수 있는 대체에너지 개발, 단열시설 확충 등과 같은 종합적인 대책을 세워야 합니다. 또 독점적 공급자인 공기업의 비효율적 운용을 점검하고 독점을 경쟁체제로 바꿀지 여부도 신중히 검토해야 합니다.

'공공선택이론public choice theory'을 개척한 제임스 뷰캐넌은 공공부문의 의사결정에 대해 경제학적 원리와 방법론을 적용하여 분석하였는데, 그는 정부의 힘이 남용되지 않도록 적절히 제약하는 것이 필요하다고 주장했습니다. 공공선택이론에서는 정부를 공공재의 생산자로, 시민은 공공재의 소비자로 규정합니다. 이러한 관점에서 전통적 관료제를 비판하고 공공부문의 시장경제화를 통해 국민의 편익을 향상시켜야 한다는 입장입니다. 공공선택론의 가치 기준은 개개인 선택에 대한 존중으로 자율적으로 조정하는 시장경제보다 더 효율적인 정부가 없다는 것을 강조합니다.

Part 8
046 바이든의 불평
Biden's complaint

    2021년 이후 미국과 우리나라를 포함한 전 세계 대부분의 국가들이 급격한 물가상승으로 인해 어려움을 겪고 있습니다. 물가상승은 에너지와 식료품 가격의 상승, 공급 병목현상, 임금과 주거비 상승, 과도한 유동성 등 여러 가지 요인들이 복합적으로 작용한 것입니다.

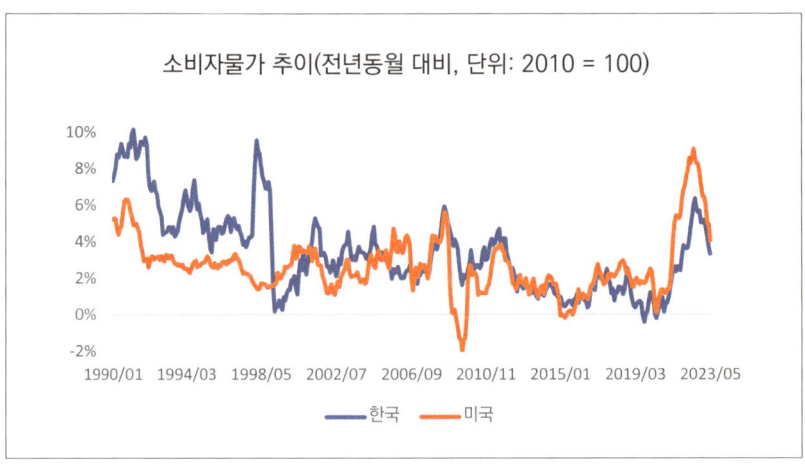

    2022년 6월 미국의 소비자물가지수는 전년 동기 대비 9.1% 올라, 41년 만에 최대 상승폭을 보였습니다. 이는 2024년 미국 대통령 선거에도 영향을 미칠 것으로 보입니다. 조 바이든 미국 대통령은 미국의 2022년 6월 소비자물가지수 발표에 대해 "지나치게 높고 구닥다리 통계(unacceptably high but out-of-date)."라며 "에너지 부문 하나가 월별 물가상승의 절반을 차지하고 있으며, 전월의 유가 하락을 반영하지 못하고 있다"고 비판했습니다.

    물가物價 란 물건의 가격을 줄인 말입니다. '물가'는 시장에서 거래되는 개별 상품의 가격이 아닌 여러 상품과 서비스를 라스파이레스식을 사용해 계산한 가중평균지수입니다. 각국 정부는 매년 바뀌는 물가를 쉽게 파악하기 위해 기준연도를 100으로 설정하고 해당 연도의 물가를 기준 연도의 물가와 비교하여 지수를 발표합니다. 물가가 상승한다는 것은 같은 금액으로 살 수 있는 상품의 양이 줄어든다는 의미로, 화폐의 가치가 떨어지는 것과 같습니다.

정부는 소비자, 생산자 및 수출입 물가 등 다양한 물가지수를 발표합니다. 이 중 '소비자물가지수consumer price index, CPI'는 각 가정이 생활을 위해 구입하는 상품과 서비스의 가격변동을 파악하기 위한 지표로 소비자들이 직접 체감하는 물가지수입니다.

사람들 대부분은 정부에서 발표하는 물가가 일상 생활에서 느끼는 체감물가보다 낮다고 불평합니다. 왜 이런 차이가 발생하는 것일까요?

우선 통계청이 발표하는 소비자물가지수는 대표 품목을 상품별로 가중치를 부여하여 이를 평균해 지수를 계산한 것입니다. 하지만 각 개인이 주관적으로 느끼는 체감물가는 본인이 자주 사는 상품 가격변동에 따른 지출 비중에 따라 달라질 수 있습니다. 또 가격을 비교하는 시점에 따라서도 차이가 납니다. 우리나라 소비자물가지수는 5년마다 기준연도를 바꾸어 전월 또는 전년 동월과 비교한 등락률로 발표합니다. 하지만 소비자는 과거에 본인이 제품을 샀던 시점이나 상대적으로 가격이 쌌던 시점과 비교할 수 있기 때문에 물가를 다르게 체감할 수 있습니다. 또한 소비자는 가족 수의 증가 또는 소득증가로 인한 소비지출액 증가를 물가상승으로 인식할 수 있고, 제품의 품질향상에 따른 제품 가격 상승을 물가가 오른 것으로 느끼기도 합니다. 그리고 소비자물가지수를 산출하는 대표품목을 5년 주기로 개편하는데, 소비지출 구조에 변화가 생기면서 체감물가와의 차이를 크게 느낄 수 있습니다.

불가피하게 발생하는 소비자물가와 체감물가 간의 차이를 보완하기 위해 통계청은 근원물가, 생활물가, 신선식품물가와 같은 보조물가지표를 발표합니다.

'근원물가지수core consumer price index'는 일시적 외부 충격에 의해 물가변동이 심한 품목을 제외한 지수로서, 식품 및 에너지를 제외한 상품 및 서비스의 판매가격만을 측정한 지수입니다. 이 지수는 장기적이고 기초적인 물가추세를 살펴보는 데 유용합니다. '생활물가지수CPI for living necessaries'는 쌀, 배추, 돼지고기와 같이 소비자의 구입빈도와 지출비중이 높아 가격변동을 보다 민감하게 느낄 수 있는 품목 144가지를 선정하여 평균적인 가격변동을 나타낸 지수입니다. 이는 필수적으로 소비해야 하는 품목들로 구성되어 소비자물가지수보다 체감물가를 잘 반영하는 지표이지요. '신선식품지수fresh foods price index'는 신선 어류 및 조개류, 채소, 과일 등 기상 조건이나 계절에 따라 가격변동이 큰 55개 품목을 사용해 작성한 지수입니다. 주부들이 가격변동을 바로 느낄 수 있는 장바구니 품목 위주로 구성되어 있어, 소비자물가에 비해 체감물가에 보다 가깝습니다.

생산자물가지수producer price index, PPI와 GDP디플레이터도 국가의 물가상

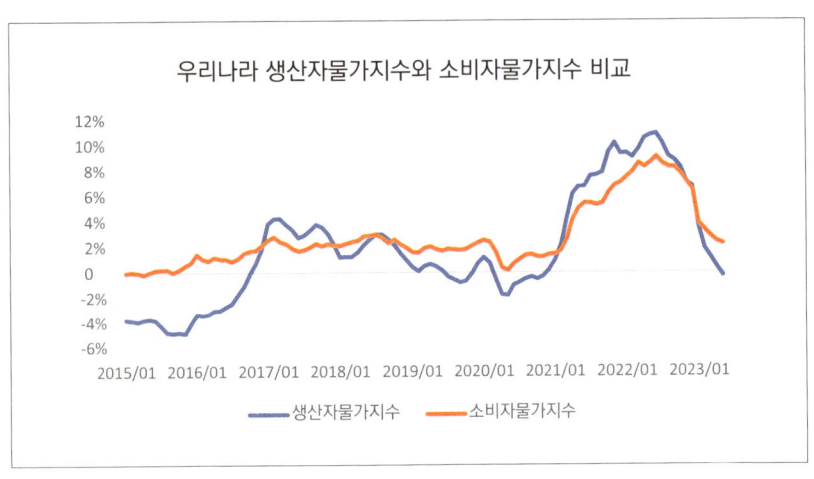

황을 판단하는 데 중요한 지표입니다. '생산자물가지수'는 생산자가 재화 또는 서비스를 만드는 데 사용한 평균가격으로, 조사대상 품목 수는 884개로 소비자물가지수를 계산하는 품목 458개보다 많습니다. 생산자물가는 가격변동이 심한 원재료, 중간재 및 자본재 등을 포함하기 때문에 소비자물가지수보다 변동성이 큽니다. 또 생산자물가지수가 중요한 이유는 이 지수가 향후 소비자물가지수를 예측할 수 있는 바로미터가 되기 때문입니다. 원자재 및 인건비 등 생산자의 비용이 증가해 생산자물가지수가 상승하면 보통 2~3개월의 시차를 두고 소비자물가지수가 상승하게 됩니다.

대상 집단에 따라 나눈 소비자물가지수와 생산자물가지수 외에도 다양한 물가지수가 사용됩니다. 상품거래 단계에 따라 '도매물가지수', '소매물가지수', '생계비지수' 등으로 분류하기도 하고, 수출입 상품의 가격동향을 파악하는 '수출입물가지수', 국민소득 계정을 이용하여 산출하는 'GDP디플레이터', 농촌경제의 가격 움직임을 지수화한 '농촌물가지수', 지역적인 물가 차를 파악하기 위한 '지역차물가지수' 등을 사용하기도 합니다.

Part 8 047 빌라왕
king of villa

　소비자물가지수는 가계에서 소비하는 재화나 서비스에 대한 지출을 포함하여 계산합니다. 하지만 세금이나 사회보장비와 같은 비소비지출, 그리고 부동산 구입비나 저축 등과 같은 투자항목은 제외됩니다. 따라서 부동산 가격이 변동되어도 소비자물가지수에는 영향을 주지 않습니다. 다만, 전세나 월세는 소비자의 주거비용으로 인식되기 때문에 소비자물가지수 계산에 포함됩니다. 현재 전세와 월세 가중치는 전체 소비자물가에 9% 정도 영향을 미칩니다.

　전세는 보증금을 맡기고 남의 집을 임차한 뒤 계약기간이 끝나면 보증금을 돌려받는 계약으로 우리나라에만 있는 독특한 주택임대차 제도입니다. 1970년대 우리나라가 고도성장기에 접어들어 농촌인구가 대도시로 몰려 주택 수요가 급증하면서 전세가 본격화되었습니다. 전셋값은 집값을 올리고 집값은 전셋값을 올리는 상황이 이어지다가, 1980년대 후반에는 집값과 전셋값이 동반 폭등하면서 소위 '전세대란'이 발생해 세입자들이 자살하는 등 전세가 큰 사회 문제로 대두되기도 했습니다. 1998년에는 외환위기가 터지면서 집값과 전셋값이 동시에 하락했습니다. 이후 전셋값 급등락이 이어지면서 전세가 월세로 급격히 대체되고, 2022년에는 금리가 오르고 시중 유동성이 경색되면서 집값과 전셋값이 떨어지고 세입자가 전세금을 못 돌려받는 상황이 발생했습니다.

　일부 주택 매입자들은 전세를 끼고 집을 매입하면서 나머지 집값과 전세금 차이마저도 은행으로부터 대출받는 소위 '갭 투자'를 했습니다. 이 집이 경매로 넘어가거나 전세 시장이 어려워져 새로운 임차인을 제때 구하지 못하면 기

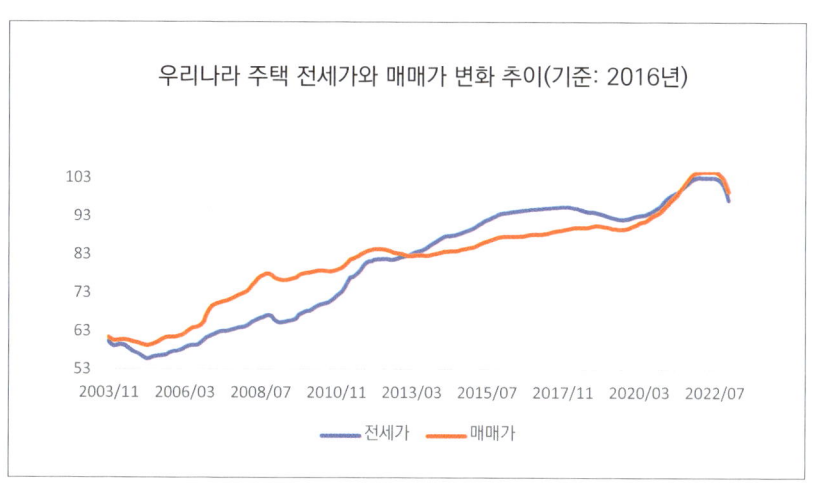

존 임차인의 보증금을 갚을 수 없는 '깡통주택'이 됩니다. 일부는 조직적으로 수백 채 이상의 '깡통주택'을 매입하여 임대하고 보증금을 챙긴 뒤 잠적했는데, 이들을 '빌라왕'이라고 부릅니다. 부동산 가격의 상승은 물가를 자극하고 소득의 양극화를 부추겨 근로자의 근로의욕을 낮추는 등의 사회·경제적으로 여러 가지 부작용을 초래합니다.

물가가 상승하는 인플레이션이 발생하면 어떤 문제가 생길까요?

인플레이션은 재화와 서비스를 구매할 수 있는 여력을 낮추어 사회 구성원들의 생활 수준을 전반적으로 끌어내립니다. 특히 연금을 받는 은퇴자와 같이 고정된 수입에 의존하는 사람들에게는 더 큰 타격이 됩니다. 또 화폐가치 하락으로 사람들의 저축 의욕이 떨어지고, 인플레이션이 노동자의 임금인상 요구로 이어지고 다시 물가가 오르는 연쇄상승 wage-price spiral 현상이 발생하기도 합니다. 또한 차입비용의 상승으로 기업의 투자가 위축되고, 자국통화 약세로 수입 비용이 증가해 국제수지가 악화될 수 있습니다.

인플레이션이 발생하는 원인은 크게 수요와 공급에 의해 발생하는 인플레이션과 통화량에 의한 인플레이션이 있습니다. 수요가 증가하여 발생하는 인플레이션을 '수요견인인플레이션', 비용이 상승하여 공급이 감소함에 따라 발생하는 인플레이션을 '비용인상인플레이션'이라고 합니다. 수요견인인플레이션은 소비, 투자, 정부지출, 수출과 같은 총수요가 늘면서 물가가 오르는 상황으로, 보통 실질경제성장률이 상승하는 호황국면에서 발생합니다. 반면에 비용인상인플레이션은 전쟁이나 전염병 발발, 원자잿값 폭등 등으로 인해 비용이 증가하여 생산활동이 위축되어 발생하는 물가상승입니다. 이는 실질경제성장률 하락과 실업을 동반하고, 악화되면 경기침체로 이어질 수 있습니다. 한편 '통화인플레이션'은 경제 규모에 비해 통화량이 과도하게 많이 풀려 발생하는 물가상승으로, 주로 부동산과 금융자산의 가격상승을 동반합니다.

다른 재화와 같이 부동산도 수요와 공급이 시장에서 만나 가격과 거래량이 결정됩니다. 부동산 수요는 구입의사와 구매력을 갖춘 '실질적수요', 구매에 대한 욕구는 있으나 구매력을 갖추지 못한 '잠재적예비수요', 지가 상승을 예측하여 매매차익을 거두기 위한 '투기적수요'가 있습니다. 부동산 공급의 경우 부동산은 가용한 토지가 한정되어 있어 물리적으로는 제한이 있지만, 토지의 용도전환 및 개발 등을 통해 공급량을 늘릴 수 있습니다. 또 부동산의 수요와 공급에는 부동산 시장의 가격변동, 인구와 가구 수, 소득, 정부와 지자체의 규제, 금리, 세금, 향후 경제상황 등이 주요하게 영향을 미칩니다.

부동산 가격상승은 효율적인 자원배분을 저해하는 등 부정적인 측면이 많습니다. 하지만 부동산 가격이 상승하면 부富의 효과가 작용해 소비가 증가하므로 경제에 긍정적인 면이 있기도 합니다. 이와 반대로 부동산 가격이 급락하면 내수 소비를 위축시켜 잠재경제성장율이 둔화되고 금융기관의 재무 건정성이 악화될 수 있습니다. 특히 우리나라는 가계의 자산 중 부동산이 차지하는 비중이 매우 높습니다. 금융투자협회에 따르면, 2022년 기준 우리나라 가계의 자산 구성 중 부동산을 포함한 비금융자산이 차지하는 비중은 64%로

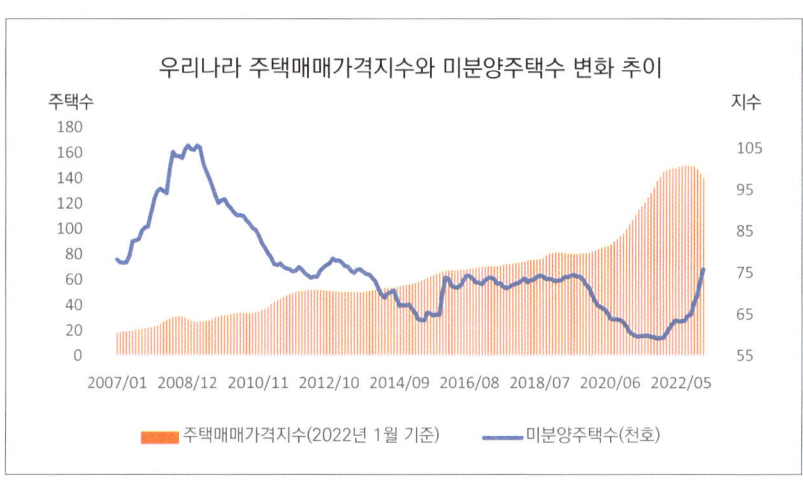

선진국에 비해 월등히 높아, 부동산 가격이 급락하면 경제에 심각한 문제가 발생할 수 있습니다.

　최근 금리가 인상되고 공급이 확대되면서 미분양주택수가 급증하고 있고 주택가격지수가 하락하고 있습니다. 정부는 규제를 통한 수요억제 정책에서 벗어나 공급을 늘려 부동산 시장이 큰 폭의 변동 없이 안정적으로 성장할 수 있도록 장기적인 정책을 펼쳐야 합니다. 이를 위해서는 실수요자 중심의 정책과 양질의 주택을 공급하는 데 주안점을 두어야 합니다.

디플레이터

Part 8
048

deflator

　국가의 총생산액을 산출한 GDP는 '명목GDP'이고, 명목GDP에서 물가 영향을 제거한 것이 '실질GDP'입니다. 국민경제 전체적인 규모를 파악하는 데에는 명목GDP가 유용하지만, 경제성장이나 경기변동과 같은 국민경제의 실질적 생산활동을 파악하는 데에는 실질GDP가 적합합니다.

　실질GDP와 명목GDP간의 비율을 'GDP디플레이터'라고 합니다. 디플레이트는 사전적으로는 '공기를 빼다'란 뜻인데, 경제에서는 가격수정인자를 의미합니다. 즉, 물가상승에 의해 명목GDP가 실질GDP에 비해 얼마나 부풀려져 있는지를 측정할 수 있는 GDP디플레이터는 한 나라에서 생산되는 모든 재화와 서비스를 대상으로 하기 때문에 전체적인 물가수준을 파악하는 데 유용합니다. GDP디플레이터 값이 5% 상승했다는 것은 전년에 비해 생산된 모든 물건의 가격이 평균적으로 5% 상승했다는 의미입니다. 지난 20년간 GDP디플레이터와 소비자물가지수의 추이를 보면, 이 둘은 비슷한 트랜드를 보이지만 같은 값을 가지지는 않습니다. 차이가 발생하는 이유는 GDP디플레이터의 경우 국내 생산된 최종 생산물 모두를 포함한 물가지수인 반면, 소비자물가지수는 소비자가 자주 구매하는 품목으로 한정되어 있기 때문입니다. 또 수입소비재는 소비자물가지수에는 포함되지만 GDP 계산에는 포함되지 않아 GDP디플레이터에는 영향을 주지 않습니다.

　종합 물가지수라고 할 수 있는 GDP디플레이터는 소비자물가지수보다 선행하는 경향이 있어 물가관리에 중요하게 사용됩니다. 하지만 GDP디플레이터는 지출 측면에서 소비와 투자, 수출을 더한 후 수입을 뺀 값이어서, 우리나

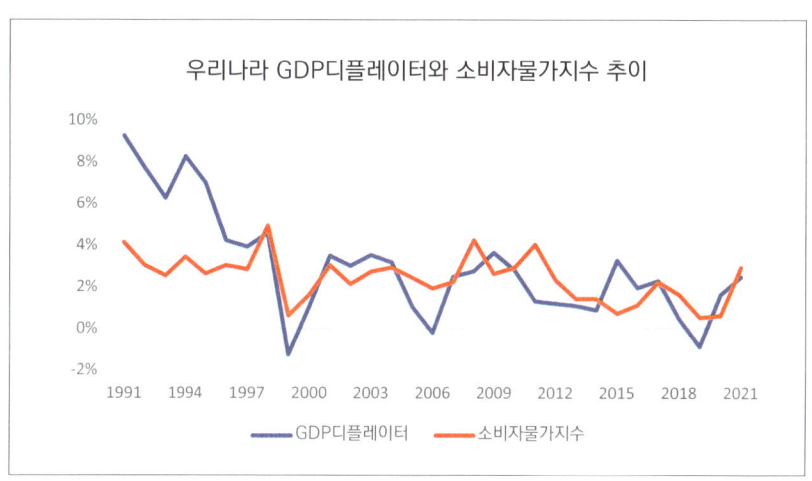

라와 같이 수출입 비중이 큰 경제구조를 가진 나라에서는 GDP디플레이터만으로 국내 물가를 판단하는 데에 어려움이 있습니다. 예를 들어 원유 수입가격이 크게 오르면 GDP디플레이터가 큰 폭으로 하락하기 때문입니다.

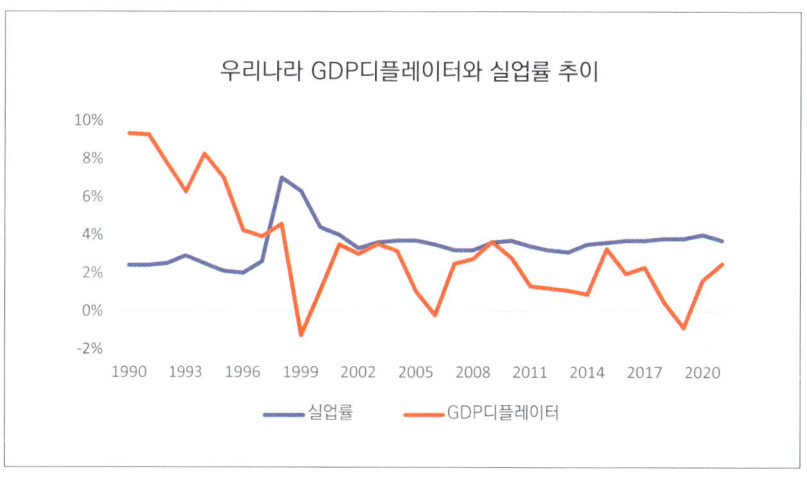

GDP디플레이터와 실업률은 역(-)의 관계에 있습니다. 즉, 실업률이 낮은 해에는 물가상승률이 높고, 반대로 물가상승률이 낮은 해에는 실업률이 높습니다. 이러한 상관관계를 나타내는 곡선이 '필립스곡선'입니다. 이를 역설적으로 해석하면, 물가안정과 완전고용이라는 두 가지 목표를 동시에 달성하는 것은 불가능합니다. 즉, 경기가 좋으면 수요가 증가해 기업들은 생산량을 늘리는데, 이 과정에서 원자재 가격과 임금이 오르게 되어 기업은 물건값을 올릴 수밖에 없고 결국 물가가 상승합니다. 물가가 지나치게 높아지면 정부는 금리를 올리고 지출을 줄이는 긴축에 나서게 되고, 이로 인해 수요가 줄면서 생산요소의 가치가 떨어져 물가가 하락합니다. 이처럼 정책당국은 물가와 실업률 사이에서 줄다리기를 하며 국가경제를 관리합니다.

기대인플레이션
Part 8 · 049

expected inflation

    물가가 상승하면서 화폐가치가 떨어지는 것을 '인플레이션'이라고 하지요. 또 물가가 조금씩 오르는 것이 아니라 심하게 광폭으로 오르는 것을 '하이퍼인플레이션'이라고 합니다. 과거 제1차 세계대전 직후 독일은 영국과 프랑스 등 승전국들에게 거액의 전쟁 배상금을 지급하기 위해 엄청난 규모의 국채를 발행했고, 이로 인해 독일의 물가는 2년 새 7,000만 배나 오르기도 했습니다. 또 2007년에는 남아프리카의 짐바브웨가 무리한 경제정책으로 물가가 3억%가 뛴 적도 있습니다. 반대로 화폐가치가 올라 경제활동이 위축되고 물가가 하락하는 것을 '디플레이션'이라고 하고, 인플레이션 상태에서 물가상승률이 낮아지는 현상을 '디스플레이션'이라고 합니다. 또한 경기가 나쁘면서 물가가 상승하는 현상을 '스태그플레이션'이라고 합니다.

    디플레이션이 일어나면 소비자 입장에서는 동일한 물건을 싸게 구매할 수 있습니다. 그럼 소비자 입장에서 이를 마냥 반길 일일까요?

    기업의 기술이 발전하여 단위당 생산비용의 절감으로 총공급이 늘어나 발생하는 가격하락은 바람직합니다. 이는 종전과 같은 생산비용으로 더 많은 상품을 생산함으로써, 공급이 늘어나 가격이 하락한 것입니다. 이러한 디플레이션은 경제성장과 동행이 가능합니다. 물가가 하락하더라도 생산성이 더 빠른 속도로 증가하면 기업의 이윤이 줄지 않기 때문입니다. 대표적인 예가 19세기 영국에서 시작된 산업혁명인데, 이때는 생산량이 급증하면서 가격이 하락했습니다. 하지만 대부분의 경우 디플레이션은 총수요가 감소하면서 발생하고 경기침체로 연결됩니다. 디플레이션은 사람들이 소비를 안 하니 물건이 안 팔리고, 물건이 안 팔리니 가격이 내려가는 것입니다. 이로 인해 기업의 수익이 줄어들어 기업은 노동자를 해고하고, 가계의 소득이 줄면서 더욱 소비가 줄고, 기업이 문을 닫게 되어 경기침체로 이어지는 악순환의 출발점이 됩니다. 디플레이션은 인플레이션에 비해 발생 빈도는 낮지만 그 폐해는 인플레이션보다 큽니다. 그래서 이를 'D의 공포'라고도 합니다. 미국은 1930년대 대공황 시기에 엄청난 디플레이션을 경험했고, 일본도 1990년대 초반부터 수요부진으로 인한 디플레이션이 이어지고 있으며, 2023년 들어 중국의 부동산 시장에 빨간 불이 켜지며 디플레이션에 대한 우려가 커지고 있습니다.

물가를 얘기할 때 '기대인플레이션'이란 용어가 자주 등장합니다. 이는 향후 물가상승률에 대한 경제주체들의 주관적인 전망입니다. 기대인플레이션의 측정은 향후 예상 물가상승률을 경제주체들에게 직접 물어보는 설문조사를 통해 이루어집니다. '기대'란 사전적으로는 어떤 일이 원하는 대로 이루어지기를 바라면서 기다리는 것을 뜻합니다. 경제에서는 '미래의 상황과 결과에 대해 의견을 가지는 것'을 의미하며, 기대대로 되지 않을 가능성을 '불확실성'이라고 합니다. 케인즈는 일반이론에서 투자자는 기대라는 예상심리에 의해 투자를 결정한다고 주장했습니다. 사람들의 의사결정은 과거나 현재의 사실뿐만 아니라 장래에 대한 기대에도 크게 좌우되기 때문에 경제학에서는 사람들의 기대를 매우 중요하게 다룹니다.

기대인플레이션은 경제에서 중요한 의미가 있습니다. 사람들은 제품구매, 투자결정, 임금협상 등과 같은 일상적인 경제활동을 함에 있어 향후 물가를 염두해두고 이를 반영하여 의사를 결정합니다. 예를 들어 향후 1년간 5%의 물가상승이 예상된다면, 연 4%의 금리를 제공하는 1년 만기 정기예금에 가입하지 않고 부동산과 같은 실물자산에 투자하는 사람이 늘겠지요. 반대로 디플레이션을 예상한다면 기업은 새로운 투자에 나서지 않을 것입니다. 물가안정이 가장 중요한 목표인 통화당국은 기대인플레이션이 미래 물가에 대한 유용한 예측 정보를 제공할 뿐만 아니라 실제 물가상승률에도 영향을 미칠 수 있어 주의 깊게 관찰합니다.

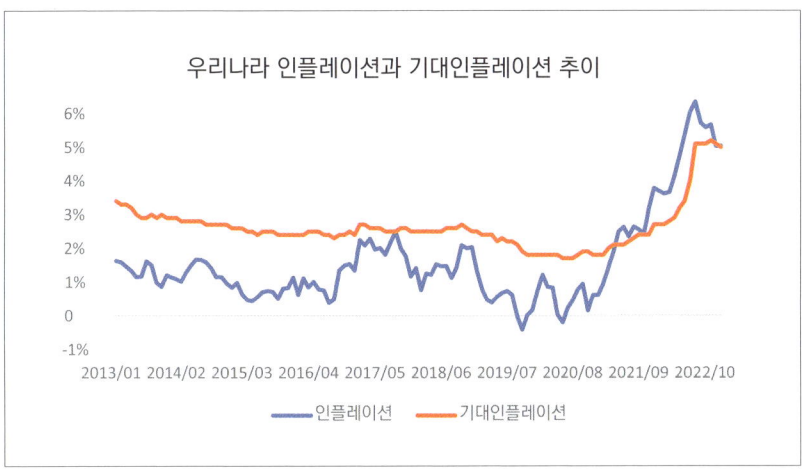

우리나라 기대인플레이션은 실제인플레이션에 비해 변동폭이 적습니다. 또한 과거 물가가 안정적이었던 시기에는 기대인플레이션이 실제인플레이션보다 높았고, 2021년 이후 물가가 고공행진을 하던 시기에는 기대인플레이션이 실제인플레이션보다 낮았습니다. 연구 조사에 따르면, 우리나라의 기대인플레이션이 1%p 상승하면 실제 소비자물가가 0.67%p 상승하는 것으로 조사되었습니다. 한편 기대인플레이션은 체감인플레이션에 영향을 크게 받기 때문에 물가안정을 위해서는 경제주체들의 체감물가에 대한 물가불안 심리를 안정시키려는 노력이 필요합니다.

Part 8
050 스타벅스 라떼
Latte at Starbucks

　서울의 생활비는 싱가포르, 파리, 홍콩에 이어 전 세계 주요 도시 가운데 7번째로 많이 드는 것으로 조사되었습니다. 이 도시물가 순위는 미국 뉴욕의 물가를 기준으로 하여, 식품, 의류, 주거비, 교통비, 학비 등 160여 개 상품과 서비스 가격을 반영하여 조사합니다.

　각국은 자국통화로 집계한 국내총생산액을 시장환율로 전환하여 GDP를 미 달러화로 발표합니다. 그러나 시장환율이 적용된 GDP로 국가 간 경제를 일관성 있게 비교하기는 어렵기 때문에, 각국의 물가수준을 반영한 구매력평가환율을 사용하기도 합니다. 구매력이란 재화나 서비스를 살 수 있는 재력입니다. 또 구매력평가purchasing power parity, PPP 환율은 한 나라의 화폐가 어느 나라에서나 동일한 구매력을 가진다는 '일물일가의 법칙'을 가정한 환율입니다. 예를 들어 아이폰이 우리나라에서 150만 원에 팔리고 미국에서 1,000달러에 팔린다면, PPP환율은 1달러당 1,500원이 됩니다. 환율은 두 국가 통화의 구매력에 의해 결정되어, 양국 물가수준의 비율과 같아진다는 논리입니다. 만일 우리나라에서 아이폰을 100만 원에 살 수 있다면, 우리나라에서 아이폰을 사서 미국에 수출하는 차익거래arbitrage가 발생할 것입니다. 이렇게 차익거래가 발생하면 우리나라에서 파는 아이폰 가격은 오르고 미국에서 파는 아이폰 가격은 떨어져 결국 일정 시간이 지나면 두 국가의 아이폰 가격은 같아질 것입니다.

　구매력 기준 GDP, 즉 PPP란 각 나라마다 다른 물가나 환율을 반영해 국민의 실제 생활 수준을 보여주는 지표입니다. OECD 통계에 따르면, 1990년 우리나라 PPP는 일본의 43%에 불과했지만 2018년에는 일본을 추월한 것으로 나타났습니다. 이는 우리나라가 일본에 비해 물가는 낮고 그간 경제성장률이 높았던 결과인데, 장기적인 관점에서 보면 우리나라 경제수준이 일본과 대등해졌다고 평가할 수 있습니다.

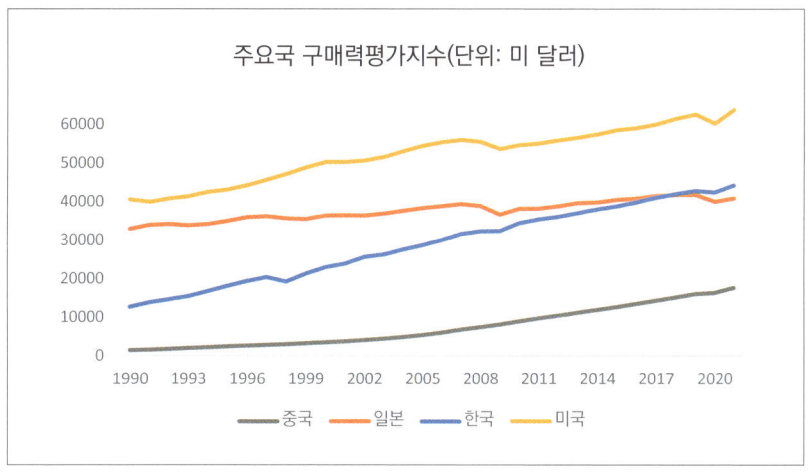

그러나 나라마다 물가 계산에 포함시키는 항목과 가중치가 다르고 재화와 서비스의 질적인 부분도 차이가 있을 수 있기 때문에, 단순히 PPP만으로 국가의 구매력을 판단하는 데에는 한계가 있습니다.

실생활에서 국가별 구매력을 추정할 수 있는 지표가 있습니다.

경제주간지 『이코노미스트』는 전 세계에서 동일한 레시피와 품질로 판매되고 있는 맥도널드의 빅맥 가격을 빅맥지수로 만들어 분기별로 발표하고 있습니다. 2023년 현재 우리나라에서 판매되고 있는 빅맥 가격은 5,500원이고 미

국은 5.8달러입니다.

　이 돈은 빅맥 한 개를 살 수 있는 동일한 구매력을 가지고 있어, 5,500원은 5.8달러와 동일한 가치라고 할 수 있습니다. 따라서 적정 환율은 미 1달러당 948원이 되어야 합니다. 하지만 실제 환율은 미 1달러당 1,250원으로, 우리나라의 빅맥 가격이 미국에 비해 24% 낮다고 할 수 있습니다. 한편 맥도날드가 각종 할인쿠폰을 남발하여 실제 구매 가격을 파악하기 힘들어지면서, 스타벅스에서 파는 커피 가격을 지수화하여 사용하기도 합니다. 스타벅스지수는 라떼 톨 사이즈 가격으로 각국 통화의 구매력과 물가를 비교하는 방법입니다. 이 지수가 높은 국가는 소비수준과 화폐가치가 높다고 해석할 수 있습니다.

　PPP환율은 완전경쟁을 전제로 동일한 제품이 다른 나라에서 판매되더라도 같은 가격에 판매된다고 가정하지만, 실제로는 무역장벽, 관세, 물류비용 등 거래 비용이 발생하기 때문에 PPP환율로 물가를 설명하는 것 역시 한계가 있습니다.

Part 8
051 좋은 인플레이션
good inflation

인플레이션은 경제 전반에 부정적인 영향을 미칩니다. 인플레이션이 발생하면 화폐가치가 하락하여 실질소득이 감소하고, 이로 인해 소비가 줄어들고 빈부격차가 확대됩니다. 또 저축이 줄고 인건비와 지가 상승 등으로 기업의 투자활동이 위축되며, 외국 상품에 비해 상대적으로 자국 상품의 가격이 비싸져 국제수지가 악화됩니다.

디플레이션은 더 위험합니다. 저물가 현상을 경제의 '저체온증'이라고도 합니다. 저체온증이 심해지면 맥박과 호흡이 느려지고 심정지가 일어나 사망에 이를 수도 있습니다. 2019년 전 세계가 저물가에 빠져 있던 시기에 크리스틴 라가르드 IMF 총재는 "인플레이션이 램프의 요정이라면 디플레이션은 맞서 싸워야 할 괴물이다."라며 디플레이션의 위험을 경고했습니다.

저물가 상황이 되면 소비자들은 미래에 물건값이 싸질 것으로 예상하여 현재의 소비를 줄입니다. 기업은 매출이 줄어드니 신규 투자에 나서지 못하게 되고, 기업 이익이 줄면서 고용이 감소합니다. 이로 인해 실업자 수가 늘어 가계소득이 감소하고, 이는 다시 소비에 나쁜 영향을 미쳐 경기침체를 불러옵니다. 일반적으로 인플레이션보다 디플레이션 국면에서 빠져나오는 것이 더 어렵습니다. 디플레이션은 국가경제가 자신감이 결여되고 일종의 '무력증'에 걸리는 것과 비슷해서, 정책적으로 해법을 찾기 어려운 측면이 있습니다.

디플레이션이 경제에 위험성이 더 큰 만큼 대부분의 국가는 0%보다 살짝 높은 2% 수준의 인플레이션을 물가 목표로 하고 있습니다. 2010년대 초반 이후 우리나라와 미국, 일본의 물가 목표 역시 2%입니다. 하지만 최근 들어 물가안정목표 2%에 대한 논란이 있습니다. 일부 '비둘기파' 성향의 경제학자들은 현재 인플레이션 목표 2%는 부작용이 크고 비용이 너무 많이 들어가는 측면이 있어, 이를 3~4%로 상향조정하고 완전고용 달성에 초점을 맞추어야 한다고 주장합니다. 하지만 물가가 여전히 불안한 상황에서 중앙은행이 물가 목표의 틀을 바꾸면 물가 전쟁에서 항복한 것으로 해석될 가능성이 있어, 중앙은행의 통화정책에 대한 신뢰성에 문제가 생기고 물가를 자극할 수 있습니다.

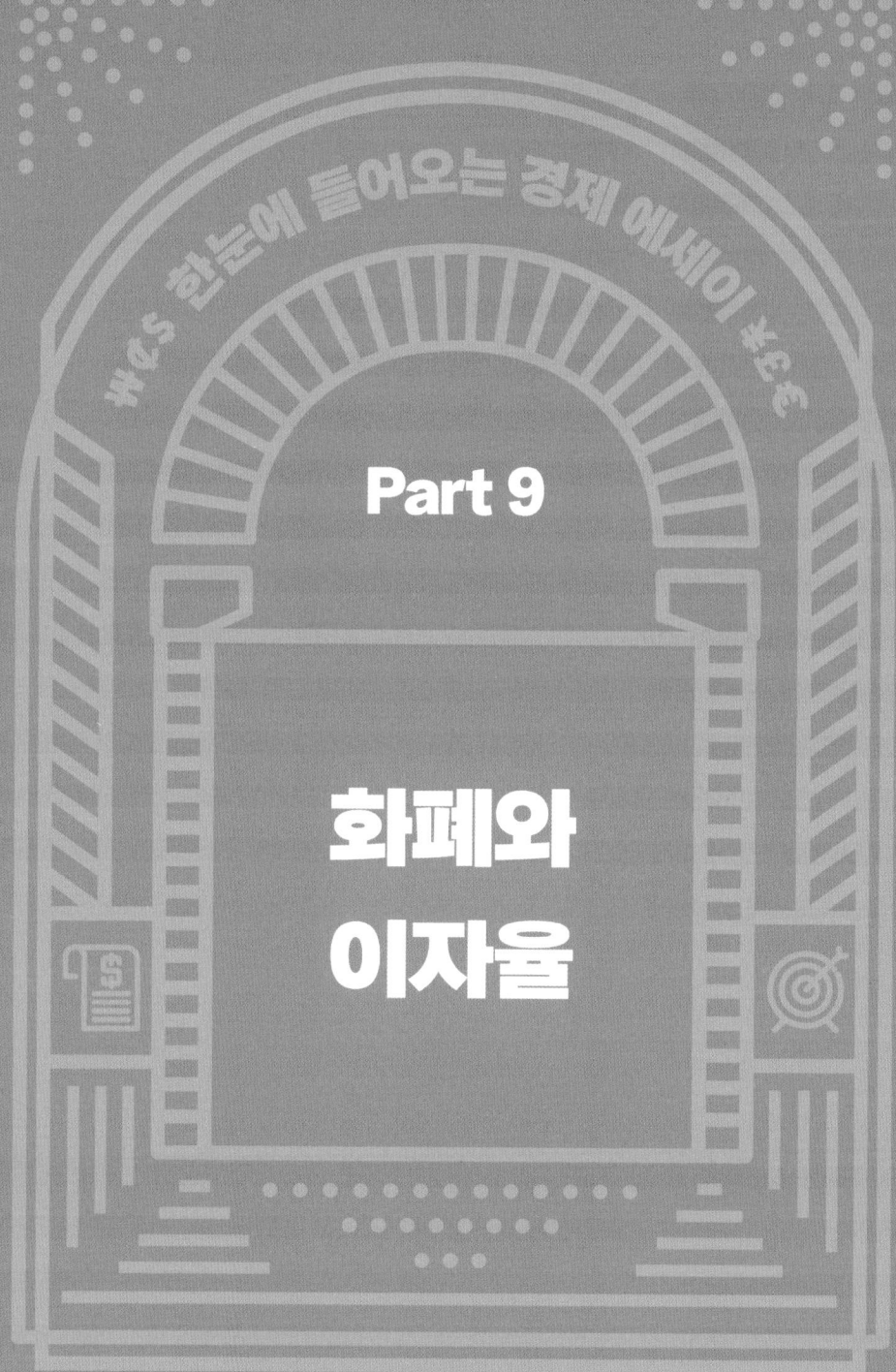

Part 9

화폐와 이자율

Part 9 052 돈과 화폐
money and money

　모든 사람들이 돈을 필요로 하며 돈은 누구에게나 중요합니다. 돈을 가진 사람은 필요하거나 원하는 상품과 서비스를 선택하여 구매할 수 있고, 자신의 욕구와 목표에 맞게 삶을 계획하고 개선할 수 있습니다.

　일상 생활에서 사용하는 '돈'과 경제학에서 중요하게 다루는 '화폐'는 비슷한 의미로 사용되지만, 개념에 차이가 있습니다. 돈은 상품과 서비스의 교환 매체로 사용되는 일반적인 개념인 반면, 화폐는 정식으로 발행되고 인정받는 돈의 형태를 의미합니다. 즉, 화폐는 특정 국가나 지역에서 법적인 지위를 갖고 사용되며, 통화단위로서 가치를 나타냅니다. 오늘날 대부분의 경제 행위는 화폐를 주고받으면서 이루어집니다. 화폐는 이러한 교환수단뿐만 아니라 여러 모로 편리한 도구입니다. 경제학에서는 화폐 자체보다는, 화폐가 국민소득과 물가 등 경제 전반에 미치는 영향을 주 분석 대상으로 합니다.

　화폐의 기능을 교환의 매개물, 가치의 척도, 가치저장의 수단으로 구분합니다. 화폐는 모든 사람들이 이를 보편적으로 수용하는 화폐의 보편적 수용성을 가집니다. 화폐가 존재하지 않는 물물교환경제에서는 '욕망의 상호일치' 문제로 인해 거래가 성립되기 어려운 반면, 교환의 매개물로서 화폐가 존재하면 교환이 원활해질 뿐만 아니라 이로 인해 전문화·분업화가 가능해져 전체적으로 경제적 이익이 확대될 수 있습니다. 또 화폐는 가치의 척도로서의 기능이 있습니다. 화폐로 인해 다양한 종류의 재화, 서비스, 생산요소의 가치를 단일한 단위로 표현할 수 있고, 상대적인 가격을 비교할 수 있어 경제주체들의 합리적인 의사결정을 가능하게 합니다. 또 가치 척도로서의 화폐는 각종 채권·

채무 금액을 확정하고 경제 전체의 국민소득을 측정하는 기준 단위가 됩니다. 또한 화폐는 가치저장의 수단, 즉 현재의 구매력을 미래로 이전하는 기능이 있습니다. 화폐도 자산의 일종인데, 부동산이나 귀금속 같은 실물자산은 인플레이션에 따라 가치가 상승하기도 하고, 채권·주식 등의 금융자산은 이자 또는 배당금을 제공한다는 점에서 가치저장수단으로서 화폐보다 우월한 측면이 있습니다. 그럼에도 불구하고 화폐가 가치저장수단으로서의 매력을 가지는 이유는 화폐가 최고의 유동성을 지닌 자산이기 때문입니다. 화폐는 유동성 자체인 반면, 부동산과 같은 실물자산은 처분하여 현금화하는 데에 시간과 비용이 들기 때문에 유동성이 상대적으로 낮습니다.

Part 9
053 화폐를 보유하는 이유
reasons for money demand

화폐의 가격 역시 화폐시장에서 수요와 공급에 의해 결정됩니다. 화폐시장의 균형점은 화폐의 가격인 이자율입니다. 경제에 매우 중요한 영향을 미치는 이자율을 이해하기 위해, 화폐수요와 공급의 결정요인을 살펴보겠습니다.

화폐수요의 안정성은 금융정책의 유효성과 밀접한 관계가 있습니다. 고전학파는 화폐수요를 소득에 따라 결정된다고 보아 안정적이라고 생각한 반면 케인즈는 화폐수요가 주로 이자율에 의해 결정되기 때문에 불안정하다고 보았습니다. 경제학에서의 화폐수요란 여러 형태의 자산 가운데 화폐의 형태로 보유하고자 하는 금액이 얼마나 되느냐는 것입니다. 케인즈가 주장한 화폐수요에 대한 이론이 '유동성선호설 liquidity preference theory'입니다. '유동성'이란 사전적으로는 흘러 움직이는 성질을 뜻하지만, 경제학에서는 특정 자산이 가치의 손실 없이 얼마나 신속하게 교환의 매개수단으로 전환될 수 있는가를 의미합니다.

화폐는 유동성이 가장 큰 자산으로, 케인즈는 화폐수요를 거래적동기, 예비적동기, 투기적동기로 나누어 설명했습니다. '거래적동기'란 가계나 기업이 일상적 거래를 하기 위하여 보유하는 화폐수요입니다. 수입과 지출이 시간적으로 일치하지 않는 상황에서, 경제주체들은 필요한 지출을 위해 화폐를 보유하게 됩니다. 거래적동기의 화폐수요는 명목소득과 정(+)의 관계에 있습니다. 여기서 실질소득이 아닌 명목소득이 거래수요를 결정하는 이유는 실질소득이 일정하더라도, 가격(물가수준)이 상승하면 이를 구매하는 데 더 많은 화폐가 필요하기 때문입니다.

'예비적동기'는 비상금과 같은 개념으로 가계나 기업이 돌발적으로 발생할지 모르는 지출을 위해 보유하는 화폐수요입니다. 예비적동기의 화폐수요도 거래적동기의 화폐수요와 마찬가지로 명목소득이 증가(감소)하면 예비적동기의 화폐수요는 증가(감소)합니다.

'투기적동기'는 화폐가 최고의 유동성을 가지고 있어 투자기회가 생겼을 때 신속하게 다른 자산으로 전환이 가능하기 때문에 화폐를 보유하는 것입니다. 반면에 화폐를 보유하면 이자를 얻을 수 없어, 이자는 화폐보유의 기회비용이라고 할 수 있습니다. 투기적동기는 케인즈의 화폐수요이론에서 핵심적인 부분으로, 케인즈는 이자율을 화폐수요의 중요한 결정 요인으로 인식하였습니다. 정리하면, 유동성선호설에 의한 화폐수요는 거래적화폐수요와 예비적화폐수요 및 투기적화폐수요의 합이고, 화폐수요함수는 소득의 증가함수이고 이자율의 감소함수입니다.

Part 9
054

화폐의 공급경로
channels of money supply

그럼 화폐는 어떻게 공급될까요?

'화폐공급'이란 시장에서 유통되는 모든 화폐의 양을 의미합니다. 즉, 경제 시스템에서 사용 가능한 모든 현금과 은행 예금, 시장형 금융상품 등을 모두 합친 총액입니다. 중앙은행은 화폐를 발행하고 유통시키는 주체로서, 화폐의 공급을 조절하여 경제 안정성을 유지하고 인플레이션을 방지합니다. 화폐공급을 증가시키면, 경제활동이 촉진되고 인플레이션이 발생할 가능성이 있습니다. 반대로, 화폐공급을 감소시키면, 경제활동이 위축되고 물가가 하락할 수 있습니다. 따라서, 중앙은행의 화폐공급은 경제의 안정과 성장을 지속적으로 유지하는 데 중요한 역할을 합니다. 중앙은행은 독점적으로 법정통화를 발행해 시중에 공급하는데, 이를 '본원통화monetary base'라고 합니다. 중앙은행이 채권시장에서 국공채를 매입하거나 예금은행에 대출하면 본원통화가 시중에 공급됩니다. 또 중앙은행이 외환시장에서 자국통화를 대가로 외화를 매입하거나 정부가 중앙은행에 예금한 정부의 예금을 인출할 때에도 본원통화가 늘어납니다. 여기에 은행이 중앙은행에 예치한 자금인 지급준비금을 더한 금액이 본원통화의 총량입니다.

신용창조

중앙은행이 공급한 본원통화는 은행 시스템의 신용창조 과정을 통해 '파생통화(본원통화를 기초로 예금통화가 창출되는데, 이때의 예금통화)'가 늘면서 전체 유통되는 통화량이 늘게 됩니다. 즉, 중앙은행이 본원통화를 시중에 공급하면 이들이 유통되다가 다시 은행에 예금으로 들어오고, 은행은 예금 받은 돈 중 일부만을 지급준비금으로 남겨두고 나머지는 대출합니다. 이러한 대출과 예금 과정이 되풀이되면, 중앙은행이 처음에 공급한 돈보다 유통되는 돈은 몇 배로 커지게 됩니다.

이러한 과정을 단순화하기 위해, 다음과 같은 세 가지 가정을 설정합니다.

- 은행의 부채는 요구불예금만 있고 자산은 대출과 지급준비금으로만 이루어짐
- 은행이 아닌 민간은 현금을 보유하지 않음(민간은 현금이 생기면 전액을 은행에 예금)
- 은행은 법정지급준비금만을 보유하고 나머지는 모두 대출

위의 전제하에 예를 들면, 한국은행이 정부가 발행한 국채 1억 원을 채권시장에서 매입하면, 본원통화가 1억 원 늘어납니다. 보유하고 있던 국채를 매도한 '갑'은 1억 원의 현금이 생겼고, 전액을 주거래은행인 B 은행 요구불예금에 가입합니다. 이때 법정지급준비금이 10%라면, B 은행은 법정지급준비금 1,000만 원(1억 원의 10%)만을 한국은행에 예치하고 나머지 9,000만 원은

신용창조 예시(단위: 백만 원)

은행	요구불예금	법정지급준비금	대출액
A 은행	100	10	90
B 은행	90	9	81
C 은행	81	8.1	72.9
D 은행	72.9	7.29	65.61
⋮	⋮	⋮	⋮
은행 합계	1,000	100	900

'을'에게 대출합니다. 대출된 9,000만 원이 시중에서 유통되다가 다시 C 은행에 예금으로 들어가고 C 은행 역시 법정지급준비금 900만 원을 제외한 나머지 8,100만 원을 대출하게 됩니다.

이러한 과정이 무한 반복되면, 당초 한국은행이 공급한 본원통화 1억 원보다 10배 많은 1조 원이 시중에 유통됩니다. 여기서 10배를 '신용승수' 또는 '통화승수'라고 하며, 1/법정지급준비금로 계산됩니다. 이는 초기에 증가한 본원통화가 신용창조 과정을 거치면서, 본원통화 증가분의 몇 배만큼 통화량이 증가되었는지를 나타냅니다. 즉, 법정지급준비율이 높으면 그 역수인 신용승수가 작아지면서 유통되는 전체 화폐의 양이 감소하고, 법정지급준비율이 낮으면 화폐의 양이 증가합니다. 하지만 신용승수를 계산할 때에 사용한 가정은 다소 비현실적입니다. 현실에서는 민간이 현금을 보유하기도 하고, 은행들도 법정지급준비금 외에 초과지급준비금을 보유할 수 있기 때문에, 최종적으로 창조되는 화폐의 양은 이론적인 신용승수보다 보통 적게 됩니다. 이와 같이 민간 경제주체나 은행의 선택에 따라 신용승수의 크기가 달라지는 현상을 '화폐의 내생성money supply endogeneity'이라고 합니다. 중앙은행 입장에서는 이러한 내생성으로 인해 통화량을 예측하고 적절하게 조절하는 통화정책을 수행하는 데 어려움을 겪기도 합니다.

Part 9 055 화폐의 가격, 이자율
price of money, interest rate

　화폐시장의 균형은 화폐의 수요와 공급이 일치하여 경제적 평형이 유지되는 상태입니다. 화폐수요는 이자율, 물가수준, 소득 등에 영향을 받으며, 화폐공급은 중앙은행이 발행하는 통화 및 민간의 신용창조credit creation 과정에 따라 달라집니다. 화폐시장의 균형은 금융시장의 안정과 경제성장에 중요한 역할을 합니다. 기본적으로 화폐시장에서 수급에 균형이 이루어지면 화폐의 가치가 안정되고, 화폐를 필요로 하는 경제주체에게 화폐가 안정적으로 흘러가 경제활동의 효율성과 안정성을 향상시킵니다. 또한 화폐시장의 균형은 경제적 예측 가능성을 높여 개인의 소비활동과 기업의 투자활동에 중요한 정보를 제공합니다.

　화폐시장에서 이자율은 화폐 공급과 수요의 균형에 따라 결정됩니다. '이자율'은 다른 사람의 화폐를 사용하기 위해 지불하는 가격입니다. 즉, 이자율은 대여자가 현재 보유하고 있는 화폐의 유동성을 포기하고 이를 미래로 이전하도록 유도하기 위해, 차입자가 빌리는 원금 이외에 추가로 지불해야 하는 가격입니다. 현실에서는 다양한 유형의 수많은 이자율이 존재하는데, 채권수익률은 채권시장에서 수요와 공급에 의해 결정되기 때문에 실제 시장 상황을 가장 잘 반영하는 이자율입니다. 채권수익률과 채권가격은 역(-)의 관계가 있습니다. 즉, 이자율이 상승하면 채권가격은 하락하고, 이자율이 하락하면 채권가격은 상승합니다. 이는 채권으로부터 미래에 받을 수 있는 원리금이 정해져 있어, 시장이자율의 상승 시 채권수익률이 시장이자율과 같아지려면 채권이 싼값에 거래되어야 하기 때문입니다.

케인즈는 이자율이 화폐시장에서 경제주체들의 유동성에 대한 선호와 화폐공급의 상호작용에 의해 결정된다고 보았습니다. 또 화폐공급은 중앙은행에 의해 외생적으로 결정되기 때문에 이자율은 전적으로 화폐수요에 의해 결정된다고 파악했습니다. 그는 유동성선호설에서 균형이자율은 화폐에 대한 수요와 공급을 일치시켜주는 것으로, 이 균형은 안정적이라고 설명했습니다.

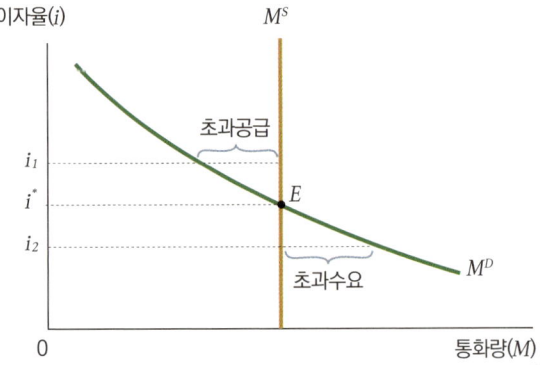

위의 도표에서 보면, 우하향하는 화폐수요곡선(M^D)와 수직의 화폐공급곡선(M^S)가 서로 만나는 E점이 균형이자율(i^*)입니다. 시장이자율이 균형이자율에서 벗어나면, 시장참여자들의 거래에 따라 이자율이 조정되어 균형으로 다시 돌아가려는 경향을 보입니다. 즉, 시장이자율이 균형이자율보다 높은 i_1인 경우 화폐수요가 줄면서 시장이자율은 균형점인 i^*로 돌아가고, 반대로 시장이자율이 균형이자율보다 낮은 i_2의 상황에서는 화폐수요가 늘어나면서 시장이자율이 올라가게 됩니다. 즉, 시장이자율이 균형점보다 낮으면 경제주체들은 저렴한 비용으로 자금조달이 가능해져 더 많은 화폐수요가 발생하고, 차입을 통해 가계는 소비를 늘리고 기업은 투자를 확대할 수 있습니다. 이로 인해, 기업은 더 많은 물건을 팔아 더 큰 수익을 남길 수 있어, 고용과 투자를 늘리게 되고, 이는 가계의 소득을 높여 소비가 더욱 증가하면서 경제가 성장하게 됩니다. 하지만 대출수요가 계속 증가하다 보면 결국 시장이자율이 오르면서 차입비용이 올라가 더 이상 대출수요는 늘어나지 못합니다.

또 낮은 이자율이 지속되면 인플레이션과 같은 부작용이 발생할 수 있기 때문에 중앙은행은 시장을 모니터링하고 통화정책을 수행하여 경제의 안정을 도모합니다. 화폐수요가 증가하면 화폐수요곡선(M^D)은 우측으로 이동하면서 균형이자율이 상승하고, 중앙은행이 화폐공급을 늘리면 화폐공급곡선(M^S)이 우측으로 이동하여 균형이자율이 하락합니다. 즉, 경제의 화폐공급을 늘리는 확장적 통화정책은 균형이자율을 낮추는데, 이러한 원리에 근거하여 중앙은행은 통화정책을 수행합니다. 기본적으로 시장이자율은 금융시장에서 결정되는데, 중앙은행은 화폐공급을 조절하거나 기준금리의 조정을 통해 시장금리에 간접적으로 영향을 미칩니다. 즉, 중앙은행이 화폐공급을 늘리면 시장에 돈이 많이 유입되어 경제주체들은 낮은 금리로 자금을 조달하는 것이 가능해지지만, 중앙은행이 화폐공급을 줄이면 시장에 돈이 부족해져 높은 금리로 자금을 빌릴 수밖에 없는 상황이 됩니다.

Part 9
056
화폐의 양
quantity of money

　화폐는 안정성, 분할가능성, 편리성, 휴대의 간편성 등을 추구하면서 인류 역사와 함께 발전해왔습니다. 인류는 오랜 기간 곡물, 가축 등과 같은 물품화폐를 이용하여 거래하다가 이후 금화와 은화를 사용했습니다. 이후 지폐나 예금을 담보로 한 수표를 사용하기 시작했고 현재는 신용카드, 체크카드와 같은 전자화폐를 흔히 사용하고 있으며, 최근에는 디지털화폐가 등장했습니다.
　16세기 영국에서는 주로 금화와 은화를 사용했는데, 화폐를 만들 금과 은이 갈수록 부족해지면서 금과 은의 함량을 줄인 지폐가 발행되고 유통되기 시작했습니다. 금화와 은화는 내면가치인 소재가치와 표면가치인 명목가치가 동일한데, 지폐로 넘어오면서 소재가치보다 명목가치가 훨씬 커지게 되었습니다. 당시 영국 여왕의 고문이었던 토머스 그레샴은 소재가치가 큰 화폐는 유통과정에서 사라지고 소재가치가 작은 화폐만 남게 된다는 주장을 "악화惡貨는 양화良貨를 구축驅逐한다"라고 표현했습니다(그레샴의 법칙).
　우리나라의 지폐에는 '한국은행 총재'의 직인이 찍혀 있는데, 이는 한국은행이 한국의 유일한 발권기관으로서 화폐의 지급을 보장한다는 의미입니다.
　통화량은 특정 시점에 경제 전체적으로 유통되는 화폐의 총량이며, 이는 특정시점에 저량stock의 개념으로 측정합니다. 통화량이 너무 많으면 인플레이션이 발생할 수 있고 너무 적으면 거래가 위축될 수 있으므로, 통화량을 적정 수준으로 유지하는 것은 중요합니다. 이를 위해서는 통화량의 크기와 변동을 일관되게 측정할 수 있는 통화지표가 필요하겠지요.
　통화지표는 통화를 어떻게 정의하는지에 따라 여러 지표가 있습니다. 지표는 현금 이외에 어떠한 종류의 금융상품을 포함시키는지에 따라 달라지는데, 일반적으로 특정 자산이 가지고 있는 유동성에 따라 구분합니다. 즉, 유동성이 높은 자산부터 화폐에 가까운 것으로 간주합니다.

각국의 중앙은행들은 일정한 기준으로 통화지표를 정해 통계를 작성하여 발표하고, 이를 기준으로 시중자금의 움직임을 파악하고 통화정책을 수행합니다. '본원통화(M0)'는 중앙은행이 발행한 지폐와 주화인데, 이는 민간의 화폐보유액과 예금은행의 지급준비금의 합입니다. '협의통화(M1)'는 가장 좁은 의미의 통화량 지표로, 현금 또는 현금과 다름없을 정도로 유동성이 높은 금융자산을 포함하는 지표입니다. 이는 은행의 요구불예금과 수시입출금식 저축성예금뿐만 아니라 카드결제, 계좌이체, 수표발행 등과 같은 유동성이 높은 결제성예금도 포함됩니다. '광의통화(M2)'는 M1에 만기 2년 미만의 금융상품인 준화폐를 더한 지표입니다. 준화폐는 직접 교환의 매개물로서의 기능은 없으나, 약간의 이자소득만 포기하면 쉽게 현금 또는 요구불예금으로 전환이 가능한 금융상품으로, 정기예금과 적금, CD, RP 등의 시장형 금융상품, 금전신탁, MMF 등의 실적배당형 금융상품, 금융채 등이 포함됩니다. 하지만 만기가 2년 이상인 금융상품은 유동성이 낮고 저축수단의 성격이 강해 M2에서 제외됩니다. 유동성의 크기를 더 확대한 통화량 지표로는 '금융기관유동성(Lf)' 및 '광의유동성(L)'이 있는데, Lf는 M2에 만기 2년 이상 예금 등 M2에 포함되지 않는 금융기관 예수금이 추가된 것이고 L은 Lf에 국채, 회사채, 기업어음 등을 더한 지표입니다.

각국의 중앙은행은 물가와 경제의 안정을 위해 통화정책을 수행하는데, 정책목표에 맞게 지표를 사용하려면 중앙은행의 통제가능성과 실물경제와의 밀접한 관련성, 이 두 가지 조건을 만족해야 합니다. 하지만 이들은 서로 상충관계에 있어 두 가지 조건 모두를 충족하는 단일한 통화지표는 존재하지 않습니

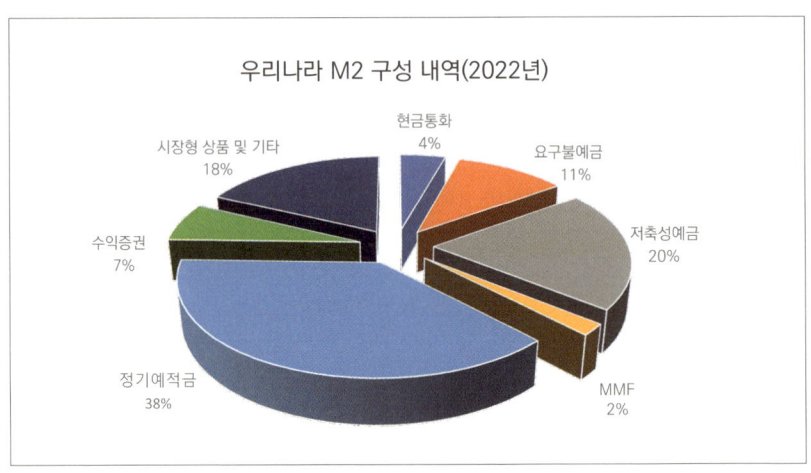

다. 예를 들어 현금통화는 한국은행이 통제 가능한 지표이지만 실물경제에 크게 영향을 주지는 못합니다. 2022년 실제 우리나라 M2 구성 내역을 보면 현금통화 비중은 4%에 불과합니다. 따라서 다양한 통화지표는 각각 의미를 가지며, 분석 목적에 따라 적합한 지표를 선택하여 사용합니다. 예를 들어 M1은 단기금융시장의 유동성 수준을 파악하는 데 적합하고, M2는 금융상품의 유동성을 기준으로 편제하여 시중의 통화량을 잘 파악할 수 있는 지표입니다.

한국은행 발표에 따르면, 2022년 말 M2 대비 M1 비율은 26%로 2013년에 비해 6%나 올랐습니다. 이는 시중에 자금이 고유동성 금융상품으로 몰리고 있음을 보여줍니다. 이러한 과도한 유동성은 단기수익을 추구하는 투자로 이어질 수 있고 이로 인해 변동성이 커지면 시장의 불안요인으로 작용할 수 있어서 적절한 관리가 필요합니다.

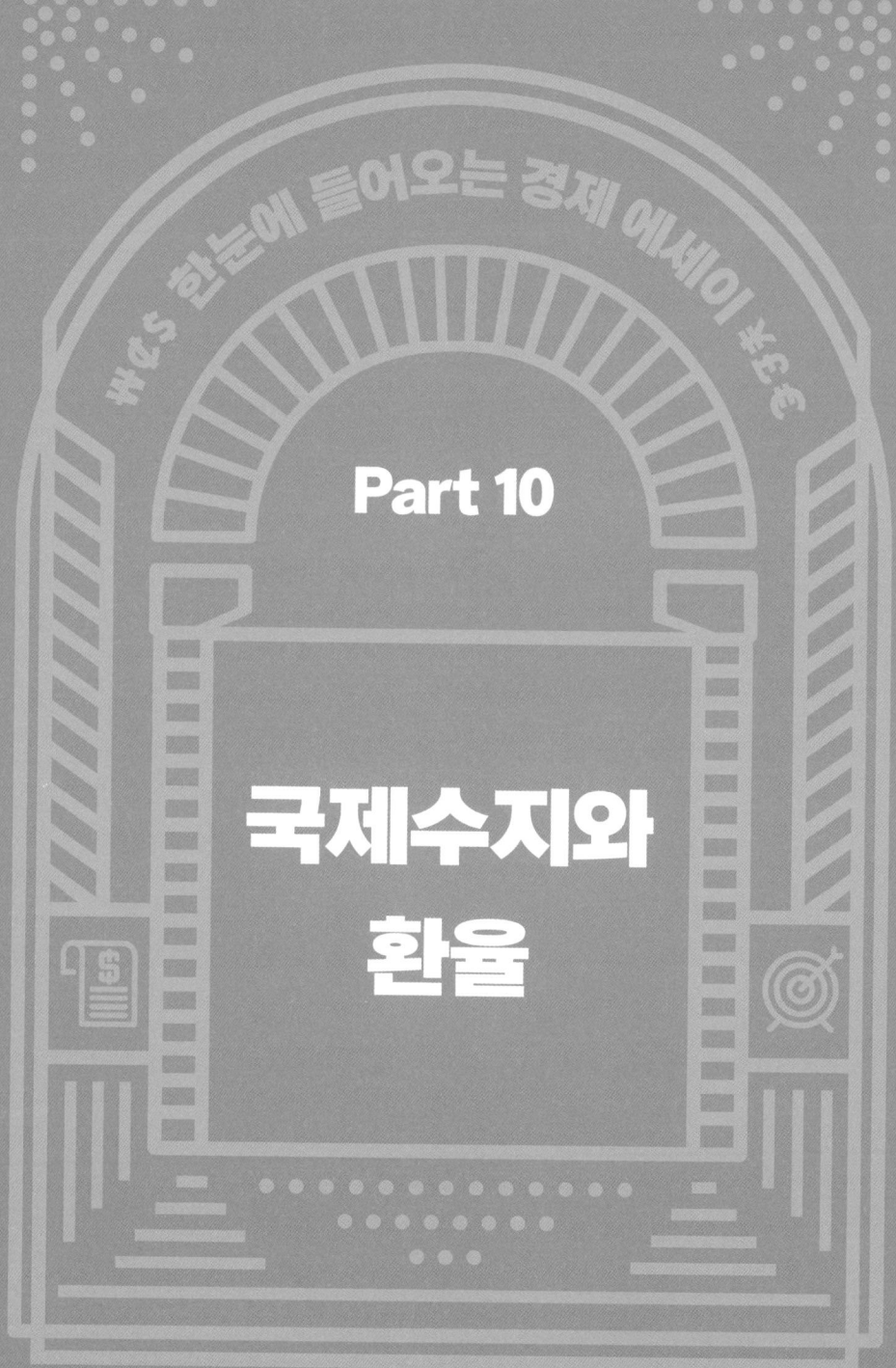

Part 10 057 개방경제의 이익
benefits of an open economy

　해외부문이 존재하지 않는 경제를 '폐쇄경제', 해외부문과의 국제무역과 금융거래를 통해 국내경제와 상호작용하는 경제를 '개방경제'라고 부릅니다. 폐쇄경제에서는 국가 내에서 경제가 자체적으로 운영되어, 일반적으로 경제발전이 제한되고 경제성장이 더딥니다. 반면, 개방경제에서는 재화와 서비스, 인력, 자본의 국가 간 이동이 가능하고, 수출입뿐만 아니라 외국인도 특별한 경우를 제외하고는 내국인과 동등한 대우를 받아 투자가 자유롭습니다.

　개방경제에서는 국가 간의 경제적 상호의존성이 높기 때문에 경제 파급효과가 크며, 경제성장에도 도움이 됩니다. 고대 로마시대에 들어 국경을 넘는 거래가 본격화되었고, 중세시대에는 유럽과 아시아 사이의 무역이 성황을 이루었습니다. 19세기 말경 이동수단이 발달하면서, 자유무역이 가속화되었습니다. 여기에 더해 기술의 발전과 자본의 글로벌화가 개방경제의 원동력이 되었습니다. 제1차 세계대전 이후 다양한 국제기구들이 설립되면서 국제무역에 대한 협력과 규제가 생겨나기 시작하였고, 무역 규모와 외국인 투자가 증가하면서 개방경제가 점차 확대되었습니다. 특히 1980년대 이후 경제적 글로벌화와 정보기술의 발전으로 인해 개방경제의 규모가 더욱 커지게 되었습니다.

　그럼 개방경제는 어떤 이익을 가져올까요?

　폐쇄경제일때, 국내 가격은 P0이고 국내 수요곡선과 국내 공급곡선이 만나는 시장균형은 E점이 됩니다. 이 경우 소비자의 이익인 소비자잉여는 삼각형 A이고 생산자잉여는 삼각형 B와 D의 합입니다. 따라서 전체 사회적인 이익은 A, B, D를 모두 더한 값입니다.

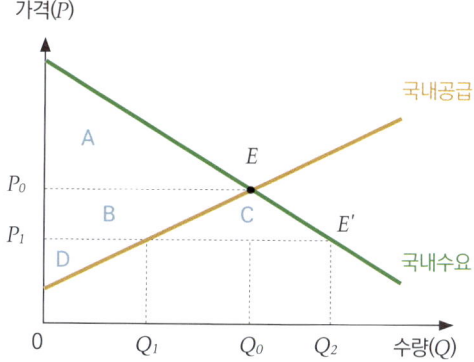

　그런데 개방경제가 되면 균형점이 E'로 이동하면서, 소비자잉여가 B와 C만큼 늘어나서 A, B, C의 합이 됩니다. 반면 생산자잉여는 값싼 수입 제품과 경쟁해야 하기 때문에 이윤이 감소해 D로 줄어듭니다. 따라서 개방경제에서 전체 사회적잉여는 폐쇄경제와 비교하면 C의 크기만큼 증가하게 됩니다.

Part 10 058　사과 vs. 오렌지 생산
apple vs. orange production

　우리는 일상 생활에서 많은 외국 제품들을 사용하고 있습니다. 우크라이나에서 재배한 밀로 만든 빵과 필리핀산 바나나로 아침식사를 해결하며, 브라질산 커피를 손에 들고 출근합니다. 퇴근 후에는 호주산 스테이크로 저녁을 먹고 남미산 와인을 마시며 하루의 피로를 풀지요. 세계 곳곳에서 한국산 스마트폰과 자동차를 볼 수 있고, 많은 사람들이 K-드라마와 K-팝을 즐깁니다. 국제무역으로 전 세계 사람들이 값싼 제품을 손쉽게 소비할 수 있게 된 것이지요.

　특정 재화의 생산비가 두 국가 중에 한 국가가 절대적으로 낮은 경우, 이 재화를 특화하여 생산하고 서로 간에 교역하면 양국 모두에게 이익이 된다는 것이 아담 스미스의 '절대우위론'입니다. 이를 달리 표현하면, 어떤 국가가 다른 국가보다 모든 재화를 더 효율적으로 생산한다면 모든 재화를 자체적으로 생산하는 것이 유리해서 국가 간의 무역은 필요가 없어집니다. 하지만 현실에서는 한 국가가 모든 재화를 낮은 비용으로 생산하는 것은 불가능하고, 국가마다 재화에 따른 생산성의 차이가 발생합니다. 이때, 한 국가가 두 재화를 생산하는 데 모두 절대우위에 있고 상대국은 두 재화 모두 절대열위에 있더라도, 생산비가 상대적으로 적게 드는 재화에 특화하여 교역하면 상호이익을 얻을 수 있습니다. 이를 경제학에서는 '비교우위의 원칙principle of comparative advantage'이라고 부릅니다. 이는 데이비드 리카도가 그의 저서 『정치경제와 조세의 원리』에서 주장한 이론으로, 국제무역의 중요한 개념 중에 하나입니다. 이는 두 가지 다른 상품을 생산하는 두 국가 사이에서 생산성의 차이가 있을 때, 상대방 국가와 상호협력하면 더 나은 결과를 얻을 수 있다는 것입니다.

　예를 들어 미국과 한국은 모두 사과와 오렌지 경작이 가능하지만, 두 과일 모두 미국은 한국에 비해 싼 가격에 생산할 수 있습니다. 그런데 기후나 토질의 여건상 미국은 사과보다 오렌지가, 한국은 오렌지보다 사과가 생산성이 좋다면 어떻게 될까요? 미국은 사과와 오렌지 두 과일 모두에 있어 절대우위에 있지만 미국은 오렌지에, 한국은 사과에 비교우위가 있습니다. 이때, 미국과 한국이 서로 교역하면 두 국가 모두 생산성이 높아지고 서로 경제적 이익을 얻을 수 있습니다.

　이러한 무역의 경제적 이익에도 불구하고, 2018년 미국의 트럼프 정부는 중국산 수입품에 대해 25% 관세를 부과했고 중국도 이에 대응하면서 양국 간에 무역전쟁이 시작되었습니다. 미국이나 중국 모두 무역전쟁으로 인해 비싸게 재화를 사야 한다는 측면에서 소비자는 손해이고 국민경제 전체적으로도 피해가 된다는 것은 자명한 사실입니다. 1990년대 초까지만 해도 비교우위에 의한 세계 무역 질서는 무역의 기본적인 작동원리였습니다. 하지만 1990년대 중반에 접어들면서 IT 분야 기술력이 보다 주목을 받기 시작했고, 기술 특허가 국제 교역을 주도하기 시작했습니다. 무역은 미국과 중국 모두에게 중요합니다. 미국과 중국은 서로 최대의 교역 대상국이면서 상당 수준의 경제적 상호의존도를 가지고 있습니다. 미국의 무역제재의 표면적인 이유는 대중국 무역 적자 누적과 이에 따른 일자리 확보에 대한 불만이지만, 실체는 첨단기술 선점을 위한 '기술전쟁'으로 보는 시각이 있습니다. 왜냐하면 미국의 무역 제재가 첨단기술에 초점을 맞추고 있기 때문입니다. 이러한 첨단기술 분야에 패권 경쟁 시대를 맞아, 우리나라는 기술력을 발전시켜 세계 시장에서 '기술강국'으로 자리매김하여야 하는 시급하고 중차대한 과제를 안고 있습니다.

Part 10 059 환율의 영향
impact of exchange rate

국제무역과 국제금융 거래는 외국의 화폐인 외환을 매개로 이루어지므로, 외환시장은 국내와 해외부문이 상호작용을 하는 주된 통로입니다. 따라서 개방경제를 분석하기 위해서는 환율이 결정되는 외환시장의 메커니즘을 이해해야 합니다.

외환시장은 자국 화폐와 외국 화폐가 서로 교환되는 시장입니다. 여기에 거래되는 두 나라 화폐의 교환비율, 즉 외환의 가격이 '환율'입니다. 미 달러화는 국제적으로 기축통화key currency의 위치에 있어, 대부분 국가들의 환율은 미화 1달러당 교환되는 자국 화폐의 양으로 표시합니다. 예를 들어 원화 대비 달러 환율이 1,200원에서 1,300원으로 올랐다는 것은 1달러를 구입하기 위해 이전보다 100원 더 많은 원화를 지불해야 한다는 뜻입니다. 즉, 달러화에 비해 원화의 가치가 상대적으로 하락(원화절하)한 것입니다. 반면에, 원화 대비

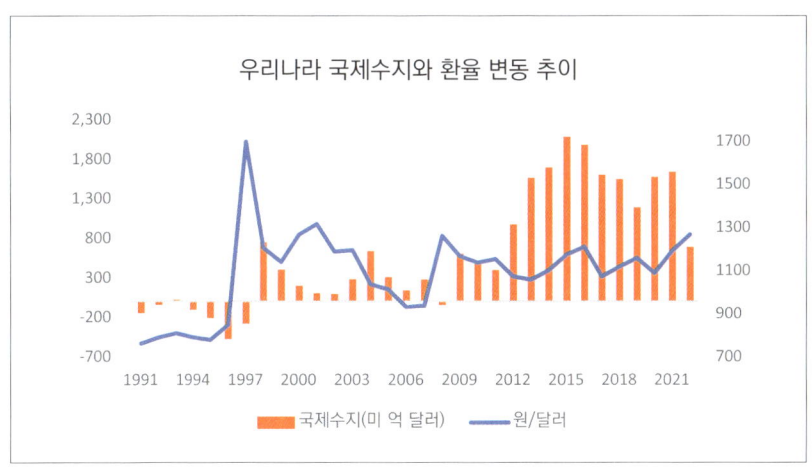

달러 환율이 1,200원에서 1,100원으로 떨어졌다는 것은 1달러를 구입하기 위해 이전보다 100원 더 적은 원화를 지불하는 것이기 때문에 달러화에 비해 원화의 가치가 상대적으로 상승(원하절상)된 것입니다.

환율은 수출입뿐만 아니라 국제금융시장에서의 자본이동에도 중요한 영향을 미칩니다. 위의 도표는 지난 30년간 우리나라 국제수지와 환율의 변화 추이를 보여주는데, 국제수지에 따라 환율이 변동된 것을 알 수 있습니다. 또 환율변동은 수입품의 가격을 변화시켜 소비자물가에도 직접적인 영향을 주기 때문에, 안정적인 환율 관리는 국가와 기업의 경제적 안정성을 확보하는 데 매우 중요합니다.

환율은 외환시장에서 외환의 수요와 공급에 따라 결정됩니다. 외환의 수요와 공급 요인으로는 대외 재화 및 서비스 거래, 해외시장에서의 자금조달, 외국계 기업의 본국송금(이자, 배당 및 로열티), 해외 직접투자 및 해외 금융상품 포트폴리오 투자, 외환투기 거래, 환율변동의 위험회피 거래, 환율 안정을 위한 중앙은행의 외환시장 개입 등이 있습니다. 외환거래는 인도일에 따라 현물환과 선물환 계약으로 나눌 수 있으며, 이외에도 다양한 파생상품들이 있습니다. 국제결제은행에 따르면, 2021년 4월 기준으로 전 세계 외환시장의 일일 거래액은 평균 6.6조 달러로, 전 세계 총 GDP의 약 8.6%에 해당하는 전 세계 금융시장 중에서 가장 큰 시장입니다.

우리나라는 1997년 외환위기 이후, IMF의 권고를 수용하여 전격적으로 자유변동환율제도를 도입했습니다. '변동환율제도'에서는 환율이 외환시장의 수급에 따라 자유롭게 변동함으로써 국제수지가 조절됩니다. 한 나라의 국제수지가 적자가 되면 외환의 초과수요가 발생하여 자국통화의 가치가 하락하고 미 달러화의 가치는 상승하게 됩니다. 이에 따라, 수출상품의 가격경쟁력이 개선되고 국제수지 불균형이 해소될 수 있습니다.

'고정환율제도'하에서는 환율변동의 불확실성이 줄어 무역 및 국제금융거래가 촉진된다는 장점이 있습니다. 하지만 고정환율제도는 변동환율제도보다 투기적 공격에 더 취약한 면이 존재합니다. 고정환율제도에서는 고정된 환율이 외환시장의 균형환율과 일치하지 않을 수 있기 때문에, 정책당국이 외환보유고를 조절하여 외환시장에 개입합니다. 하지만 우리나라가 1990년대 후반에 겪었듯이, 외환보유고가 언제나 충분한 것은 아니어서 자국통화 하락을 막기 위한 달러 매수 개입이 지속되면 외환보유고가 고갈되고 국가 부도의 위기에 몰릴 수도 있습니다. 또 정책당국이 고정환율을 유지하기 위해 외환을 사거나 팔아야 하는데, 이 과정에서 뜻하지 않게 국내 통화량에 변화를 가져올 수 있습니다. 만일 원화가 고평가되어 달러의 초과수요가 존재하는 상황에서, 한국은행이 고정환율을 유지하기 위해 달러를 팔고 원화를 사는 시장 개입을 하게 되면, 시중에 유통되던 원화가 중앙은행으로 회수되면서 국내 통화량이 감소하여, 뜻하지 않는 긴축적 통화정책 상황을 만들 수 있습니다. 즉, 고정환율제도에서는 국내 통화량이 외환시장의 상황에 따라 내생적으로 결정되어 환율을 고정시키는 대가로 통화정책의 핵심 수단인 통화량에 대한 통제를 포기하는 결과를 가져올 수 있습니다. 이에 반해, 변동환율제도에서는 외환의 수요와 공급이 국내 통화량에 영향을 주지 않으므로 국내 상황에 맞는 통화정책을 비교적 자유롭게 수행할 수 있습니다. 즉, (완전한) 변동환율제도하에서는 환율이 외환시장의 균형에서 결정되므로 외환의 수요와 공급은 항상 일치하게 되는데, 이는 환율의 안정성을 포기하는 대가로 국내 통화량에 대한 통제력을 얻는 셈입니다. 현실에서는 변동환율제도를 유지하되 필요에 따라 중앙은행이 환율을 안정시키기 위해 외환시장에 개입하는 '관리변동환율제도'가 가장 보편적인 관리 방법입니다.

Part 10
060 균형환율의 결정
equilibrium rate of exchange

환율은 외환의 수요와 공급이 일치하는 점에서 결정되는데, 우리나라의 수입(수출) 또는 자본유출을 증가(감소)시키는 충격은 외환수요의 증가(감소)를 통해 균형환율을 상승(하락)시킵니다.

환율은 국가경제에 많은 영향을 미칩니다. 자국통화의 가치가 상승하면 수출이 어려워져 경제성장률이 떨어질 수 있으며, 외국인의 투자유치도 어려워집니다. 그러나 자국통화의 가치가 하락하면 수출이 증가하면서 경제성장을 견인할 수 있고, 외국인의 투자유치에도 긍정적으로 작용합니다. 균형환율은 수출입과 이자율뿐만 아니라 경제성장률과 인플레이션, 정부의 환율정책, 시장참가자들의 기대와 같은 다양한 요인들이 상호작용하여 결정됩니다.

환율의 경제적 위력은 엄청납니다. 1985년 미국, 일본, 독일, 프랑스, 영국의 재무장관 및 중앙은행 총재들은 환율을 조정하는 플라자 합의에 서명했습니다. 당시 미국은 일본의 빠른 경제성장으로 세계에서 입지가 약해지고 있었는데, 이를 해결하기 위해 일본 엔화의 가치를 상승시키는 데 합의한 것입니다. 플라자 합의 이후 일본의 경제성장은 급격히 둔화되었으며, 그 여파가 최근까지 이어져 소위 '잃어버린 30년'이라는 말이 나오게 되었습니다. 한편 여러 국가들이 자국의 화폐가치를 인위적으로 하락시켜 수출을 촉진하고 경제성장을 도모하고자 하는 시도가 있어 왔습니다. 이들 국가는 우리나라, 중국, 대만, 독일, 이탈리아, 인도를 포함한 12개 국가들로 2023년 현재에도 '환율조작관찰대상국'으로 지정되어 있습니다. 하지만, 자국통화의 가치하락이 반드시 좋은 것만은 아닙니다. 자국통화의 가치하락은 수입품의 가격을 올려 물가 상승을 유발할 수 있습니다. 특히 2022년 들어 물가가 급등하면서 각국 정부는 자국통화의 가치하락을 반갑게 여기지 못하는 상황에 처했습니다. 자국통화의 가치하락이 수입 물가를 끌어올려 인플레이션에 기름을 붓기 때문입니다.

미 달러화의 강도와 상대적 가치를 측정하는 데 '달러인덱스'를 사용합니다. 이는 유로화, 일본 엔, 영국 파운드, 캐나다 달러, 스웨덴 크로나 및 스위스 프랑을 포함한 6개의 유동성이 높은 통화를 하나의 바스켓으로 구성하여 미 달러화와 비교하는 지표입니다. 달러인덱스는 글로벌 경제와 금융 시장에서 중요한 지표로 인식되며, 많은 투자자들과 거래자들이 주시하고 활용하는 지표입니다.

2022년 이후, 우리나라의 원화는 달러인덱스에 비해 큰 폭으로 가치가 하락하였고, 원화가치 안정을 위해 정책당국은 시장 상황을 예의 주시하고 있습니다. 중국 역시 비슷한 이유로 위안화 가치하락을 막기 위해 나섰습니다. 주요국들은 자국의 통화가치를 올리려는 소위 '역逆환율 전쟁'에 나설 채비를 하고 있는 상황입니다. 환율이 더 떨어질 것으로 예상되면, 해외 투자자금이 안

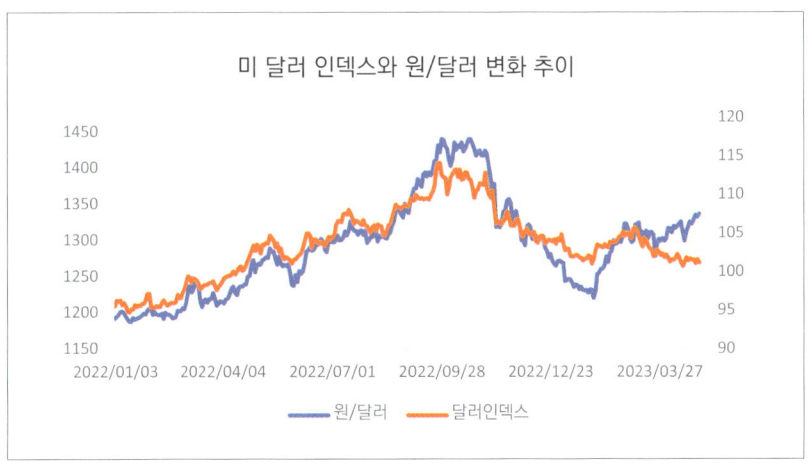

들어오거나 들어온 자금도 서둘러 빠져나갈 수 있습니다. 더욱이 외환보유고가 부족하게 되면, 투기세력의 공격 대상이 되어 금융위기를 맞을 수도 있습니다.

우리나라의 외환보유고는 1990년대 외환위기를 맞은 이후 꾸준히 늘어 2022년 말 현재 세계에서 9번째로 많습니다. 하지만 우리나라의 IMF 외환보유액 적정성 평가지수는 97%로 집계되어 권고치 100%보다 적은 수치입니다. 또 지속적으로 증가하던 외환보유액은 2021년 4,600억 달러에서 2022년 4,200억 달러로 줄었습니다. 경제를 안정적으로 관리하기 위해서는 적절한 환율 유지와 외환보유고 관리가 필요합니다. 또한 환율은 다른 국가와의 상대적 가치이기 때문에 교역 상대국들과의 우호적인 경제관계를 유지하는 것도 중요합니다.

Part 10
061
국제수지와 대외 여건들
balance of payment and external conditions

'국제수지'란 일정 기간 국내로 유입된 외환의 양에서 해외로 유출된 외환의 양을 차감한 수치입니다. 국제수지가 균형이라는 것은 외환의 초과수요 또는 초과공급이 없는 상태를 의미합니다. 국제수지는 한 나라의 경제성장과 거시경제 상황을 파악하는 데 중요한 지표입니다. 수출이 수입보다 많으면 흑자가 발생하고, 수입이 수출보다 많으면 적자가 됩니다. 국제수지가 흑자를 유지하면서 성장하고 있는 국가는 경제 안정성과 성장 가능성이 높습니다. 또 국제수지 결과에 따라 외환보유액이 변동되는데, 충분한 외환보유액이 있어야만 금융위기가 발생하여도 적절히 대처할 수 있습니다.

	차변	대변
경상수지	상품 수입	상품 수출
	서비스 지급	서비스 수입
	본원소득 지급	본원소득 수입
	이전소득 지급	이전소득 수입
자본수지	자본이전 지급	자본이전 수입
	비생산·비금융 자산 취득	비생산·비금융 자산 처분
금융수지	금융자산 증가	금융자산 감소
	금융부채 감소	금융부채 증가

국내 경제주체들이 일정 기간 해외부문과 수행한 모든 경제적 거래를 외국 화폐단위로 기록한 통계표를 '국제수지표'라고 합니다. 여기서 경제적 거래라 함은 해외부문과의 상품 및 서비스 거래뿐만 아니라, 자본거래와 금융거래를

모두 포함합니다. 국제수지는 경상수지 및 자본수지는 총액, 금융계정은 순액으로 계상하고, 복식부기와 발생주의 원칙에 따라 앞의 표와 같이 기록합니다.

 일부 사람들은 경상수지와 무역수지를 혼동하여 사용하기도 합니다. '무역수지'는 상품과 서비스의 수출과 수입만을 나타내는 반면에, '경상수지'는 무역수지 이외의 본원소득과 이전소득도 포함됩니다. 일반적으로 경상수지 중에 무역수지가 차지하는 비중이 커서, 무역수지를 중심으로 경상수지를 분석하고 관리합니다.

 경상수지 흑자는 경제에 긍정적인 신호로 받아들여집니다. 경상수지 흑자가 발생하면, 국내에 저축이 증가해 기업에게 보다 많은 자금 지원이 가능해지고, 기업은 이 자금으로 투자를 이어가 경제가 더 성장할 수 있습니다. 하지만 경상수지 흑자가 너무 크거나 지속되면 몇 가지 문제가 발생할 수 있습니다. 국내의 수출 기업들이 생산량을 늘려 더 많은 상품의 해외시장 판매를 시도한다면, 추가적인 노동력과 원자재가 필요하게 되고 이로 인해 임금과 원재료 가격이 올라 인플레이션이 발생할 수 있습니다. 또 해외로부터 자금 유입이 저축과 투자로 이어지지 않고, 부동산 투기로 이어지면 사회적 문제가 될 수 있습니다. 또한 한 국가의 대규모 흑자는 상대국들과의 무역분쟁을 불러올 수 있고, 경상수지 흑자가 지속되는 경우에는 수출산업에 집중하는 경제구조가 형성되어 국내의 다양한 산업을 육성하기 어려운 환경이 될 수 있습니다. 따라서 정부는 안정적인 수준의 경상수지 흑자를 달성할 수 있도록 적절히 조절하는 것이 필요합니다.

 우리나라는 2023년 일사분기에 대규모 경상수지 적자가 발생했습니다. 이는 글로벌 경기 둔화로 인해 대중국 수출이 급감한 데다, 반도체 수출이 큰 폭으로 줄었고, 우리 국민들의 해외여행이 급증하고 운송부문도 실적이 악화되면서 서비스수지에서도 적자가 발생한 것이 주요 원인입니다.

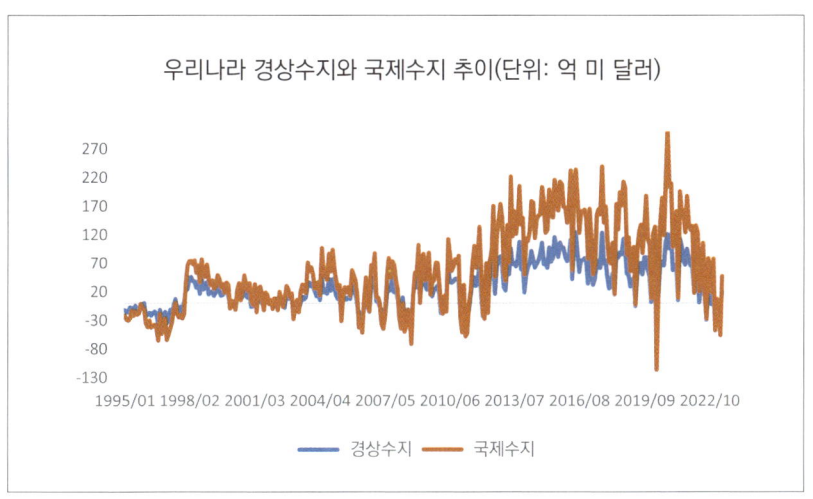

미국과 중국은 우리나라의 중요한 교역국입니다. 아래 도표에서 보듯이, 중국은 우리나라의 최대교역국으로 미국과의 교역량에 비해 약 1.5배 많습니다. 또한 과거 우리나라의 중국과의 경상수지 흑자는 미국보다 많았으나, 2019년

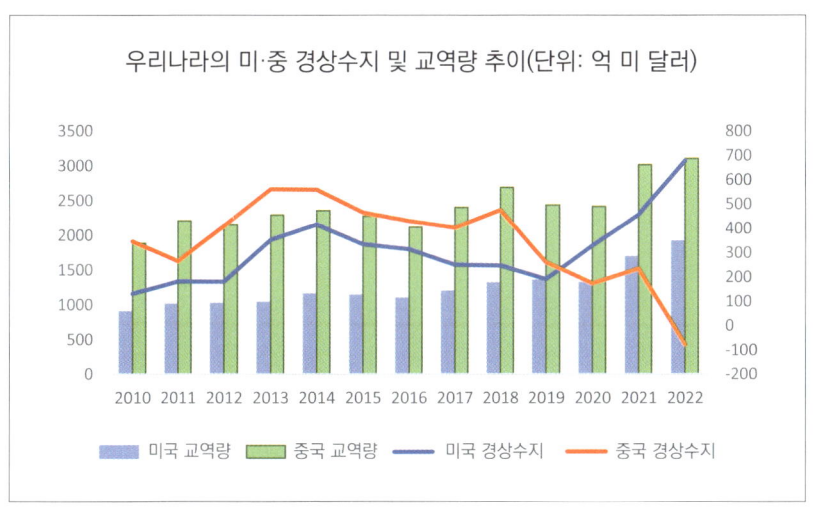

에 역전되었고 2022년에는 적자를 기록하였습니다.

    2023년 5월 들어 경상수지가 흑자로 반전되었으나, 무역과 관련한 대외 여건이 좋지 않아 향후 전망이 그리 낙관적이지는 않습니다. 특히 미·중 간의 갈등으로 인해 중국과의 무역은 우려가 깊은 상황입니다. 정부의 현명한 외교적 노력이 필요한 시점입니다.

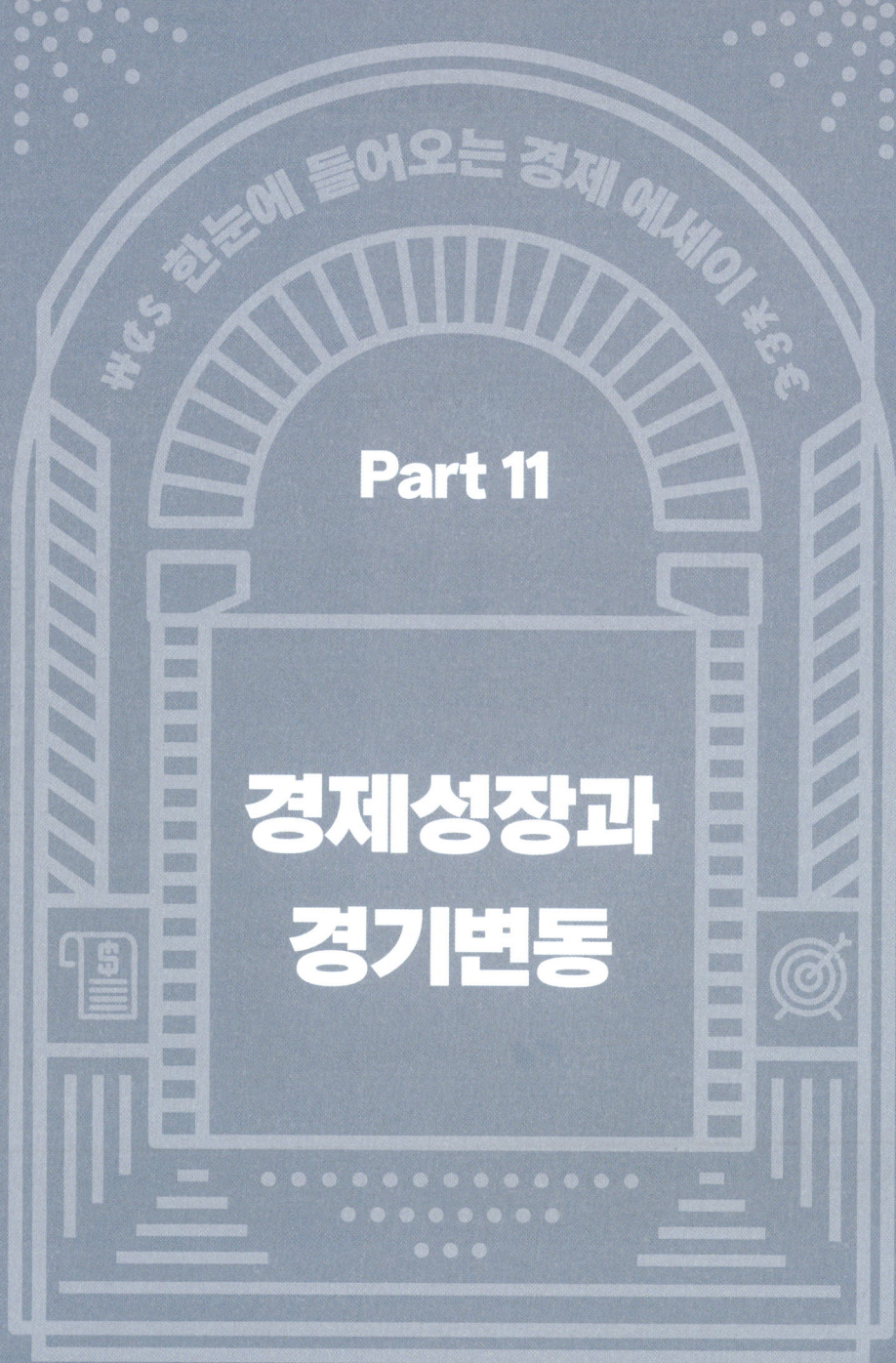

Part 11

경제성장과 경기변동

114 Economic Stories at a Glance

경제가 성장하려면

Part 11
062

for the economy to grow

    경제성장은 수요측 요인, 공급측 요인, 그리고 효율성 요인에 의해 결정됩니다. 앞서 총수요 측면에서 소비, 정부지출, 투자, 순수출을 살펴보았고, 이번에는 총공급 측면에서 경제성장을 다룹니다.

    '경제성장'이란 명목GDP에서 물가상승 부분을 제거한 실질GDP가 증가하는 것입니다. 경제성장은 상품과 서비스에 대한 지출의 확대와 함께 공급의 증가가 동반되어야 합니다. 즉, 생산자원의 양적·질적 증가 및 자원의 생산성이 향상되는 공급측 요인이 개선되면, 실질GDP가 증가합니다. 경제학자들은 생산성이 경제성장과 밀접한 관련이 있다는 것을 인식하고, 생산성의 원인을 파악하기 위해 '성장회계growth accounting' 개념을 도입하여 경제성장을 분석하고, 정책 결정에 활용합니다. 성장회계란 경제성장에 기여하는 공급측 요인들의 상대적 중요성을 평가하기 위해, 실질GDP에 대한 요인별 기여도를 세 가지 요소, 즉 '노동', '자본투입', '기술진보'로 분해하여 생산성 증가를 분석하는 것입니다. 이를 총생산함수로 나타내면 다음과 같습니다.

$$Y = A \times F(K, L)$$

    여기서, Y는 실질GDP, K와 L은 자본투입량과 노동투입량, A는 기술진보를 나타냅니다. A는 노동과 자본 등 모든 생산요소의 생산성에 공통적으로 영향을 준다는 의미에서 '총요소생산성'이라고도 합니다.

    '노동'이라는 생산요소를 더 투입하면 실질GDP가 상승할 가능성이 높습니다. 하지만 인구가 2배 늘었는데 노동 투입량이 10%만 증가한다면 절대생산량은 늘겠지만 1인당 실질GDP는 줄겠지요. 따라서 실질GDP가 증가하려면 단순히 고용된 인구의 수가 아닌 총인구 중 노동을 공급하는 노동력의 비율이 늘어야 합니다. 또 노동시간이 늘어나면 GDP도 증가하지만, 이는 장기적으로 보면 노동생산성을 저해하고 소비를 낮추어 수요에 타격을 줄 수 있어 바람직하지 않습니다. 우리나라가 과거 비약적인 경제성장을 이룬 데에는 노동이 크게 기여했습니다. 경제활동에 참가하는 노동인구가 늘었고, 높은 교육열로 인한 양질의 노동력이 인적자본을 형성하여 우리 경제가 성장하는 데 큰 역할을 했습니다.

'자본' 역시 투입량을 늘리면 실질GDP가 늘어납니다. 자본은 생산수단으로서 기계, 설비, 건물 등을 말하는데, 자본을 확충하면 생산성을 높여 경제성장이 가능해집니다. 자본은 투자를 통해 축적되고, 투자는 저축이나 해외로부터의 자금 차입을 통해 가능합니다. 우리나라는 과거 높은 저축률과 차관을 통해 투자 재원을 만들어 자본을 축척하고 높은 경제성장을 이룰 수 있었습니다.

노동 또는 자본의 투입으로 인해 실질GDP가 높아지는 것을 '외연적성장' 또는 '양적성장', 기술진보를 통해 GDP가 늘어나는 것을 '내연적성장' 또는 '질적성장'이라고 합니다. 경제학자 알윈 영은 아시아의 네 마리 호랑이라고 불리던 한국, 홍콩, 싱가포르, 대만의 성장회계를 분석했는데, 이들 국가의 기적적인 고도성장은 노동 및 자본 투입의 급격한 증가가 주원인이었고, 생산성 향상이 기인한 부분은 미국 등 선진국과 비교하면 매우 낮은 수준이라고 분석했습니다. 보다 지속적인 성장을 위해서는 신기술 개발 등을 통해 총요소생산성을 향상시켜야 합니다. 노동이나 자본투입 등의 생산요소는 무한정 늘릴 수 없으며, 설사 늘리는 것이 가능하더라도 한계수확체감의 법칙에 따라 언젠가는 성장이 멈추게 됩니다.

반면 '기술진보'는 이론적 한계가 없으며 한계수확체감의 법칙이 적용되지 않아 장기간 지속 성장이 가능합니다. 그러나 기술진보를 위해서도 연구개발 투자가 필요하기 때문에 자본투입과도 관련이 있습니다. 지난 8년간 중국 기업의 연구개발 및 투자는 9.6배 늘었는데, 우리나라는 1.7배 증가한 데 그쳤습니다. 더욱이, 2021년 기준 삼성전자의 연구개발 투자는 우리나라 전체의 49.1%를 차지했고, 삼성전자를 포함한 상위 5대 기업의 연구개발 투자는 전체 투자의 75.5%에 달했습니다. 이러한 상위 기업 편중현상은 다양한 산업의 기술진보와 시장의 자유경쟁을 저해하여 경제의 활력을 떨어뜨릴 수 있습니다. 따라서 정부는 연구개발 활성화와 투자의 상위 기업 집중도 현상을 완화하기 위해 보다 적극적인 투자 인센티브와 지원책을 마련해야 합니다.

Part 11
063 삶의 질을 높이자!
improve the quality of life!

경제성장을 보는 척도는 단순히 경제 규모가 커지는 관점이 아닌, 국민의 삶의 질을 염두에 두어야 하기 때문에 1인당 실질GDP 증가를 관측 대상으로 합니다. 지난 60년간 1인당 실질GDP의 추이를 보면, 우리나라는 221배 늘었고 중국은 140배 상승했습니다. 반면 60년 전 중국과 비슷한 수준이었던 인도는 27배 증가하는 데 그쳐, 2021년 현재 인도의 1인당 GDP는 2,257달러로 중국의 17%에 불과합니다.

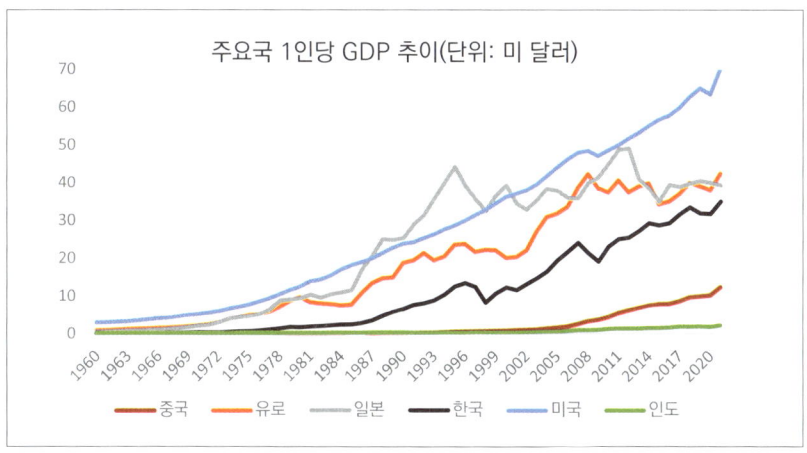

이처럼 국가마다 장기 경제성장률에 큰 차이가 나는데, 어떠한 부분이 이러한 격차를 만들까요?

경제발전은 경제성장에서 주로 다루는 경제의 양적 변화뿐만 아니라 사회 전반의 효율화·합리화와 같은 사회 및 제도의 질적 변화까지 포함하는 포괄적인 개념입니다. '경제성장이론'에서는 경제 이외의 사회적·제도적 요인을 정해진 것으로 간주하는 반면, '경제발전이론'에서는 사회적·제도적 요인의 변화가 어떻게 경제성장에 영향을 주는지에 주목합니다.

경제발전이론은 대부분 선진국이 아닌 개발도상국을 주된 대상으로 합니다. 선진국의 경우 사회적·제도적 요인을 따로 고려하지 않는 경제성장이론만으로도 충분히 설명이 가능한 반면, 사회구조의 발전이 미진한 개발도상국의 경우 사회적·제도적 요인을 함께 고려하는 경제발전이론이 필요하기 때문입니다. 경제가 성장하기 위해서는 공급측 요인, 수요측 요인, 효율성 요인과 관련된 여러 가지 요건을 충족해야 하지만, 많은 개발도상국들은 장애요인으로 인해 이러한 요건을 충족하지 못하여, 경제성장과 발전이 지체되거나 빈곤의 악순환에 빠지기도 합니다.

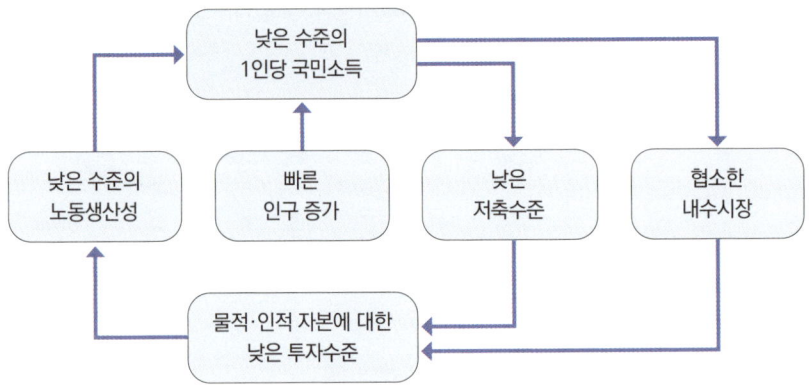

개발도상국의 높은 인구 증가율과 인적자본의 부족은 경제발전을 저해하는 요인입니다. 높은 인구증가율로 인해 비경제활동인구로 분류되는 유소년 인구의 비중이 높아 1인당 GDP가 낮을 수밖에 없고, 부양을 위한 소비 비중이 상대적으로 커서 저축률이 낮아 경제성장을 위한 자본축적이 지체됩니다. 또한 낮은 신용등급과 정치·사회적 불확실성으로 인해 해외로부터 자금을 끌어오는 것도 쉽지 않으며, 사회인프라가 미흡하고 낮은 소득수준으로 인해 내수시장의 규모가 협소한 것도 장애 요인입니다. 여기에 더해, 개발도상국들은 자체적으로 기술을 개발할 여력이 부족하고 선진국으로부터 도입한 기술마저도 이를 적용하기 위해 필요한 숙련된 인력이 부족합니다. 윌리엄 루이스는 경제발전을 이룩하기 위해서는 국민들 사이에 '경제하려는 의지(the will to economize)'가 필요하다고 주장했습니다. 이는 단순히 경제적 부를 축적하려는 의지만을 말하는 것이 아니라, 경제성장을 위해 사회와 제도 전반의 효율화·합리화 등을 추구하는 태도를 포함합니다.

이러한 장애요인들로 인해 개발도상국이 빈곤해지지만, 한편으로는 개발도상국이 빈곤하기 때문에 이러한 장애요인이 발생합니다. 이를 '지금 빈곤하기 때문에 계속 빈곤해지는 빈곤의 악순환'라고 합니다. 이를 극복하기 위해서는 투자 재원이 부족한 상황에서 파급효과가 큰 산업을 정부가 선별하고 기업활동을 적극적으로 투자하고 지원하는 '산업정책'이 유효한 수단이 됩니다. 산업정책의 주된 수단으로는 각종 세제 지원과 보조금 지급, 정책금융의 제공 등을 들 수 있으며, 미숙한 단계의 산업, 이른바 유치산업infant industry 보호를 위한 관세 부과 등의 보호무역정책도 여기에 포함됩니다. 1970년대 중후반 우리나라의 중화학공업화 정책은 성공적인 산업정책의 케이스로 꼽힙니다.

투자 유인을 저해하는 수요 부족을 해소하기 위해 해외수요를 적극적으로 개척하는 '수출주도 발전전략'도 효과가 클 수 있습니다. 이는 내수가 부족한 상황에서 수출을 확대함으로써 투자 유인을 제공하고, 생산증가에 따른 규모의 경제를 통해 빠른 산업화를 도모하는 경제발전 전략입니다. 우리나라를 포함한 '아시아의 네 마리 호랑이' 국가들의 고도성장이 수출주도 발전전략의 대표적 성공 사례입니다. 반면 과거 브라질 등 라틴아메리카 국가와 아프리카의 일부 개발도상국들은 내수시장에서 수입품을 국산품으로 대체하기 위해 관련 산업을 집중적으로 육성하는 '수입대체 발전전략'을 추구하기도 했습니다.

　경제성장과 발전을 중시하는 정책으로 인한 실익이 일부 계층에게만 돌아간다면 사회적 갈등을 유발할 수 있고 이는 결국 성장에 부정적인 영향을 미칠 수 있기 때문에, 분배에 대한 균형적인 시각과 정책적 노력이 필요합니다. 이러한 경제정책과 관련해서는 다음 장에서 구체적으로 알아보겠습니다.

경제는 어떻게 움직이나?

Part 11
064

how the economy works?

　장기적 경제성장 및 경제발전은 경제적 요인보다 기술진보 등과 같은 기술적 요인과 정치·제도적 요인과 같은 비경제적 요인이 크게 영향을 미칩니다. 즉, 지속적인 경제성장 및 발전을 위해서는 기술의 발전뿐만 아니라 법질서 확립, 재산권 보호, 금융제도 정착 등 제도적인 뒷받침이 필수적입니다. 다양한 제도적 과제를 입안하고 실행하는 것은 경제 영역이 아닌 정치 영역에 가깝기 때문에, 경제학에서는 장기적인 경제성장 및 발전보다 단기적인 경기변동에 더 많은 관심을 기울입니다.

　국민경제의 총체적 활동수준의 변화는 단기적으로는 경기변동의 형태로, 장기적으로는 경제성장 및 발전의 형태로 나타납니다. 경기변동과 경제성장 및 발전의 기준이 되는 변수는 실질GDP로 측정되는 국민소득입니다. 일반적으로 실질GDP는 장기적인 추세에 따라 지속적으로 증가하는 모양을 보이는

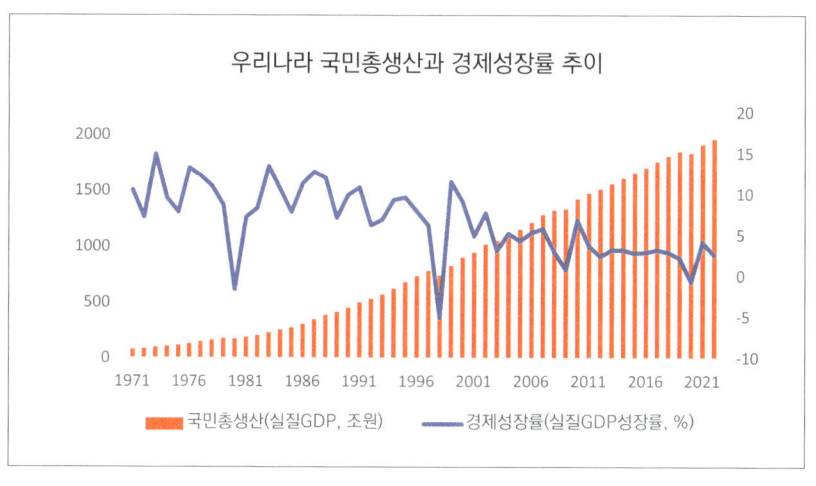

데, 이를 '경제성장'이라고 합니다. 한편, 실질GDP가 장기적 추세변동 주위에서 등락을 반복하는 현상은 '경기변동'입니다.

앞의 그래프는 지난 50년간 우리나라의 실질GDP와 경제성장률을 보여주는데, 장기적 관점에서 경제는 꾸준히 성장했지만 경기변동은 호황과 불황을 거듭한 것을 볼 수 있습니다. 이렇게 실질GDP의 장기추세선은 우상향하지만 경기는 장기적인 성장추세를 중심으로 확장과 수축을 반복합니다. 또 저점에서 다음 저점까지 또는 정점에서 다음 정점까지의 기간을 '순환주기'라고 합니다.

'경기景氣'란 국민경제의 실물부문, 화폐부문, 대외부문을 포함하는 총체적인 경제활동상태를 말하며, '경기변동'이란 생산, 고용, 물가지수 등 국민경제의 총체적 활동수준이 시차를 가지고 변동되는 현상입니다.

'잠재GDP'는 한 나라의 생산요소인 노동과 자본을 모두 사용하여 인플레이션을 높이지 않으면서 달성할 수 있는 최대 수준의 GDP이고, 'GDP갭'은 실제GDP와 잠재GDP의 차이입니다. 경기침체기에는 생산활동이 저조해져 인플레이션이 낮아지면서 GDP갭이 음(-)이 되는 디플레이션 갭이 나타나는 반면 경기호황기에는 생산활동이 활발해져 인플레이션이 높아지면서 GDP갭은 양(+)이 되는 인플레이션 갭이 발생합니다. 또. 실제GDP가 장기추세치보다 크면 GDP갭이 양(+)이 되고 반대로 실제GDP가 장기추세치보다 작으면 GDP갭은 음(-)이 됩니다. 여기서 인플레이션 갭은 정상적인 상황보다 더 많이 생산하여 임금이 늘고 원자재 가격이 올라 전반적으로 물가가 상승할 가능성이 높다는 것을 의미하고, 디플레이션 갭은 잠재GDP보다 덜 생산하여 국가가 가진 역량을 충분히 사용하지 못하는 상황으로, 임금이 줄고 원자재 가격도 떨어져 물가가 하락한다는 것을 의미합니다.

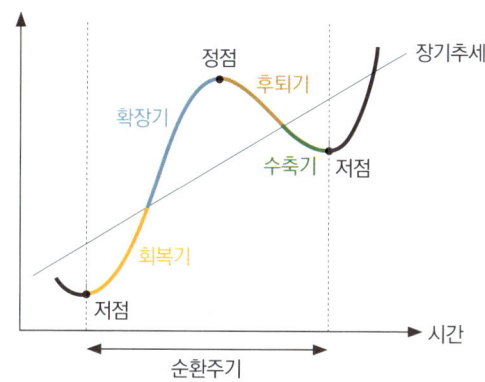

경기의 폭과 크기는 다르지만, 경기는 일반적으로 회복기 - 확장기 - 후퇴기 - 수축기 국면을 반복하는 경향이 있습니다. 회복기에는 소비와 투자심리가 살아나고, 확장기에는 경기가 장기추세선을 상회하여 투자, 생산, 소비가 증가합니다. 이어 후퇴기가 되면 경기는 장기추세선 위에 있으나 소비가 감소하면서 경제활동이 위축됩니다. 수축기에는 경기가 장기추세선을 하회하지만, 저점을 통과하여 상승을 탐색하는 시기입니다.

경기는 경제활동뿐만 아니라 경제주체들의 심리를 포함한 경제 전반의 움직임을 종합한 것입니다. 경기는 인체의 체온과 같습니다. 체온이 너무 높거나 낮으면 우리 몸에 이상이 생기는 것과 같이, 경기가 과열되거나 식어버리면 국민경제에 여러 가지 부작용이 생깁니다. 따라서 정부와 통화당국은 경기를 진단하고 예측하여 경기가 지나치게 과열되거나 위축되지 않게끔 시장에 개입해 연착륙을 유도하는 정책을 펼치게 됩니다.

Part 11
065
탄광 속의 카나리아
canary in a coal mine

그럼 경기변동은 사전에 인지할 수 있을까요?

'탄광 속의 카나리아'란 말은 경제의 위험을 알리는 신호의 의미로 쓰입니다. 동물들은 생태계의 변화를 인간보다 먼저 알아채는 초감각적 예지능력을 갖고 있습니다. 실제로 개, 거위, 쥐들은 지진이나 화산 폭발 전에 특이한 행동을 보이지요. 제2차 세계대전 때까지만 해도 잠수함에 산소측정기가 없었고, 대신 잠수함에 토끼를 태우고 다녔습니다. 토끼는 사람보다 공기 중 산소 농도 변화에 훨씬 민감하여 잠수함 안의 공기 질이 나빠지면 토끼가 먼저 반응하였는데, 이를 보고 잠수함 승무원들은 사전에 위험을 감지했습니다. 토끼가 잠수함의 산소측정기 역할을 했던 것이지요. 19세기 탄광에서는 가스중독 사고가 많았는데, 당시 광부들은 탄광에 들어갈 때 카나리아를 새장에 넣어 데려갔습니다. 카나리아는 호흡기가 유독 약해 일산화탄소나 메탄가스가 있으면 먼저 이상증세를 보였는데, 이런 증세가 나타나면 광부들은 석탄을 캐다가 즉시 탈출했다고 합니다. 또 유럽에선 병충해에 민감한 장미를 포도나무 옆에 심어 포도나무병을 미리 알 수 있게 했습니다.

경제학을 예측의 학문이라고도 합니다. 경제학은 경제현상을 이해하고 설

명하는 데 필요하지만, 향후 경제를 예측하여 적기에 대응책을 마련하는 것이 더욱 중요합니다. 이러한 예측은 정부나 기업 등이 경제적인 의사결정을 내리는 데 큰 도움을 줄 수 있습니다. 경제학에서는 여러 가지 경제지표와 금융시장의 가격변화를 모니터링하여 지난 경기순환이 얼마나 지속되었는지, 어떤 요인이 경기순환을 유발하였는지 등을 분석하여 경기순환의 패턴을 파악하고, 경기순환이 어느 정도 지속될 것인지를 예측합니다. 하지만 모든 예측은 언제나 불확실성을 동반하는데, 특히 경제는 다양한 요인에 의해 영향을 받으며 일정한 규칙을 발견하기 어렵기 때문에, 경기과열과 침체를 사전적으로 정확히 예측하는 것은 어려운 일입니다. 따라서, 경제학에서의 예측은 불확실성을 인정하고 다방면의 대응 전략을 마련하는 것이 중요합니다.

Part 11
066 10년 주기설
ten-years cycle

국가경제를 운영하는 정부나 통화당국뿐만 아니라 개별 기업과 투자자들도 경기순환을 예측하려는 노력을 기울이고, 이에 따른 투자전략을 세웁니다. 경기변동은 기본적으로 수요와 공급의 균형이 깨져서 발생합니다. 구체적으로는 소비, 투자, 정부지출, 순수출과 같은 '수요적요인'과 노동, 자본, 기술진보 등과 같은 '공급적요인'의 변화에 따라 경기변동이 발생하지요. 여기에 더해, 통화량과 이자율 변화와 같은 '화폐적요인'과 미래 경제에 대한 '기대심리' 등이 서로 복합적으로 작용하여 경기의 상승과 하락을 초래합니다.

과거 경기변동과 관련한 자료를 살펴보면, 패턴에 유사한 특징이 있다는 것을 알 수 있습니다. 경기순환이 주기성을 가지고 반복된다는 것은 과거 여러 연구를 통해 확인된 바 있습니다. 대표적으로는 재고변동으로 2~4년 주기로 경기가 순환된다는 '키친순환kitchen cycle', 설비투자 주기에 초점을 맞추어 7~10년을 주기로 경기가 순환된다는 '쥬글러순환jugler cycle', 건축 주기에 중점을 두어 15~20년 주기를 제시한 '쿠즈넷순환kuznet cycle' 이론 등이 있습니다. 또 2008년 세계금융위기를 사전에 예측한 것으로 유명한 헤지펀드 운용자인 레이 달리오는 경제주체들이 주기적으로 빚을 지고 상환하는 패턴을 분석한 '신용주기이론credit cycle theory'을 통해 경기변동을 설명하였습니다.

다음의 도표에서와 같이, 2008년 글로벌 금융위기 전까지는 대략 10년마다 크고 작은 경기침체가 있었지만, 이후 특별한 주기를 찾기는 어렵습니다. 다른 실증 연구에서도 경기순환은 국가와 시기에 따라 달라, 경기에 있어 일반적인 주기성을 발견하기는 어렵고 단지 반복성이 있다고 분석하고 있습니

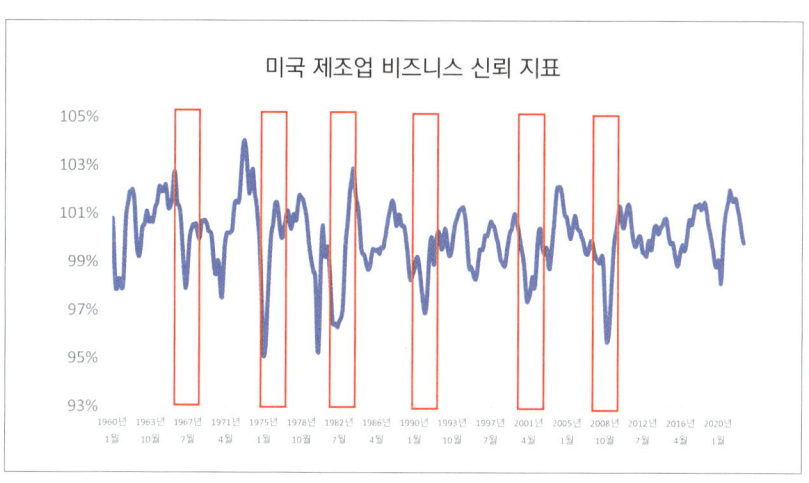

다. 다른 특징은 경제변수들 상호 간에 공행성co-movement이 있다는 것입니다. 경기순환 과정에서 소비, 투자, 고용, 통화량, 물가 등 다양한 변수들의 움직임이 서로 간에 안정적인 상관관계를 가지고 있습니다. 이때 양의 상관관계를 갖는 변수는 경기순행적, 음의 상관관계를 갖는 변수는 경기역행적 변수입니다. '경기순행적 변수'는 통화량, 이자율, 수출입, 노동생산성 등이고, '경기역행적 변수'는 물가가 대표적입니다. 또한 경기변동은 특정 부문이나 지역에 한정되는 것이 아니라 경제 전체에 유사하게 영향을 미친다는 일반성, 경기침체와 경기확장의 지속기간은 가변적이어서 단지 제한된 예측가능성, 또 경제성장률은 지속성이라는 특징을 가지고 있습니다.

Part 11 067 어떻게 예측하나?
how to predict

경기를 사전적으로 예측할 수 있으면, 경기 과열이나 침체가 오기전에 정책적 대응이 가능할 것입니다.

경기예측은 매우 복잡한 문제이며, 경기는 여러 변수들의 상호작용에 의해 결정됩니다. 많은 국가들과 경제연구소들이 다양한 기법을 사용하여 경기 예측을 시도하고 있지만, 경제는 변수가 워낙 많고 복잡한 데다가 경제주체들의 행동이 가변적이어서 경기를 전망하는 것은 매우 어려운 일입니다. 미국의 전미경제연구소가 개발한 일반적인 경기예측 방법을 정리하면 아래 표와 같습니다.

	경기지표	경기종합지수(CI), 경기동향지수(DI) 등
경기예측 방법	설문조사	기업경기조사(BSI), 소비자조사 등
	계량모형	거시계량모형, 시계열모형 등

경기지표를 사용한 예측방법

이는 과거 경제지표에서 유사성을 찾아 미래를 예측하는 방법입니다. 비근한 예로 사람들은 여성들의 치마길이가 짧아지거나 립스틱 판매량이 늘면 불황이 올 것으로 판단합니다. 이는 사람들이 경기가 안 좋을수록 저비용으로 즐거움을 찾으려고 해서, 치마길이가 짧은 노출패션을 선호하고, 저렴하면서도 외모를 돋보이게 할 수 있는 립스틱을 많이 구매하는 경향이 있기 때문입니다.

　미래 경기는 경기종합지수composite economic index를 관찰하여 전망합니다. '경기종합지수'는 경기변동의 속도 및 진폭을 측정할 수 있도록 고안된 경기지표 중 하나로, 국민경제의 각 부문을 대표하고 경기를 잘 반영하는 경제지표들을 선정하고 재가공하여 발표합니다. 경기종합지수에는 선행지수, 후행지수, 동행지수가 있습니다. '경기선행지수'는 미래 경기가 어떻게 변화할지 파악하는 데 쓰입니다. OECD가 발표하는 우리나라의 경기선행지수는 수출입 물가, 코스피, 제조업 경기 전망, 재고 순환 지표, 자본재 재고지수, 장단기 금리차 등을 바탕으로 계산하는데, 이는 통상 6개월 뒤의 경기를 전망하는 데 쓰입니다. 경기선행지수는 지수의 숫자 자체보다는 전년 동월 대비 증감률이 의미가 있습니다. 일반적으로 지수가 100을 기준으로 상회하면 GDP가 상승하고, 하회하면 부정적인 것으로 전망합니다.

　'경기동향지수diffusion index'는 경기 변화의 방향만을 파악하는 지수로 경기의 국면 및 전환점을 판단할 때 유용하게 사용되며, 경기확산지수라고도 합니다. 경기동향지수가 50% 이상이면 경기는 확장국면이고, 50% 이하이면 하강국면에 들어갈 수 있는 전환점으로 간주합니다.

설문조사를 사용한 예측방법

　이는 경제주체들이 경기를 어떻게 판단하고 전망하는지 설문조사를 통해 경기동향을 파악하는 것입니다. 대표적인 지수로는 기업경기실사지수BSI와 소비자태도지수CCSI가 있습니다.

'기업경기실사지수'는 경기에 대한 기업가들의 판단, 예측 및 계획 등이 단기적인 경기변동에 중요하게 영향을 미친다는 경험에 근거하여, 기업들을 대상으로 '다음 달 경기가 좋아질 것으로 보는지' 설문조사를 실시해 지수를 산출합니다. BSI가 100 이상이면 경기나 업황이 좋아질 것으로 보는 기업이 많다는 의미이고 100 미만이면 그 반대입니다.

'소비자태도지수'는 소비자들이 경제에 대해 어떻게 생각하고 있는지 설문조사를 하여 지수로 만든 것입니다. 소비는 국민소득에 가장 영향을 많이 미치는 요소로, 과거 미 연준 의장이었던 앨런 그린스펀은 경기 변화를 읽고자 쓰레기통을 들여다보거나 동네 세탁소 손님 수를 관찰했다는 일화가 있습니다. 소비심리지수는 미국의 미시간 대학교에서 발표하는 소비자심리지수 University of Michigan Consumer Sentiment Index가 전 세계적으로 널리 쓰이고, 일본은행이 경기 상황과 전망에 대해 1만여 개 기업에 설문조사를 실시하여 집계한 단간지수Tankan index도 유용하게 쓰입니다. 이들 지수가 양(+)이면 부정적 전망보다 긍정적인 의견이 더 많다는 것을 의미합니다. 우리나라에서는 한국은행이 소비자 동향을 조사해 매월 소비심리지수를 발표합니다. 우리나라의 소비심리지수는 17개 소비자동향지수 항목 중 현재 생활형편, 가계수입 전망, 생활형편 전망, 소비지출 전망, 현재 경기판단, 향후 경기전망 등 6개 주요 수치를 합쳐 하나의 숫자로 만든 지수입니다. 소비자심리지수가 100 이상이면 소비자들이 경제를 낙관적으로 본다는 것이고, 100 이하이면 비관적으로 본다는 의미입니다.

계량모형을 이용한 예측방법

'계량모형'은 경제이론을 수식화하여 경제모형을 만들고, 각종 대내외 경제변수를 정량적으로 분석하여 미래 경기를 예측하고 정책수단의 파급효과를 사전적으로 측정해보는 방법입니다. 경제활동에 국경이 사라지고 산업 간에 연관성이 심화되고 경제구조가 복잡해져가는 상황에서 주관적인 판단에 의존한 전망은 예측력에 한계가 있습니다. 따라서 다양한 변수를 이용하여 거시경제 계량모형을 구축하고 여기에 시차구조 등을 포함시켜 보다 객관적인 전망을 시도합니다. 국제기구, 각국의 정부와 중앙은행은 물론 주요 경제연구소나 국내외 금융회사들이 이러한 모형을 개발하여 경제전망치를 발표합니다.

저명한 경제학자, 세계 각국의 중앙은행, 국제기구, 경제연구소 등 많은 기관들이 경제전망치를 발표하지만 이들의 예측이 맞은 적은 매우 드뭅니다. 1920년대 미국 대공황, 1970년대 석유파동, 1990년대와 2008년의 금융위기, 2022년 인플레이션 등을 사전에 예견한 전문가는 거의 없습니다. 경제모델은 너무 단순하며 비현실적 가정에 기반을 두고 있어, 실제 경기변동을 설명하고 예측하지 못한다는 비판을 받고 있습니다. 이러한 이유로 인해 21세기에 들어서는 심리학을 기반으로 경제적 현상을 분석하는 행동경제학에 많은 관심이 쏠리고 있습니다.

Part 11 068 경제학에서 복잡계
complex system

　최근에는 복잡계 이론을 사용하여 경기를 예측하기도 합니다. 많은 요소들이 서로 상호작용하며 예측하기 어려운 동적인 특성을 가지는 시스템을 '복잡계'라고 합니다. 경제학에서 복잡계 이론은 경기를 전망하기 위해 경제 시스템에서 다양한 요인과 변수들을 네트워크 구조로 만들고 상호작용을 모델링하여 현재 경제 상황을 파악하고 미래를 예측하는 데 사용됩니다.

　우리 주위를 둘러보면, 세상은 질서정연하지도 않지만 그렇다고 완전히 무질서하지도 않습니다. 예를 들어 기후는 시시각각 변하지만, 길게 보면 계절은 늘 반복되는 규칙성이 있습니다. 오랜 기간, 과학은 세상에서 일어나는 현상에 대해 그 원인을 찾아내고, 지배하는 요인을 발견하여 단순화하는 데 초점을 맞추었습니다. 이를 위해 많은 과학적 방법론이 개발되었고, 현대 과학 문명의 발전을 이끌었습니다. 하지만 이러한 일반화·보편화 작업을 했다는 이유만으로 복잡한 현실을 제대로 반영할 수 있을까요?

　복잡계 연구는 다양하고 복잡한 세상을 보다 명확히 해명하려는 노력입니다. 하나의 사건에 하나의 원인이 작용하는 것이 아니라, 다양한 요인이 상호작용하고 연계되어 결과로 나타난다는 것이지요. 복잡계 이론은 자연과학에서 시작되었습니다. 복잡계 이론은 상대성이론 및 양자이론과 함께 현대 물리학의 3대 이론 중 하나로 꼽히며, 수학, 의학 등과 같은 자연과학 분야뿐만 아니라 경제학, 심리학, 사회학, 철학까지 다양한 사회과학 분야에서도 사용됩니다. 경제학을 포함한 사회과학도 자연과학과 마찬가지로 일정한 규칙을 찾아내고자 사회현상을 탐구하는 학문입니다. 하지만 인간 행동의 규칙을 찾는 사회과학은 주변 환경에 영향을 크게 받기 때문에, 자연과학보다 더 난해한 측면이 있습니다.

복잡계 이론을 경제 현상에 적용한 것이 '복잡계경제학'입니다. 복잡계경제학은 과거 경제학자들이 많은 가정을 사용해 단순화시킨 경제이론들이 복잡한 현실 세계와 괴리가 있다는 것을 인정하고 그 간극을 좁히려는 시도입니다. 복잡계경제학은 질서와 무질서, 균형과 불균형, 원인과 결과, 관찰자와 관찰대상 등이 서로 별개의 것이 아니라 서로 간에 연관성이 있다고 보고, 오늘날 급변하는 우리 사회의 무질서, 불안정, 다양성, 불균형 등을 설명합니다. 예로, 1987년 미국의 다우존스지수가 전날에 비해 22.6%가 폭락했던 블랙 먼데이, 2008년 글로벌 금융위기 발발, 2020년 코로나 창궐로 인한 경제적 피해 등은 기존의 경제이론만으로는 설명하기 어렵습니다. 이러한 현상은 다양한 변수들이 상호작용하여, 우리가 예측하지 못했던 새로운 변수가 생겨나고 경제에 영향을 미치는 복잡한 양상을 띠기 때문입니다. 복잡계경제학은 다양한 분야로 발전하고 있습니다. 변화무쌍하게 움직이는 금융시장의 가격 예측뿐만 아니라 기업의 시장분석, 기술혁신의 불확실성 해소, 경제정책에 대한 전망 등의 분야로 확대·발전되고 있습니다.

Part 11 069 징후를 찾아라!
look for signal

경기침체와 회복의 조짐은 금융시장의 가격 움직임을 관찰해 그 징후를 파악하기도 합니다. 원자재 가격 움직임은 경기 예측의 바로미터로 쓰이는데, 특히 석유와 구리 가격은 향후 세계 경제의 상승과 하락을 예측할 수 있는 경기선행지수 역할을 합니다.

유가와 경제성장은 서로 밀접한 관련이 있습니다. 일반적으로 유가가 상승하면 경기가 불황으로 치닫는 경향이 있습니다. 유가 상승은 기업의 생산비용을 증가시켜 생산성을 떨어뜨리고, 가계의 가처분소득을 감소시켜 소비에 부정적인 영향을 미치며, 인플레이션을 유발합니다.

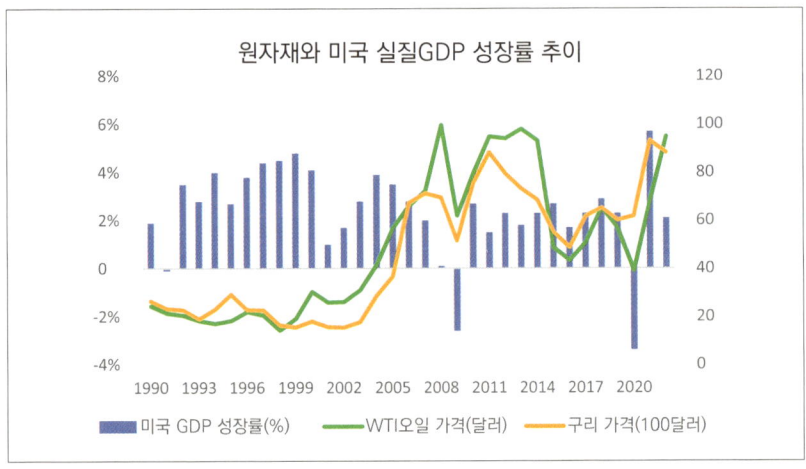

구리 가격은 경기를 예측하는 대표적인 지표로 간주됩니다. 구리는 건축에서 첨단기기까지 제조업 전반에 기초소재로 사용되지요. 경기침체의 끝자락에 가까워지면, 기업의 경영자들은 재고가 너무 적음을 깨닫고 원자재 구입을 늘리기 시작합니다. 또 경기침체기에 각국 정부는 도로나 철도, 전기시설 등 사회간접자본 확충에 주력하는데, 구리는 전선의 재료여서 이 시기에 구리 수요가 먼저 살아나게 됩니다. 일반적으로 경기침체 후에 구리 가격이 가장 먼저 오르고, 원유 가격이 상승하고, 뒤이어 다른 원자재 가격이 오릅니다. 구리 가격은 경기를 예측하는 역할을 한다고 하여 '닥터 코퍼Dr. Copper'로 불리기도 합니다.

발틱운임지수BDI와 컨테이너선운임지수HRI 역시 경기선행지표로 사용됩니다. '발틱운임지수'는 석탄, 철광석, 곡물, 커피 등과 같은 건화물의 시황을 발틱해운거래소가 발표하는 운임지수입니다. 발틱해운거래소는 600여 개의 해운업체와 2,000여 명의 회원을 둔 세계에서 가장 큰 해운·항만 조직입니다. 이는 1744년 상인과 선주, 해운 관련 종사자들이 주로 모였던 런던의 한 커피숍 '버지니아 앤 발틱 커피하우스'의 이름을 따서 시작되었습니다. 초기에는 서로 간에 정보를 나누고 현물을 거래하고 분쟁이 발생하면 이를 중재하는 역할을 했습니다. 이후 파생상품을 취급하고 교육 및 컨설팅으로 영역을 확대하면서 거래소가 발표하는 지수의 영향력이 커졌습니다. BDI가 높아진다는 것은 원자재에 대한 수요가 커진다는 의미이므로, 지수가 오르면 경기가 좋아질 가능

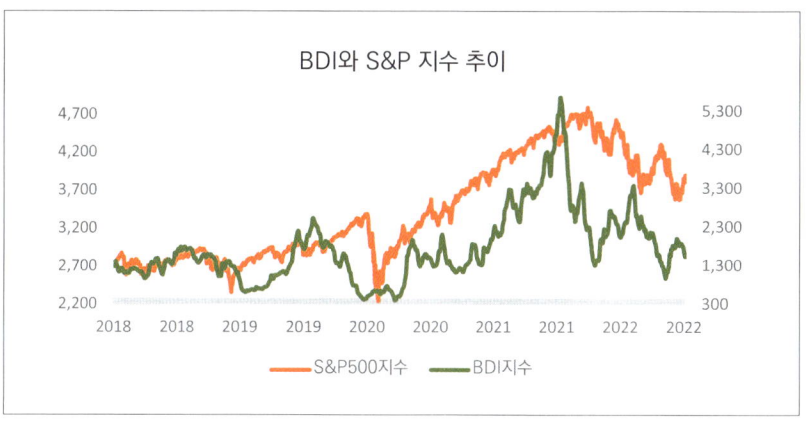

성이 크다는 것을 뜻합니다. 'HRI'는 1883년 영국에서 설립된 대표적인 컨테이너선 중개회사인 HR이 발표하는 컨테이너 용선료 지수입니다. HRI가 오르면 소비가 활성화되어, 실물경기가 회복되고 있다는 의미입니다. 우리나라는 수출의존도가 높고, 세계 조선업에서 우리 기업이 차지하는 비중이 크기 때문에 BDI와 HRI 지수의 움직임은 우리나라 경제와 관련성이 큽니다.

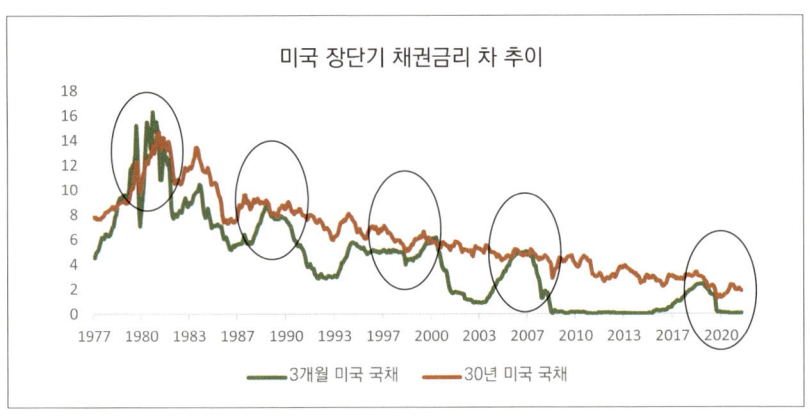

채권시장 장단기 금리 폭의 관찰을 통해 향후 경기를 판단하기도 합니다. 채권은 만기별로 각기 다른 금리구조를 가지는데, 만기가 다른 채권수익률들 간의 관계를 '이자율의 기간구조'라고 합니다. 채권금리는 일반적으로 만기가 길면 길수록 금리도 높아지는 우상향 곡선을 그립니다. 하지만 향후 경기에 대해 비관적인 전망이 우세하면, 장단기채권의 수익률 곡선이 역전되어 우하향하는 현상이 생기기도 합니다. 만기가 긴 채권금리가 짧은 채권금리보다 낮다는 것은 미래에 투자자금 수요가 줄어들 것이라는 예상을 반영하는 것입니다. 따라서 장단기채권 금리의 역전은 향후 경기가 침체될 수 있다는 선행지표로 여겨집니다.

1978년 이후, 미국 장단기 채권의 금리 역전 현상은 5차례 발생했는데, 역전이 발생하고 평균 22개월 후 경기침체가 현실로 나타났습니다. 2007년 6월에 장단기 금리가 역전되고 1년 후 글로벌 금융위기가 발발했고, 2020년 초 코로나19로 장단기 금리가 역전되고 뒤이어 경기가 위축되었습니다.

또 수익률곡선-주가지수 옵션의 내재변동성지수VIX 사이클을 이용하여 경기를 예측하기도 합니다. 경기침체기와 초기 회복 단계 사이에서는 수익률곡선이 가파르고 주가변동성은 줄어듭니다. 이후 수익률곡선이 평평해지고 주가변동성은 낮은 수준을 유지하다가 경기침체에 대한 우려가 커지면 수익률곡선은 더욱 평평해지고 주가변동성이 커집니다. 이후 경기침체기에 접어들면, 수익률곡선이 가파르게 이동되고 주가 변동성은 더 커지는 현상이 발생합니다. 2022년 11월 수익률곡선-VIX 사이클에 의하면 현재 국면은 경기침체의 가능성이 높고 침체에서 벗어나려면 1년 이상이 걸릴 수도 있음을 보여줍니다.

Part 11 070 R과 S의 공포
fear of R and S

R은 경기침체recession이고, S는 스태그플레이션stagflation의 앞글자입니다.

'경기침체'는 경제활동이 위축되면서 경기가 후퇴하는 것입니다. 경기침체가 이어져 물가와 임금이 낮아지고 생산이 위축되며 실업이 늘어나는 상황을 '경제불황depression', 또 불황이 보다 큰 규모로 오래 지속되는 현상을 '경제공황crisis'이라고 합니다. 경기침체의 원인은 보통 소비감소와 투자부진 등으로 인한 수요 위축으로 인해 발생하는데, 일정 기간 실질GDP, 고용, 산업생산 및 도소매 판매 등이 감소하면 경기침체가 온 것으로 여깁니다.

'스테그플레이션'은 불황을 뜻하는 스태그네이션stagnation과 지속적인 물가상승을 뜻하는 인플레이션inflation의 합성어로, 경기가 침체되는 상황에서도 물가가 급등하는 현상입니다. 일반적으로 경제가 좋을 때 물가가 상승하지만, 때로는 경제가 좋지 않을 때 물가가 상승하기도 합니다. 예를 들어 석유가격이 오르면 제품 생산비에 영향을 미쳐 각종 제품의 가격이 오르는데, 가격이 오르면 사람들은 소비를 줄여 경제가 위축됩니다.

과거 역사에서 여러 차례 경기침체가 있었습니다. 제2차 세계대전 이후 미국경제는 12번의 경기순환을 경험했는데, 침체기의 평균은 10개월이었고 확장기의 평균기간은 57개월이었습니다. 1990년대 이후 침체기보다는 확장기가 더 길어지고 있는 추세입니다. 1970년대 초, 경기가 과열되자 미 연준은 인플레이션을 억제하기 위해 긴축정책을 펼쳤고, 여기에 중동전이 발발하면서 유가가 급등했습니다. 이로 인해, 세계경제는 세계대전 이후 최장의 침체기를 경험했습니다. 1979년에는 이란에 혁명이 발발하면서 유가가 다시 폭등했고, 1980년대 초 경기침체가 발생했습니다. 침체기간은 6개월이었으나, 침체 정도는 -7.8%로 매우 심각한 수준이었습니다. 이때 미국에서는 로널드 레이건이 집권하면서 시장경제에 중점을 둔 소위 '레이거노믹스Reganomics'를 추진하여 장기성장 촉진 및 인플레이션 억제를 도모했습니다. 1990년대 초에는 걸프전의 조기 종결에도 불구하고 경기전망이 불투명해지면서 소비심리가 위축되고 부동산 경기가 침체되었고, 미국의 저축대부조합들이 파산하면서 금융산업이 부실화되고 신용경색이 심화되었습니다. 이 시기에 화이트컬러 고용이 감소하면서 8개월에 걸친 경기침체를 경험했습니다. 2000년 초에는 신경제에 대한 기대 붕괴와 기술주 급락, 9·11 사태 및 테러와의 전쟁, 그리고 미 연준의 선제적 금리인상이 겹치면서 소비심리가 위축되고 세계경기가 침체되었습니다. 2008년에는 미국 부동산 버블 붕괴로 모기지론이 부실화되고, 대형 투자은행들이 파산하면서 미국 경제성장률은 -6.8%를 기록했습니다. 미국발 금융위기가 그리스·스페인 등 남부 유럽으로 확산되면서 이들 국가들은 국가 파산 상태 직전까지 갔습니다. 2020년 초에는 코로나19가 확산되면서 실업률이 급증하고 경기침체가 발생했습니다. 미국의 2020년 2분기 GDP는 연율로 31.2%나 급락해 1947년 이후 가장 낮은 수준을 기록하기도 했습니다.

역사에서 보듯이, 경기침체는 경제버블의 붕괴, 대규모 자연재해, 팬데믹과 같은 질병의 유행, 금융위기, 무역축소 등으로 인한 수요위축이 주원인이었습니다. 경기침체의 조짐이 보이면 정부는 불황을 해소하기 위해 수요를 이끌어내는 경기부양책을 씁니다. 경기부양책에는 통화공급을 늘리고 금리를 낮추는 통화정책과 정부지출을 늘리고 세금을 감면하는 재정정책이 있습니다.

글로벌 금융위기와 코로나19로 인한 경기침체를 벗어나기 위해 각국은 막대한 확장적 통화정책과 동시에 재정정책을 펼쳤습니다. 그 결과 경기침체에서는 벗어날 수 있었지만, 이번엔 엄청난 크기의 인플레이션을 경험하면서 각국은 서둘러 긴축을 시행하고 있습니다. 여기에 러·우크라이나 사태의 장기화와 미·중의 통상 마찰 등으로 다시 경기침체를 겪을 수 있다는 우려가 커지고 있습니다. 물가상승 속에서 경기침체가 동시에 발생하는 스태그플레이션은 모두에게 공포스럽습니다. 스태그플레이션이 무서운 이유는 상황을 탈출할 현실적 정책 대안이 없기 때문입니다. 경기 후퇴를 막기 위해 정부가 돈을 푼다면 경제를 살릴 수 있겠지만 물가를 더 자극하게 되고, 물가를 잡기 위해 돈줄을 죄면 경제가 더 나빠지는 딜레마에 빠지는 상황입니다. 1970년대 말 스태그플레이션이 발생했을 당시 미국은 역대급 긴축정책으로 일단 물가부터 잡았던 경험이 있습니다. 2022년에 이어 23년에도 미국과 주요국들은 먼저 물가를 잡기 위해 적극적인 긴축정책을 펴고 있는데, 지속성 여부와 선택의 결과가 주목됩니다.

Part 11 071 어떻게 자산을 배분할 것인가?
how to allocate assets

모든 자산의 가격은 실물경기와 밀접한 관련성이 있습니다. 경기사이클을 읽고 이에 맞는 투자를 집행하고 유효한 자산과 업종 섹터를 찾아 포트폴리오를 조정하면 투자성과를 높이면서 효과적으로 위험을 관리할 수 있습니다. 전략적 자산배분은 매우 중요하며, 이에 대한 다양한 연구들이 있습니다. 일반적으로 자산은 유동성, 안정성, 수익성 등 세 가지 원칙을 고려하여 배분하는데, 경제 상황에 따라 투자자산의 비중을 조정한다면 효율적인 투자가 될 것입니다.

그럼, 경기주기에 따른 효과적인 자산배분이란 무엇일까요?

일반적으로, 경제가 성장할 때는 자산의 가치가 상승하고, 경제가 위축될 때는 자산의 가치도 하락합니다. 이러한 경기순환은 주식, 채권, 원자재, 부동산 등의 자산군에 영향을 미치며, 투자자는 이를 고려하여 자산배분을 결정해야 합니다.

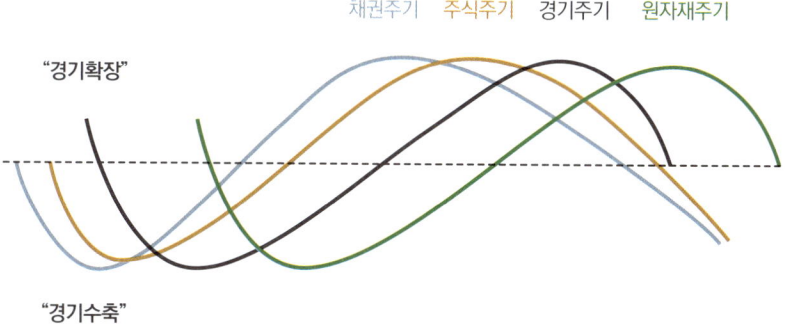

실물경기뿐만 아니라 금융자산의 가격도 일정한 주기를 가집니다. 과거 데이터를 단순화시키면, 위의 그래프와 같이 나타낼 수 있습니다. 경기가 저점에서 정점으로 움직이는 동안 채권이 선행하여 고점을 찍고 그 다음 주식, 이후 경기주기가 정점을 지납니다. 원자재는 경기가 정점을 찍은 후 뒤이어 움직이는 경우가 많습니다. 경기가 정점에서 저점으로 수축되는 과정에서도 유사한 사이클을 보입니다. 경기가 둔화할 조짐이 보이면 투자자들은 안전자산을 선호하는 경향이 커져 채권에 대한 수요가 증가합니다. 이에 따라 채권 가격은 상승하고 채권금리는 하락하게 됩니다. 또한 경기가 부진하면 중앙은행은 경기를 활성화하기 위해 기준금리를 낮추는데, 기준금리 인하로 인해 시장의 채권 가격이 상승합니다. 금리 하락으로 점차 투자심리가 회복되면서 위험자산인 주가도 오르게 되고, 이에 따라 기업의 투자도 활력을 찾아 경기는 마침내 저점을 지나 회복합니다. 경기가 회복되기 시작하면 기업의 생산활동에 필요한 원자재 수요가 증가해 원자재 가격도 상승하게 됩니다. 반대로 경기가 회복되고 지속적으로 확장 국면을 맞게 되면 인플레이션 압력이 커집니다. 물가가 상승하면서 금리가 높아지고 채권 가격이 떨어집니다. 주가 역시 하락하고, 이후 경기도 정점을 찍고 둔화되면서 원자재 가격 역시 하락국면을 맞게 됩니다.

　이러한 경기순환주기의 단계별 특징을 이해하고 적절히 자산을 배분하는 전략이 필요합니다. 또한 자산배분은 투자자의 투자목표, 위험감수 능력, 기대수익률 등에 따라 달라질 수 있습니다.

Part 11
072 주식투자의 큰 그림
big picture of the stock investment

주식시장은 경기사이클을 선행하여 움직이는 경향이 있습니다. 경기는 최악이지만 주식이 반등하는 시기는 보통 경기후퇴기 후반부입니다. 이 시기에 정부와 통화당국은 재정 및 통화정책을 통한 경기부양책을 본격적으로 사용하기 때문입니다. 또한 경기순환주기에 따라 투자자들이 주식시장에서 벌어들이는 업종별 수익이 다를 수 있습니다.

'섹터순환이론sector rotation theory'은 경기사이클에 따라 적절한 업종을 찾아내고 이를 이용하여 포트폴리오의 업종 비중을 조정하면 리스크를 줄이고 높은 성과를 얻을 수 있다는 이론입니다. 2009년 제프리 스탱글 등이 발표한 논문 『Sector Rotation over Business-Cycles』에 따르면, 1948년 1달러를 미국 증시에 2006년까지 단순 매입-보유 전략으로 투자했다면 372달러를 번 반면, 섹터순환전략을 이용하여 투자하였다면 1,904달러의 수익이 발생한

다고 분석했습니다. 통상 주식시장은 금융업종이 먼저 강세를 보이고 자동차, IT 업종의 주가가 상승합니다. 경기사이클이 상승궤도에 진입하면 자동차, IT, 자본재, 기초소재, 에너지 순으로 시장을 이끌고 하락추세일 때는 헬스케어, 필수소비재, 통신, 유틸리티, 경기소비재 순으로 시장 선도 업종이 바뀝니다. 경기회복 초기에는 소비자 기대지수가 상승하고 산업생산이 증가하며, 주식시장에서는 조선, 기계, 건설, 운송업종이 상승을 주도합니다. 이후 경기가 활황 국면에 접어들고 과열되면 물가가 오르면서, 정부와 통화당국은 경기긴축 카드를 고려하게 되고, 시중금리가 오르고 소비자 기대지수는 하락합니다. 이 시기에는 산업생산 증가세가 둔화되고 주식시장의 변동성이 커지면서 고점이 형성됩니다. 경기지표가 악화되는 경기후퇴기에 접어들면, 소비자기대지수와 산업생산 등의 지표가 하락하고 유틸리티(가스, 전기) 업종 등이 주목받게 됩니다.

전설적인 투자자 앙드레 코스톨라니는 '코스톨라니의 달걀'이라고 불리우는 모델을 제시하였습니다. 그는 주가가 바닥에 가까워오면 주식거래량과 보유자가 적은데, 이후 주식거래량과 보유자가 늘면서 주가가 상승하고, 뒤이어

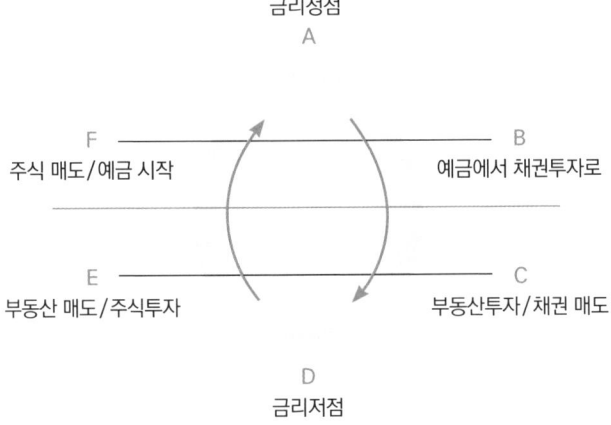

거래량이 폭증하고 보유자의 수가 많아지는 상황이 오면서 주가는 정점에 달하고, 이후 주가가 하락한다는 것입니다.

그는 주가순환주기를 여섯 국면으로 나누고, 달걀 윗부분인 A 시기에서는 주식을 매도하여 은행에 예금하고, 아랫부분인 D 시점에서는 부동산과 채권을 매도하고 주식을 매수하라고 조언합니다.

일본의 주식투자 전문가 우라가미 구니오는 경기순환주기와 정부의 정책을 중심으로 주식시장을 4개의 구간으로 나누고 시장 국면의 변화에 따른 투자 전략을 구사해야 한다고 주장했습니다. 그는 주식시장을 사계절, 즉 봄에 해당하는 강세장 초기의 금융장세, 주가가 강하게 상승하는 여름인 실적장세, 금융긴축이 시작되는 가을인 역금융장세, 금융긴축으로 금리가 높아 이익이 감소하여 주가가 크게 하락하는 겨울에 해당하는 역실적장세로 나누어 주기를 설명했습니다.

Part 12

재정정책과 정부

Part 12
073 시장의 균형과 학파들의 견해
market equilibrium and view of economists

　시장에서 총수요와 총공급이 일치하는 점에서 균형국민소득과 물가가 결정되며, 이러한 균형점을 '적정국면'이라고도 합니다. 하지만 총수요와 총공급이 균형을 이루지 못하고 깨지는 경우 시장의 불안정성과 불확실성이 커집니다. 이는 일자리 축소와 소비감소 등 경제활동에 부정적인 영향을 미치기 때문에 시장이 균형을 유지하도록 적절한 대응이 필요합니다.

　균형의 변화는 경제의 충격으로 인해 발생합니다. 여기서 '충격shock'이란 사전에 예상 또는 기대하지 못한 상황이 발생하는 것을 의미하는데, 경제적 충격은 총수요로 인한 충격과 총공급으로 인한 충격으로 나눌 수 있습니다. 경제주체들은 불확실한 상황에서 자신의 행동 방식을 결정할 때, 미래에 대한 기대를 고려합니다. 불확실성이 크면 경제주체들은 불확실한 미래를 대비하기 위해 위험 회피적인 행동을 할 가능성이 높으며, 이는 경제활동에 부정적으로 영향을 미칩니다. 충격에 더해 가격의 경직성도 균형의 변화에 영향을 미칩니다.

　'가격의 경직성'은 시장에서 가격이 변동하는 데 걸리는 시간을 의미합니다. 가격이 신축적이면 시장균형이 변화할 때 가격도 빠르게 조정됩니다. 이 경우 시장균형의 변화가 가격의 변화를 초래하고, 가격변화를 통해 시장균형이 조정됩니다. 하지만 가격의 경직성이 높으면, 시장에서 수요나 공급이 변동되어도 가격이 즉시 변화되지 않거나 반응이 늦게 일어날 수 있습니다.

　경제학은 경제현상을 분석하는 방법, 경제주체의 행동에 대한 이해, 정부 개입에 대한 태도, 그리고 경제정책 등에 대한 다른 시각이 존재하며, 견해에 따라 여러 학파들이 있습니다. 이들 중 네 가지 주요 학파의 견해를 소개합니다.

고전학파 Classical Economics

고전학파는 완전고용상태를 달성하는 것이 국민소득을 높일 수 있는 가장 효과적인 방법이라고 주장합니다. 즉, 경제의 모든 자원이 최대한 활용되고 있는 상태인 잠재국민소득을 달성하는 것이 경제정책의 핵심 목표이고, 이를 달성하기 위해서는 자유무역, 시장에서의 경쟁, 세금 조절 등이 필요하다는 것입니다. 고전학파의 접근방법은 가격이 충분히 신축적이어서 생산물 시장의 총공급은 총수요와 언제나 일치하고 수요는 늘 존재하여, 국민소득은 경제의 생산능력을 나타내는 총공급 수준에 의해 결정된다고 보았습니다. 또 고전학파는 시장경제의 원리를 중심으로 경제활동을 분석하여 정부의 개입은 효율성을 저해할 수 있으며, 시장 자체가 경제활동의 조절자로서의 역할을 수행한다고 강조했습니다.

또한 고전학파는 통화량의 변화는 국민소득이나 고용에는 아무런 영향을 주지 않고 물가수준만을 비례적으로 변화시킨다고 보았는데, 이러한 이론을 '화폐의 중립성'이라고 합니다. 이는 노동시장과 생산물 시장의 균형을 통해 경제의 총생산량이 사전에 결정된 상황에서, 경제에 유통되는 통화량이 변화하면 경제의 총생산량은 불변인 채 물가만 통화량에 비례적으로 변화한다는 주장이지요. 고전학파가 상정하는 기간대는 생산물과 생산요소 가격이 모두 신축적으로 조정되는 장기 또는 최장기에 해당하여, 경기변동보다는 경제성장 및 발전을 설명하는 데 보다 적합한 이론입니다.

케인즈학파 Keynesian Economics

경제대공항이 발발하면서 케인즈가 등장했는데, 케인즈는 고전학파와 대조되는 입장을 취했습니다. 앞서 언급한 대로, 케인즈학파는 경제가 항상 균형상태에 있는 것이 아니고 시장실패가 발생할 수 있어, 정부의 개입이 필요하다는 주장입니다. 즉, 총지출 모형에서 결정된 균형GDP는 완전고용GDP와 일치한다는 보장이 없고, 투자가 완전고용GDP를 초과하는 '인플레이션 갭 inflation gap'이 발생하여 임금과 물가가 상승하거나, 완전고용GDP에 못 미치는 '경기침체 갭 recessionary expenditure gap'이 발생하여 물가가 하락하고 생산이 부진해지면서 이로 인해 대량실업 사태가 발생할 수 있다는 것입니다. 케인즈는 이를 해소하기 위해서 적극적인 확장적 재정정책을 수행해야 한다는 것이라고 주장하지요. 케인즈학파는 경기변동을 야기하는 원인을 임금과 생산물 가격의 경직, 그리고 총수요 충격에서 찾았고, 경제의 불균형 상태와 경기변동을 해결하기 위해서는 규제와 균형의 조절이 필요하다고 강조하였습니다.

통화주의학파 Monetarism

밀턴 프리드먼 등의 통화주의학파는 경제를 움직이는 가장 큰 요인이 통화이며, 통화공급량 조절을 통해 경제목표를 달성할 수 있다고 주장했습니다. 또 통화주의자들은 케인지언을 비판하면서, 자유시장의 원칙을 중요시하고 정부 개입을 최소화하여 시장의 역할을 존중하는 것이 경제발전에 도움이 된다는 견해를 펼쳤습니다. 또 통화주의학파는 고용보다는 물가안정을 우선시하며, 환율 조절을 통해 수출을 촉진하여 경제성장을 이룰 수 있다고 주장했는데, 이를 위해 통화량을 유동적으로 조절하고 환율변동을 허용하는 것을 제안했습니다. 통화주의자는 경기변동을 야기하는 것은 총수요 충격, 그 중에서도 특히 투자에 대한 충격이며, 중앙은행의 통화정책은 이러한 경기변동을 완화하는 역할을 해야 한다는 견해를 내놓았습니다.

통화주의자들의 견해에도 약점이 있습니다. 통화주의자들은 화폐의 유통속도가 안정적인 변수라는 전제와 함께 경제의 통화량이 중앙은행의 통화정책에 의해 전적으로 결정된다고 보았습니다. 하지만 현실에서는 화폐의 유통속도가 안정적이지만은 않고, 화폐공급은 중앙은행이 외생적으로만 결정할 수 있는 것이 아니라, 상업은행과 민간 사이의 상호작용에 의해 경제 내에서 내생적으로 결정(화폐공급의 내생성)됩니다. 따라서 통화주의학파의 주장 역시 경기변동을 설명하는 데 설득력이 부족한 면이 있습니다.

신고전학파 Neoclassical Economics

신고전학파는 '실물경기변동이론real business cycle theory'을 주장했는데, 이는 경기변동의 원인을 기술적 진보와 생산성 변화, 생산요소 가격의 구조적 변화와 같은 총공급 충격에서 찾았습니다.

케인지언들은 총공급 충격은 대체로 일회적이거나 충격의 지속기간이 상대적으로 짧아, 이를 통해 지속적으로 발생하는 경기변동을 설명하기 어렵다고 주장했습니다. 하지만 실물경기변동이론을 지지하는 학자들은 총공급 충격 가운데서도 지속적이거나 아예 영구적인 충격들이 얼마든지 존재한다고 보았습니다. 즉, 기술진보는 점진적으로 진행되지만, 한번 발생하면 그 효과가 거의 영구적으로 지속됩니다. 또 토지가 부족해져 공장 부지의 가격이 높아지거나 자본재의 생산효율이 높아져서 자본재 가격이 추세적으로 하락하는 것과 같은 생산요소 가격의 구조적 변화 역시 지속적입니다. 실물경기변동이론에 따르면, 지속적 또는 영구적인 총공급 충격은 단기뿐만 아니라 장기 총공급곡선을 이동시켜 경기변동을 야기한다는 것입니다. 하지만 기술진보 자체를 측정하는 것이 매우 어려울 뿐만 아니라, 어디 까지를 기술진보로 보아야 하는지 모호한 부분이 있습니다. 또 이 이론으로 경기호황은 설명이 가능하지만 현실에서 기술이 퇴보하는 경우는 거의 없기 때문에 경기침체를 설명하는 데에 어려움이 있습니다.

Part 12
074 큰 정부의 시대
the age of big government

정부의 크기와 경제효과에 대해서 과거부터 많은 논쟁이 있어 왔습니다. 정부가 공공투자를 늘리면 일자리가 늘어나고 민간투자를 자극해 경제성장에 도움이 됩니다. 반면에 공공투자를 늘리려면 세금을 더 걷어야 하기 때문에 민간의 자본수익률을 감소시키는 부정적인 효과가 있습니다. 세율을 올려 공공투자를 높이면 경제성장에 어떠한 효과를 나타내는지 그래프로 표현하면 다음과 같습니다.

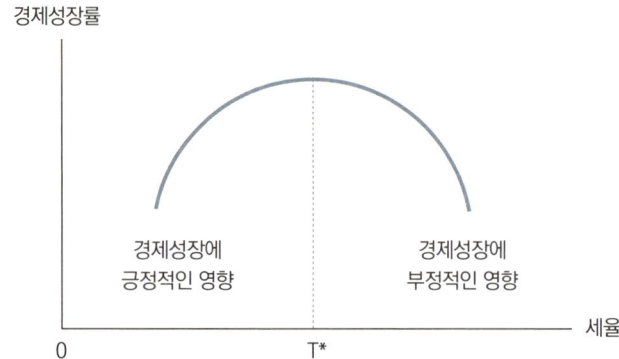

T* 지점까지는 세율을 올려 공공투자를 늘리면 경제가 성장하는 효과가 있지만, 이를 초과하여 지나치게 많은 세금을 부과하면 경제성장에 오히려 부정적인 영향을 미칩니다.

국가와 시대를 막론하고 모든 정부는 세금을 걷어 공공지출을 집행하는데, 어느 정도의 규모가 적당한지는 이견이 있습니다. 현대 자본주의는 정부 개입의 정도에 따라 '큰 정부'와 '작은 정부'로 나눕니다. 정부의 개입이 사회적 안정성과 공정성을 확보하고 경제성장을 촉진할 수 있어 '큰 정부'가 필요하다는 주장과, 경제적 자유와 개인의 권리 보장이 효율성을 증대시켜 경제에 도움이 되기 때문에 '작은 정부'가 유리하다는 주장이 팽팽히 맞서고 있습니다. 이러한 자유시장경제와 정부 개입에 의한 수정자본주의경제 사이의 논쟁은 100년 전부터 시작되어 현재에도 진행 중입니다.

'보이지 않는 손'에 의한 자유시장경제 원리는 1930년대 대공황으로 '시장실패'를 경험하면서 정부개입으로 흐름이 전환되었습니다. 프랭클린 루스벨트는 1933년 미국 대통령에 당선된 뒤 경제대공황을 극복하기 위해 '뉴딜정책'으로 불리는 대규모 재정정책을 추진했습니다. 제1차 세계대전 이후 호황을 누리던 미국 경제가 주춤하면서 실물경기가 둔화되고, 1929년 10월 24일과 29일 뉴욕 주식시장이 폭락하면서 대공황이 시작되었습니다. 1929년부터 불과 4년 동안 국민총생산은 50%가량 줄었고 공장이 줄도산하면서 실업자가 거리로 쏟아져 나왔습니다. 뉴딜은 진보적 학자들을 중심으로 구성된 '브레인트러스트brain trust'가 주도했는데, 이들은 금본위제를 폐지하고, 긴급은행법, 농업조정법, 산업부흥법 등을 새로 제정하고, 테네시강 유역 개발공사를 설립하는 등 굵직한 정책들을 만들어 시행했습니다. 뉴딜정책은 다양한 평가가 있지만, 단순히 경제를 위기에서 구해낸 경제정책이 아닌, 정부가 경제를 통제하고 주도하는 수정자본주의를 시작하게 된 계기가 되었습니다.

자본주의 경제는 시장의 가격기능에 경제를 온전히 맡기는 '자유시장주의'와 정부가 경제에 개입하는 '혼합경제주의' 두 개의 축이 대립하고 반복되는 역사입니다. 정부가 경제에 개입하는 재정정책의 학문적 기반을 만든 사람은 케인즈입니다. 케인즈는 "경제대공황에서 탈피하기 위해서는 정부가 지출을 확대하여 유효수요를 만들어야 한다."고 주창했습니다. 이는 "공급은 스스로 수요를 창출한다."는 세이의 법칙을 정면으로 뒤집는 내용이었습니다. 루스벨트의 선택은 케인즈가 내린 처방이었고, 이는 효과가 있었습니다. 제2차 세계대전이 발발하면서 정부의 영향력은 더욱 커졌고, 유럽에 '복지국가'의 개념이 등장하면서 정부의 역할은 더욱 중요해졌습니다. 하지만 1970년대 들어 스태그플레이션이 닥치고 발생 원인이 '정부의 실패'로 규정되면서, 다시 정부의 개입을 최소화하고 규제와 세금 부담을 낮추는 신자유주의로 복귀했습니다. 1980년대 초, 영국에서는 마거릿 대처가 미국에서는 로널드 레이건이 집권하면서, 두 사람 모두는 시장경제를 지지하는 정책을 추진하여 큰 성과를 거두었습니다. 또 1990년대 초반 미국 대통령으로 재임했던 빌 클린턴 역시 시장경제를 옹호하는 정책을 펼쳤으며, "큰 정부의 시대는 끝났다(The era of big government is over)."라고 선언하기도 했습니다. 하지만, 2000년대 후반 들어 글로벌 금융위기가 발발하면서, 정부의 개입과 규제가 다시 강화되고 보호무역주의가 고개를 들고 있습니다.

미국 전 대통령인 도널드 트럼프는 기업 규제를 완화하고 세금을 인하하는 친기업 정책을 펼쳤으나, '미국우선주의American First' 슬로건을 내걸고 미국 내의 제조업과 취업 기회를 증대시키기 위해 수입품에 대해 관세를 인상하는 보호무역정책을 취했습니다. 이러한 트럼프노믹스Trumpomics는 미국 경제를 일부 개선시킨 면이 있지만, 무역전쟁과 같은 혼란스러운 상황을 초래하고, 다자간 협력을 통한 국제적인 공조를 손상시켰습니다.

2021년 출범한 조 바이든 대통령의 경제정책은 보다 '큰 정부'에 가깝습니다. 바이든 정부는 '빌드 백 베터Build Back Better'라는 슬로건을 내걸고 경제정책을 추진하고 있습니다. 이는 코로나19 대유행 이후 경제 회복을 위한 정부의 대규모 투자와 기업규제 강화, 환경보호 등의 목표를 가지고 있습니다. 바이든은 2021년 3월에 경기부양안인 '미국 구조 계획(American Rescue Plan)' 법안에 서명했는데, 이는 1인당 현금 1,400달러를 지급하고, 실업 급여를 연장하고 코로나19로 붕괴된 학교의 정상화를 돕는다는 내용을 골자로 하고 있습니다. 또 부자증세를 통해 앞으로 10년간 연방정부의 적자를 3조 달러가량 줄이겠다는 계획을 발표했습니다. 이 같은 바이든 행정부의 정책방향은 '작은 정부'를 옹호하는 쪽으로부터 "과거로 회귀한다."는 비판을 받고 있습니다. 하지만 '큰 정부'를 지지하는 입장에서는 정부의 개입으로 경제성장 및 고용을 촉진하며, 사회의 안전과 안정을 보장하고, 경제의 불균형과 부당한 경제력 분배를 조정할 수 있다고 주장합니다.

'큰 정부'와 '작은 정부'는 보수-진보와 같은 정치적 입장과도 관련성이 있습니다. 일반적으로 보수성향의 정당은 작은 정부를 추진하며, 진보성향의 정치권은 큰 정부에 방점을 찍는 경향이 있습니다. 따라서 한쪽 성향의 정당이 오랜 기간 집권하면 필연적으로 문제점이 드러나, 정권이 교체되고 반대쪽의 정책으로 바뀌는 일이 발생하곤 합니다. '큰 정부'와 '작은 정부'의 논쟁은 늘 존재하지만, 두 가지 개념을 적절하게 접목하고 균형을 유지하는 것이 필요합니다.

Part 12
075

달고도 쓴 열매
sweet but bitter fruit

'재정정책fiscal policy'이란 정부가 정부의 수입과 지출을 변동시키면서 국민경제를 이끌어가는 행위입니다. 정부는 국민에게 세금을 징수하거나 국채를 발행하여 재원을 확보하고, 이를 보건·복지·고용, 행정, 교육, 국방, SOC 등 공적사업에 지출합니다. 이때 세금을 얼마를 어떻게 걷을지, 부족한 경우에 어떻게 재원을 충당할지, 재원을 어디에 어떻게 써야 할지 등을 고민하게 됩니다. 재정정책은 필요한 부문을 정부가 핀셋으로 집어서 정책 수행이 가능하다는 장점이 있지만, 국회의 심의 과정을 거쳐야 하기 때문에 집행에 차질이 생기기도 합니다.

2023년 우리나라 정부 예산은 총 638조 7,000억 원입니다. 코로나19 이후 경제위기를 우려한 각국 정부는 재정지출을 확대했습니다. 우리나라도 정부 예산을 늘리고 대규모 추가경정예산을 편성해 대응해왔지요.

재정정책의 효과에 대해 오랜 기간 많은 연구가 있었습니다. 대표적으로 고전학파는 확장적 재정정책이 민간부문의 투자를 위축시키는 구축효과가 있어 경제성장에 도움이 안 된다고 주장했습니다. 즉, 정부가 경기부양을 위해 세입을 줄이고 국채발행을 통해 재원을 확보하는 재정적자 정책을 취하면, 시장에 자금이 줄어들어 이자율이 상승하고 민간 투자가 감소하여 GDP를 높이는 데 효과가 없다는 것이지요. 이를 국민소득 항등식으로 나타내면 아래와 같습니다.

$$GDP = 소비 + 투자\downarrow + 정부지출\uparrow + 순수출$$

반면, 케인즈학파는 구축효과가 완전한 것이 아니고 정부가 재정지출을 확대하면 민간의 소비와 투자를 자극해 재정지출보다 더 큰 수요를 만들 수 있다고 주장했습니다. 즉, 재정정책은 유효수요를 창조하고 승수효과로 인해 국민소득증가에 긍정적으로 작용한다는 것이지요. 재정지출에 대한 일반적인 견해는 재정지출이 구축효과보다 견인효과가 더 커서 경제불황기에 재정지출을 늘리는 것이 효과적이라고 보고 있습니다.

재정정책은 완전고용을 통한 경제성장과 물가안정이 가장 큰 목표입니다. 이는 케인즈가 국가 경제에서의 정부 역할의 중요성을 주창하고 실제 경제대공황 시절 뉴딜정책이 큰 효과를 본 이후, 대부분의 국가들이 적극적으로 재정정책을 집행하고 있습니다. 과거 우리나라는 '작은 정부'를 지향했습니다. 하지만 2008년 글로벌 금융위기가 터지면서, 세입이 감소하였지만 경기침체에 대한 우려로 인해 확장적 재정정책을 펼치기 시작했고, 이러한 기조는 현재에도 유지되고 있습니다. 지속적인 재정확장 정책은 경기회복에 큰 역할을 했지만, 동시에 재정건전성이 크게 훼손되는 결과를 낳았습니다.

재정정책의 실패사례는 여러 나라에서 볼 수 있습니다. 일본의 경우, 경기회복을 위해 천문학적 규모의 재정을 지출했으나, 효과를 거두지 못하고 오히려 장기불황에 빠졌습니다. 브라질, 멕시코, 아르헨티나 등 남미 국가들은 더 어려운 실정입니다. 이들 국가의 재정정책은 방만하고 불투명하게 이루어져 사회 불안이 야기되고 경제활동이 크게 위축되었습니다.

남부 유럽 국가들도 유사한 경험을 했습니다. 2012년 PIGS 4개국(포르투갈, 이탈리아, 그리스, 스페인)은 심각한 재정적자를 겪으면서 국가부도 위기에 몰렸습니다. 이들 국가 중 스페인은 긴축재정을 가장 엄격하게 시행하여 재정위기가 불거진 지 3년 만에 3%대 성장을 기록하는 반전을 만들기도 했습니다.

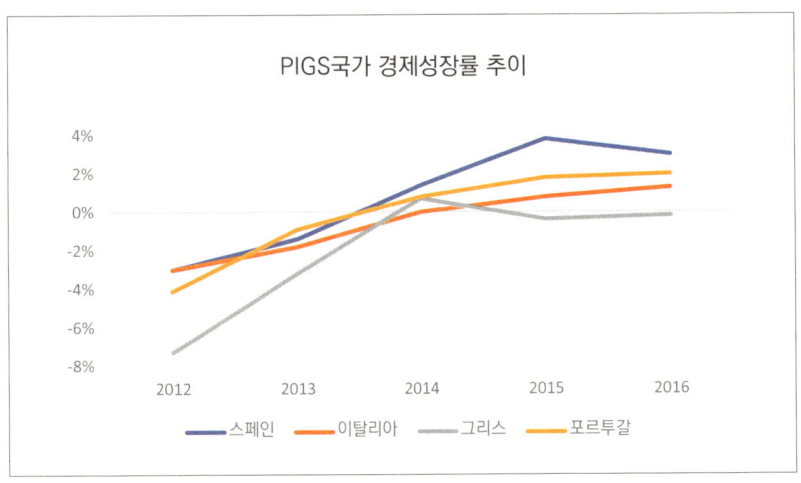

　재정확장 정책은 달고도 쓴 열매입니다. 이는 단기적으로 경기를 호전시킬 수 있는 실효적인 방법일 수 있지만, 장기적으로는 민간의 투자와 소비, 고용 등 경제활동을 위축시키고, 정부의 재정건전성에 타격을 주어 경제의 펀더멘탈을 손상시킬 수 있습니다.

Part 12
076 샤워실의 바보
fool in the shower room

선거는 국민의 대표자를 뽑는 정치적 행위지만 경제와 분리할 수 없습니다. 경제학자인 레이 페어의 연구에 따르면, 미국의 대통령 선거는 현직 프리미엄 외에 경제성장률, 물가상승률과 같은 경제변수들이 매우 중요하게 영향을 미치는 것으로 조사되었습니다.

"It's the economy, stupid(문제는 경제야, 바보야.)." 이는 1992년 미 대선 당시 빌 클린턴이 사용했던 문구입니다. 조지 부시는 걸프전의 승리로 지지율이 크게 올라 선거에 승리를 낙관했지만, 경기침체로 인해 재선에 실패하면서 국민의 선택은 결국 먹고사는 데 있다는 것이 확인되었습니다.

모든 정부는 그들이 추구하고자 하는 경제정책 목표를 정하고 수행하여, 경제발전을 이끌어 다음 선거에서 승리하고자 합니다. 우리나라 문재인 정부의 경제정책은 3개의 중심축, 즉 소득주도 성장, 혁신 성장, 공정 경제에 주안점을 두었습니다. 2022년 출범한 윤석열 정부의 경제정책 목표는 저성장을 극복하고 지속가능한 성장을 통해 복지 선순환을 이루는 것입니다. 이를 위해, ① 규제를 없애 민간경제에 활력을 불어넣고, ② 공공부문과 연금개혁, 노동시장과 교육부문 개혁, 그리고 금융 및 서비스 산업을 혁신하고, ③ 과학기술과 첨단산업을 육성하고 인구구조와 기후변화에 능동적으로 대처하고, ④사회안전망 강화와 지역균형발전을 이루겠다는 정책방향을 가지고 있습니다. 또 당면한 현안으로는 물가안정과 주거안정 및 경제위험에 대한 위기관리를 꼽고 있습니다.

정부나 통화당국이 경제상황에 대해 잘못된 판단을 하거나 섣부르게 성급한 정책을 실행하면 역효과를 낼 수도 있습니다. 우리는 샤워를 준비할 때 적정한 물 온도를 맞추기 위해 수도꼭지를 여러 번 반복해서 돌리지요. '샤워실의 바보'는 샤워실에서 물을 틀 때 뜨거운 물이 빨리 나오도록 수도꼭지를 온수 방향으로 돌렸다가 너무 뜨거우면 깜짝 놀라 재빠르게 찬물 쪽으로 돌리고, 반대로 찬물이 세게 나오면 뜨거운 물로 얼른 수도꼭지를 돌리는 바보 같은 행위를 말합니다.

경제학자 밀턴 프리드먼은 원인에 대한 심층적인 분석 없이 경제의 단면만을 보고 섣부르게 정부가 시장에 개입하는 것을 '샤워실의 바보'라고 표현했습니다. 정부와 통화당국의 경제정책은 매우 조심스러워야 한다는 것을 강조한 것이지요. 정부와 통화당국은 그들의 대응이 경기과열이나 경기침체를 막기위한 불가피한 수단이라고 항변하지만, 섣부르거나 지나친 시장개입은 오히려 더 큰 화를 불러올 수 있습니다.

글로벌 금융위기 이후 미 연준의 정책행보는 '샤워실의 바보'를 떠올리게 합니다. 제로금리와 천문학적인 돈을 풀어 경기상승을 주도하면서 동시에 인플레이션을 통제할 수 있다는 착각에 빠졌던 것입니다. 우리나라도 잦은 선거로 정권이 바뀌고 정치적 성향에 따라 오락가락하는 정책으로 경제구성원들에게 혼란을 주는 구조적 한계를 보여주고 있습니다. "정부의 역할은 개인의 생명과 재산, 자유를 지키는 일로 최소화하고 정부의 힘은 최대한 분산해야 한다."고 주장한 프리드먼의 말을 되새겨볼 필요가 있습니다.

시장의 실패와 정부의 실패

Part 12
077

market failure and government failure

    경제학에서 시장은 중요한 의미가 있습니다. 시장market의 어원은 '교환하다' 또는 '거래하다'라는 라틴어 'mercari'에서 유래되었습니다. 시장에서는 소비자와 생산자의 수요와 공급에 따라 가격이 결정되는데, 이때 가격은 희소한 자원을 효율적으로 배분하는 역할을 합니다. 이와 함께, 자본주의 경제체제에서는 소득과 부의 분배, 경제의 안정과 성장 등의 과제를 주로 시장에 의존합니다. 여기에는 시장이 완전경쟁시장이라는 이상적인 전제하에서만 가능합니다. 하지만 현실에서는 이상적인 상황이 존재하지 않고, 시장에서의 자원배분은 효율적으로 이루어지지 못하는 상태가 발생합니다. 즉, 재화와 서비스가 소비자들이 원하는 것보다 적게 생산되어 자원이 필요한 곳에 충분히 배분되지 못하거나, 반대로 더 많이 생산되어 자원이 불필요하게 낭비되는 상황이 발생하지요. 이와 같은 시장실패가 일어나는 데에는 불완전경쟁, 공공재, 외부효과, 정보비대칭 등의 원인이 있습니다.

    시장실패가 발생하면 시장의 효율성을 높이고 불안정성을 완화한다는 명목으로 정부가 시장에 개입하여 다양한 정책을 펼칩니다. 1930년대 초 대공항

으로 심각한 경기침체를 겪으면서 시장경제가 안고 있던 약점이 드러났고, 이에 대응하기 위해 정부는 능동적이고 광범위한 역할을 수행하였습니다. 오늘날 각국의 정부는 과세, 지출, 차입 및 규제 등의 많은 정책수단을 통해 개인과 기업의 경제활동에 영향을 주고 있습니다.

정부가 효율성 제고를 목적으로 시장에 개입했으나 오히려 국민의 후생을 감소시키는 결과를 가져오기도 하는데, 이를 '정부의 실패'라고 부릅니다. 실제 글로벌 금융위기 이후 각국 정부의 정책이나 규제는 크고 작은 오류로 인해 원래 달성하고자 했던 목표와는 다른 결과를 초래하였습니다. 합리적 자원배분이 안 되어 시장실패가 발생하는 데에는 공공재의 확대와 같은 정부의 결정이 이미 포함되어 있습니다. 여기에 정부가 추가적으로 시장에 무리하게 개입하여 정부실패가 발생합니다. 정부의 실패는 규제당국의 불완전한 정보, 비효율적이거나 경직적인 규제수단, 정치적 문제, 규제자의 사적 편익이나 편견 등이 그 원인입니다. 예를 들어 정치의 산물인 정부는 선거에 이기기 위해 특정 지지자들에게 특혜를 주는 행위로 시장 기능을 왜곡할 수 있습니다.

시장의 실패 상황에서도 정부의 개입은 신중하게 결정되어야 하며, 적절한 방식으로 시행되어야 합니다. 필자는 '시장은 누구보다 언제나 현명하다(The market is always wiser than anyone.)'는 지론을 가지고 있습니다. 정부실패는 시장실패보다 더 치명적일 수 있기 때문에, 정부는 시장기능이 잘 작동할 수 있도록 조력자 역할만을 수행해야 한다고 생각합니다.

Part 12
078
소주성의 효과
effect of income-led growth

정부의 개입은 주로 재정정책과 세금조정을 통해 이루어집니다. 정부는 정책의 목적과 목표를 분명히 하고 사전적으로 경제적 파급효과를 면밀하게 파악하여 정책을 개발하고 실행해야 합니다. 예를 들어 일자리 창출을 목적으로 하는 정책의 경우, 이를 통해 얼마나 많은 일자리가 창출될 것인지, 또 어떠한 소득 계층의 일자리를 우선적으로 확보할 것인지, 이에 따른 파급효과는 어떻게 나타날지 등을 사전적으로 검토해야 합니다.

정부가 개입할 때 나타날 수 있는 현상에 대한 상반된 주장들이 존재합니다. 상위 계층의 소득이 증가하면 하위 계층에게도 전파되어 경제 전체에 긍정적인 효과를 가져올 것이라는 '낙수효과trickle-down effect' 주장이 있습니다. 이는 정부나 언론이 감세정책을 시행하고자 할 때 사용하는 논리인데, 물을 제일 위의 계층에 부으면 그 물이 점차 밑으로 흘러내려와 사회구성원 모두가 혜택을 누리게 된다는 것이지요. 이는 정부가 대기업 또는 부자들이 더 많은 돈을 벌 수 있도록 지원하면 그들이 돈을 쓰거나 풀게 되어, 시간이 지나면 언젠가는 중소기업 또는 저소득층에게도 혜택이 돌아가 경제가 전체적으로 좋아질 것이므로, 우선은 고통스럽더라도 조금만 참고 기다려 달라는 논리입니다. 하지만 이 가설은 특정한 시장 상황이나 경제 구조에 따라 효과가 다를 수 있으며, 상위 계층에서 생성된 부의 일부가 하위 계층으로 전달되지 않고, 상위 계층에게만 머무를 수 있다는 비판이 있습니다.

반면, 낙수효과의 반대되는 현상을 '분수효과fountain effect'라고 합니다. 이는 부유층에게 세금을 더 걷어 한계소비성향이 상대적으로 높은 저소득층의 가처분소득을 늘리면 국가 전체의 소비를 증가시키는 데 효과적이라는 주장입니다. 즉, 경제성장의 원동력이 분수처럼 아래에서 위로 솟구쳐 오르게 하는 것이 유리하다는 것이지요. 이 논리가 지난 문재인 정권이 경제정책 방향으로 채택하고 시행한 소득주도성장(소주성)의 토대입니다. '소주성'은 저소득층과 중산층의 소득을 높여 소비를 증대하고 소득의 공정한 분배를 통해 국민경제를 활성화하려는 시도였습니다. 2017년 당시 최저임금은 6,470원이었는데, 대선 당시 문재인 후보는 '2020년까지 최저임금 1만 원'을 공약했고, 이를 달성하기 위해 2018년에는 16.4%를 인상하기도 했습니다. 하지만, 이후 반대에 부딪히면서 임기 동안에 1만 원 공약은 달성하지 못했습니다. 최저임금 인상을 반대하는 쪽에서는 인상이 오히려 자영업자들의 경영을 악화시켜 저소득 노동자들의 실업을 초래한다는 논리인데, 실제 최저임금과 실업률을 살펴보면, 둘의 상관관계는 크지 않습니다.

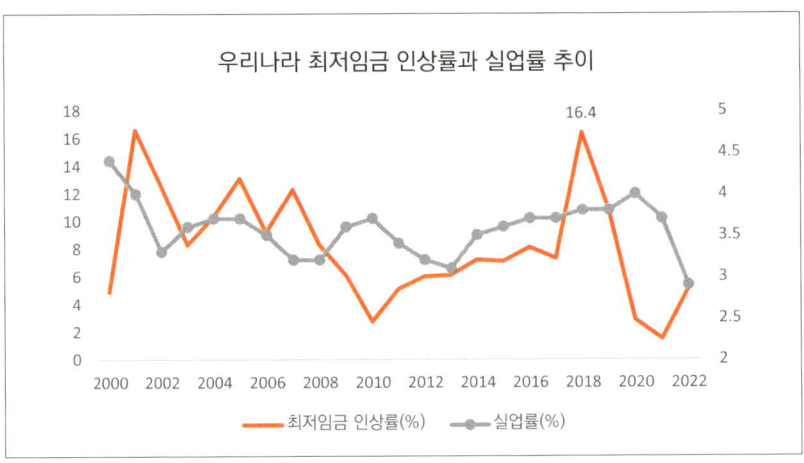

과거 우리나라는 IMF 외환위기와 글로벌 금융위기를 겪으면서 소득격차가 확대됐던 경험이 있습니다. 하지만 코로나19 위기 대응과정에서는 공적이전소득으로 인해 처분가능소득 기준 소득분배가 개선되었고, 이로 인해 하위

20% 소득계층의 소비가 증가했습니다. 이는 지니계수Gini Index로도 추이를 확인할 수 있습니다. '지니계수'는 소득분배를 보여주는 지표로 소득분배의 불평등 정도에 따라 0에서 1까지의 값을 가지며, 그 값이 클수록 소득분배가 불균형함을 의미합니다. 2021년 기준 우리나라 지니계수는 0.33 수준으로 10년 전 0.38에 비해 지니계수가 개선되고 있는 추이이지만, 우리나라의 지수는 유럽 국가들과 일본에 비해서는 여전히 높은 편에 속합니다.

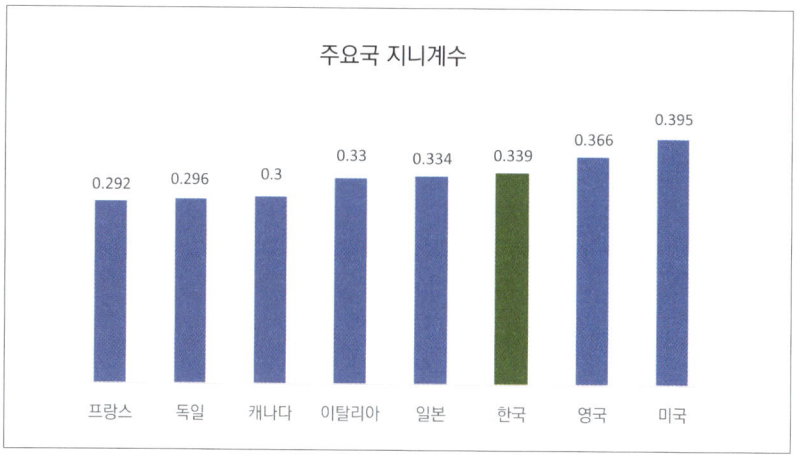

이렇게 소주성 정책은 소득분배에는 일정 부분 효과를 거둔 측면이 있으나, 과도한 정부 개입으로 시장경제의 원리와 효율성을 저해하고 기업들의 경제활동을 제약했다는 비판을 받기도 합니다.

Part 12
079

국가는 재정적으로 건강한가?
is the country financially sound?

'재정수지'란 정부의 수입과 지출의 차이를 나타내는 지표로, 국가의 재정안정성을 파악하는 데 쓰입니다. 정부의 수입이 지출보다 많으면 재정수지는 흑자, 반대의 경우에는 적자, 일치하면 균형재정이라고 합니다. 재정수지는 국가의 살림살이를 보여주는 지표로, 총수입에서 총지출을 뺀 '통합재정수지'와 여기에서 국민연금 등 사회보장성기금을 차감한 '관리재정수지'가 있습니다.

재정수지를 어느 수준으로 관리할지는 어떤 국가를 막론하고 늘 논란거리입니다. 경기침체가 이어지면 이를 탈피하기 위해 재정지출을 늘려 적자재정을 편성하기도 하고, 반대로 국가채무가 커지면 흑자재정을 편성해 재정안정성을 꾀합니다. 이렇게 흑자재정과 적자재정이 경기순환주기에 따라 교차하여, 한 경기주기를 놓고 볼 때는 균형재정을 이루는 것이 이상적입니다.

우리나라의 재정수지는 2000년 이후 2019년까지 2009년 단 한 해를 제외

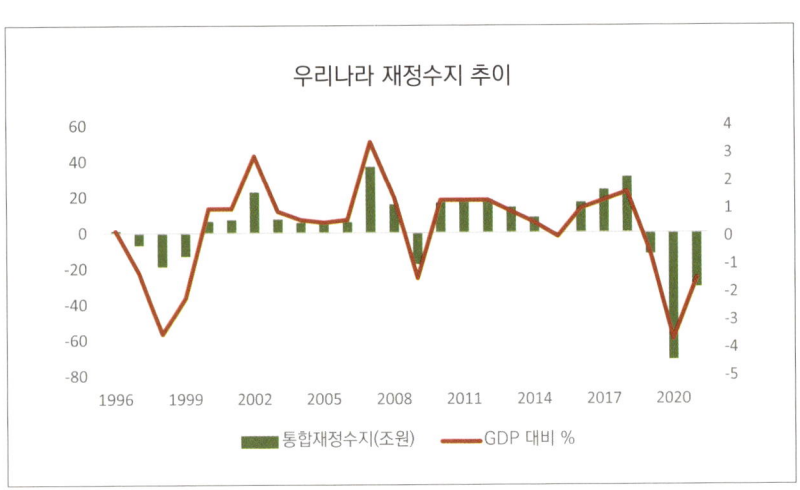

하고는 흑자재정이었습니다. 2009년에 재정수지가 적자를 기록한 것은 2008년 글로벌 금융위기로 인해 경기침체로 세수가 줄어들었고 경기부양을 위해 정부가 재정확장정책을 썼기 때문입니다. 이후, 코로나가 발발하고 2020년부터 2022년까지 연속해서 적자재정을 기록했습니다. 이는 코로나19에 대응하기 위해 재해보상금, 사회보장기부금과 같은 이전지출을 크게 늘렸기 때문입니다.

2022년 예산 기준, 우리나라 재정수지는 GDP 대비 -3.3%로 다른 선진국에 비해서는 양호한 편입니다. IMF에 따르면 2022년 기준 미국의 재정적자는 GDP 대비 -5.6%, 영국은 -7.0%, 일본은 -12.7%에 달합니다. 재정적자를 피하고 균형재정을 만들려면 경제가 성장하여 세수가 늘어나는 것이 가장 바람직한 방법입니다. 어쩔 수 없이 재정적자가 발생하게 되면 국가가 채권을 발행해 메우게 되는데, 이를 '국가채무'라고 합니다. 국가의 GDP 대비 채무비율은 국가의 재정건전성을 보여주는 핵심지표입니다. 국가채무가 늘어나면 세입 가운데 이자로 지급되어야 하는 금액이 증가하기 때문에 재정을 유연하게 편성하고 운영하는 데 제한을 받게 됩니다. 또 국가채무가 일정 수준을 넘어서게 되면 국제금융시장에서 국가의 채무상환능력을 의심받아 국채발행을 통한 자금조달 비용이 높아지고, 최악의 경우에는 채무상환불능과 같은 국가 파산 상태에 빠질 수 있습니다.

그럼, 국가의 부채비율은 어느 수준이면 안정적이라고 할 수 있을까요?

국가의 적정 채무비율은 연구기관마다 큰 견해 차이가 있는데, IMF는 선진국의 경우 GDP의 85%, 신흥국의 경우 60% 이하로 유지하는 것이 적합하다는 의견을 내놓았습니다.

우리나라의 GDP 대비 국가채무비율은 지속적으로 증가하여, 2022년 현재 50% 수준입니다. 유럽의 독일, 영국, 프랑스 등의 국가채무비율은 60~90%

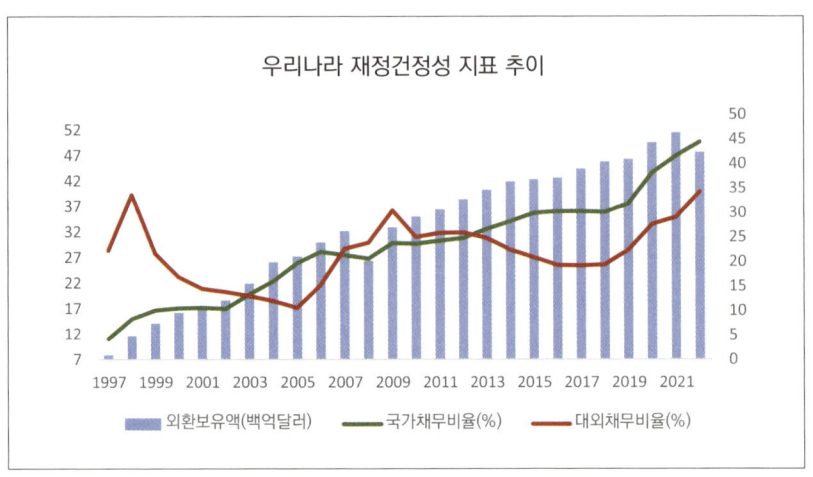

수준이고, 미국과 일본은 각각 100%와 200%를 상회합니다. 그럼에도 불구하고 미국과 일본의 채무상환 능력에 대해 크게 걱정하지 않는 것은 일본의 경우 대부분의 국채를 일본 내 기관투자자들이 보유하고 있어 정부에 의해 통제가 가능하고, 미국의 경우에는 달러화가 국제 기축통화여서 미국 국채가 각국이 선호하는 안전자산으로 인식되기 때문입니다.

대외채무비율 역시 국가의 경제적 안정성을 판단하는 데 중요한 지표입니다. '대외채무(외채)'는 정부, 금융기관, 기업과 민간부문을 포함한 거주자가 비거주자인 외국에 빚을 지고 미래 어떤 시점에 갚아야 하는 채무의 잔액입니다. 정부는 부족한 정부지출의 재원을 해외에서 조달하기도 합니다. 외채는 경제가 성장하는 데 도움이 될 수 있지만, 단기외채가 급증하면 인플레이션을 불러올 수 있고 국가경제가 어려워질 경우 단기외채가 급격히 해외로 빠져나가 대외지급 자금이 부족하여 유동성 부족 현상이 생길 수 있습니다. 하지만 한 나라의 외채 숫자만을 가지고 국가경제의 위험을 판단하는 것은 아니며, 그 나라의 자본시장 개방도, 무역 규모 등의 경제상황을 함께 고려해야 합니다. 또한 대외채권에서 대외채무를 뺀 '순대외채권'도 중요한 의미가 있습니다. 우리나라는 1990년대 중반 순대외채무가 큰 폭으로 증가했고, 결국 1997년 외환위기를 겪었습니다. 이후 우리나라의 GDP 대비 대외채무비율은 등락을 거듭하여 2022년 현재 39.9%입니다. 이는 중국(16%)보다는 높지만 프랑스(247%), 독일(165%), 스웨덴(165%), 미국(102%) 등 주요 선진국들에 비하면 현저히 낮은 수준입니다.

  대외채무 급증은 국가신용도에 부정적인 영향을 미칠 수 있어, 대외채무 증가로 인한 채무상환 압력에 대비하기 위해서는 외환보유고foreign reserve를 통한 유동성을 확보하는 것이 중요합니다.

  '외환보유고'는 한 나라가 가지고 있는 외화 총액을 말하는데, 외화는 국제무역, 금융거래, 해외여행 등 다양한 분야에서 사용되기 때문에, 외환보유고는 환율변동이나 금융위기 등의 경제적 충격에 대비할 수 있어 국가의 금융 안정성을 높일 수 있습니다. 우리나라의 외환보유액은 2023년 8월 기준 4,200억 달러로 세계 9위 수준입니다. 외환보유액은 2008년 글로벌 금융위기 이후 꾸준히 증가하다가 2022년 들어 감소세로 전환되었는데, 이는 킹달러에 따른 환율 방어를 위해 통화당국이 달러화 매도를 통한 시장개입으로 보유고가 감소한 것입니다. IMF는 외환보유액 적정성 평가지수ARA를 계상하여 발표하는데, 단기외채와 통화량, 수출액, 포트폴리오나 기타 투자 잔액을 기반으로 통상 100~150%를 적정한 외환보유액 수준으로 제시하고 있습니다. 2023년 기준 우리나라의 ARA는 97%로 IMF 권고치 이하인 것으로 조사되었지만, 대외신인도를 크게 우려할 만한 상황은 아닙니다. 이 외에도 자국통화와 상대국 통화를 교환할 수 있는 국가 간 통화 스와프 계약을 체결하여 대외신인도를 제고하기도 합니다. 2023년 기준 우리나라는 중국, 스위스, 일본 등 총 10개국과 1,400억 달러에 달하는 스와프 협정을 맺고 있습니다.

Part 12
080 얼마를 어디에 쓸 것인가?
how much is to be spent on what?

 케인즈 등장 이전에 자본주의 시장경제를 이끌어가는 원리는 '보이지 않는 손'이었습니다. 이는 국가가 시장에 개입하지 않고 각 경제주체들이 그들의 이기심에 따라 자유롭게 선택하면 시장의 가격기능에 의해 효율성이 최대화되지만, 정부 또는 특정 집단이 시장에서 영향력을 행사하면 시장의 순기능을 막아 효율적 선택을 방해한다는 것이지요. 하지만 21세기 현재, 국가경제를 온전히 '보이지 않는 손'에만 맡기는 나라는 없습니다. 다양한 방법의 가격통제를 통해 정부는 정부가 의도하는 방향으로 시장을 유도하는데, 각 국가의 상황과 정부의 성향에 따라 개입의 방향과 정도에 차이가 있습니다.

 보통 많은 정당이 정권을 잡기 전에는 '작은 정부'를 공약하지만, 정권을 잡은 후에는 여러 가지 이유를 핑계로 '큰 정부'로 운용합니다. 우리나라 정부 예산은 지속적으로 증가해 2022년에는 600조 원을 넘겼고 GDP 대비 국가채무비율도 50%에 달합니다. 국가채무비율은 꾸준히 증가해 2025년에는 65%에 다다를 전망입니다.

 경제정책은 경제논리뿐만 아니라 정치와 서로 상호작용하여 결정됩니다. 합리적인 경제정책이 정치적인 이유로 구현되지 않을 수 있고, 그 반대의 상황이 생기기도 하지요. 또한 정치로 인해 이해관계자들 간의 이익충돌이 발생하기도 합니다. 우리나라에는 정치적 권력인 정당과 행정적 권력인 정부를 분리하여 운용하는 '당정분리'의 원칙이 있기는 하지만, 실제로는 행정부와 정권을 잡은 여당이 정부를 공동으로 운영한다고 볼 수 있습니다. 정치인들은 정권을 획득하고 유지하는 것이 가장 큰 목표이고, 선거에서 승리하려면 지지자들을 대변하는 정책을 펼 수밖에 없습니다.

 정권교체 시기와 경기순환 사이클은 유사하게 움직이는 경향이 있습니다. 큰 정부를 지향하는 쪽에서는 경제를 활성화시키기 위해 증세를 통해 확장적 재정정책을 시도하지만, 이는 재정적자를 초래하고 인플레이션을 유발할 수 있습니다. 이로 인해 작은 정부를 지향하는 정권으로 교체되면 긴축적 재정정책으로 바뀌게 되고 경기확대가 축소로 돌아서는 순환이 일어납니다.

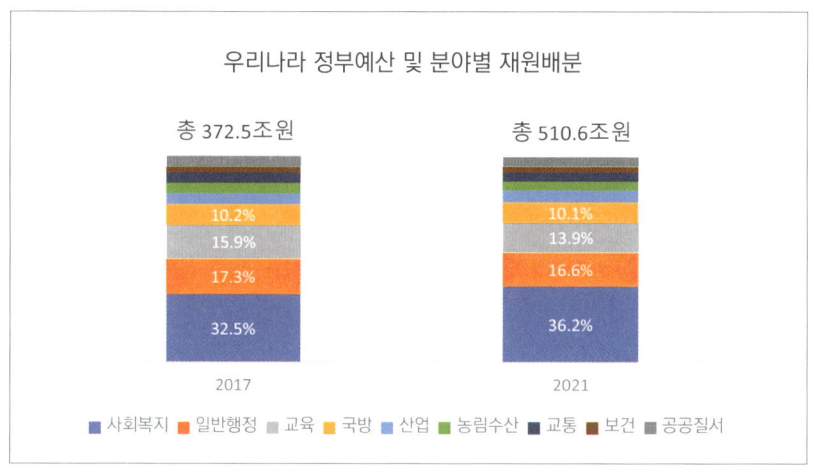

 2021년 기준 우리나라 정부 총지출은 572조 원으로 2017년에 비해 40%가 늘었습니다. 지출의 규모 못지않게, 분야별 재원배분도 중요한 문제입니다. 2017년과 2021년 분야별 주요 재원배분을 비교해보면, 2021년 지출은 사회복지 관련 비중이 3.7% 늘어난 반면 일반행정, 교육, 국방비 지출의 비중은 줄었습니다. 한편, 지난 문재인 정부의 사회복지 지출은 다른 역대 정부에 비해 가장 높았지만, 이는 GDP대비 14%대로 주요국 중 가장 낮은 수준이며, OECD 전체 회원국 평균보다도 낮습니다.

 사회복지 지출의 확대는 인기에 영합한 '퍼주기 정책'이라는 비판을 받기도 합니다. 사회복지 지출의 확대를 반대하는 쪽에서는 사회복지 지출 규모는 늘

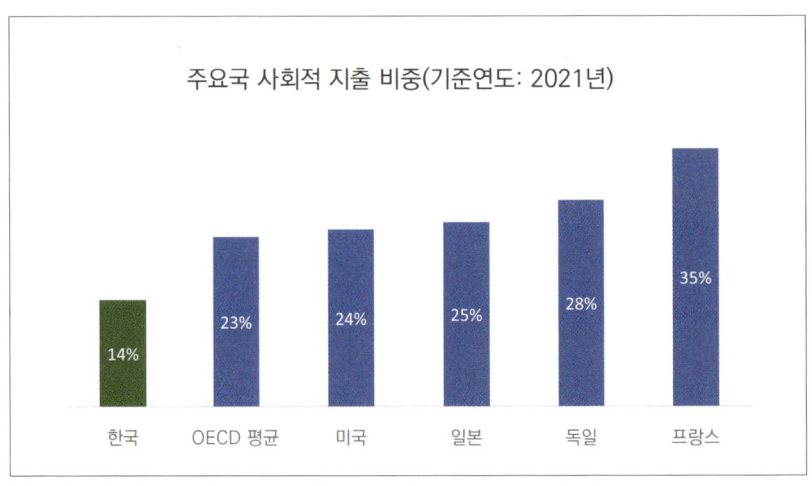

렸지만, 복지지출의 효율성은 1.4%로 OECD 평균인 2.6%에 비해 현저히 낮고 재정건전성에 타격을 입었다고 지적합니다. 또한 아동수당, 노인 기초연금, 청년기본소득 등과 같은 보편적 복지를 확대하는 것은 소득불평등 해소에 크게 도움이 되지 않아 선별적 핀셋 복지로 사회지출의 효율성을 높여야 한다고 주장합니다. 우리 사회의 구조상 사회복지 지출의 확대는 불가피한 면이 있습니다. 하지만 고령화시대 복지수요를 감안하면 갈수록 재정상황이 더 나빠질 가능성이 크고, 여기에 더해 정치권의 포퓰리즘적 정책은 재정위기를 부를 수 있기 때문에 보다 신중한 접근이 필요합니다.

Part 12
081
정부의 신뢰와 정책의 일관성
reliability to government and policy consistency

　경제정책은 양날의 검劍과 같이 긍정적인 면과 부정적인 면을 함께 가지고 있습니다. 경제정책은 경제활동에 영향을 주는 다양한 수단을 사용하여 경제의 성장과 안정을 도모하지만, 이 과정에서 부작용이 발생할 수 있습니다. 가령, 적극적인 고용창출 정책은 일시적으로는 일자리를 늘릴 수 있지만 장기적으로는 재정 부담이 커져 고용 상황을 더 악화시킬 수 있습니다. 또, 경제정책이 일부 계층이나 산업에게만 혜택이 돌아가게 되면 경제에 불균형을 야기하고 사회적 비용이 커질 수 있습니다. 따라서, 경제정책을 추진할 때에는 효과와 부작용을 모두 고려하여 결정해야 하며, 효과를 극대화하기 위해서는 정부의 신뢰와 정책의 일관성이 바탕이 되어야 합니다.

　거시경제정책은 민간수요를 유발하는 것이 관건이고, 경제정책의 효과는 민간의 경제주체들이 정부의 행동에 대해 얼마나 신뢰를 가지느냐가 중요합니다. 예를 들어 정부가 확장적 재정정책을 쓰더라도 민간의 신뢰가 낮으면 소비나 투자로 이어지지 않고, 정부가 감세를 하더라도 미래에 증세가 있을 것으로 예상하면 감세효과는 떨어집니다. 경제정책이 민간의 신뢰를 얻기 위해서는 정책의 목적과 방향이 명확해야 하고, 이를 위한 계획과 구체적인 실행 방안을 투명하게 수립해야 합니다. 또한, 정부와 민간 경제주체 간의 소통과 협력도 필수입니다.

　경제에 있어 타이밍은 매우 중요한데, 정책지연으로 효과를 보지 못하는 경우가 종종 발생합니다. 이는 정책 결정과 실행에 필요한 시간이나 프로세스, 그리고 정치적인 이슈 등 다양한 요인에 의해서 발생하는데, 경제정책을 적시에 시행하기 위해서는 실시간 경제정보 수집과 분석 능력을 강화하고 효율적인 정책 결정과 실행체계를 마련해야 합니다. 경제정책을 마련하는 데에도 케인지언과 고전학파의 주장이 엇갈립니다. 케인지언은 정책 지연을 예방하기 위해서는 정부가 경제상황에 따라 재량을 가지고 정책에 개입해야 한다고 주장했습니다. 반면에 신고전학파는 경제의 안전성을 보다 중시하여 정부가 정해진 규칙에 따라 개입하는 것이 바람직하다고 주장했지요. 신고전학파의 주장은 정부의 섣부른 개입이 오히려 시장에 혼란을 초래해서 악영향을 줄 수 있다는 것입니다.

경제정책은 일관성이 매우 중요합니다. 정책의 일관성은 정책결정에 있어서 그 목적과 방향성이 일치하고, 실행에 있어서도 일관된 방식으로 이루어지는 것을 의미합니다. 이는 정책의 효과성을 높일 뿐만 아니라, 정부 정책의 예측 가능성을 높여 민간의 신뢰를 얻을 수 있는 기반이 됩니다. 정책의 일관성을 유지하기 위해서는 정책결정 과정에서 다양한 이해관계자들의 의견을 수렴하고, 전문가의 지식과 경험을 적극적으로 활용하는 것이 필요합니다. 이는 정부의 신뢰도와 민간의 참여와 지지를 얻는 데 중요한 역할을 합니다.

'동태적 비일관성time inconsistency' 이론을 주창한 핀 키들랜드 교수는 "정부의 정책행위 자체보다는 가계나 기업 등 경제주체들이 예측할 수 있는 경제정책을 펼치는 것이 중요하다."며, 특히 우리나라의 부동산정책을 일관성이 없어 실패한 정책으로 꼽았습니다. 정부가 정치와 경제 상황이 변할 때마다 정책을 바꾸면 정부 정책에 대한 신뢰도가 떨어져 어떤 정책목표도 달성하지 못하게 된다는 것이지요. 한국경제연구원의 분석에 따르면, 우리나라의 경제정책 불안정성은 비교대상 20개 국가 중 스페인 다음으로 높은 것으로 나타났습니다. 이러한 경제정책의 불안정성은 경제성장뿐만 아니라 기업의 설비투자 및 주가에도 부정적인 영향을 주고 있습니다. 특히 우리나라의 경우 정책의 비일관성은 정치제도와 관련성이 큽니다. 대통령 5년 단임제는 정치적인 균형과 권력집중 방지를 목적으로 도입되었지만, 정책의 일관성과 지속성을 유지하기 어렵고, 국가 발전을 위한 장기적인 비전과 계획을 구현하는 데 어려움을 초래하고 있습니다. 뿐만 아니라, 단임제 대통령은 직무를 수행하면서 경험과 지도력을 축적하는 시간과 기회가 제한되어 역량을 발휘하기 어렵습니다. 또 단임제로 인해 빈번한 선거와 정권교체는 정치적인 불안정성을 증가시켜 정치적 분열과 갈등을 야기하고 집권한 대통령은 지나치게 단기적 성과에만 치중하게 됩니다. 정치적 성향과 관계없이, 현재의 단임제로는 국민연금 개혁, 양극화, 저출산 등 우리사회가 가지고 있는 많은 문제점들을 푸는 데 한계가 있는 만큼, 대통령 4년 연임제로의 개헌을 심각히 고려해보아야 할 시기입니다.

거위의 깃털

Part 12
082

goose feathers

'세금'은 국가나 지방자치단체가 필요한 경비로 사용하기 위해 법률에 의거하여 국민으로부터 반대급부 없이 강제로 거두는 금전 또는 재화인데, 이러한 조세권은 국가의 핵심 권한 중의 하나입니다. 세금은 정부의 가장 큰 수입원으로, 이는 다양한 공공서비스 및 사회 프로그램을 운영하는 데 쓰입니다. 한자로 세금의 '세稅'는 벼 '화禾'와 바꾼다는 의미의 '태兌'로 이루어진 단어로, 과거에 농민이 수확한 곡식 중에서 자신의 몫을 제하고 나머지는 관청에 바쳤다는 데에서 유래되었습니다.

세금은 인류 문명의 발전과 함께해 왔습니다. 도시가 만들어지고 국가가 생겨나면서, 권력을 가진 위정자들은 체제를 유지하고 운영하기 위해 돈이 필요했고, 이에 국민들에게 세금을 징수하기 시작했습니다. 세금 외에 국채를 발행하여 차입하거나, 타국으로부터 원조를 받거나, 화폐를 발행하여 재원으로 쓸 수도 있으나, 이는 지속가능한 방법이 아닙니다.

이집트 왕국이 세금을 징수하기 시작한 초창기에는 주로 십일조 형태로 세금을 걷었습니다. 이후 로마제국 시절에는 '오줌세'가 있었고, 영국에는 '난로

세'가 있었습니다. 또 제정러시아 시절에는 집의 문門마다 세금을 매기는 '가구세', 그리고 수염을 기르는 사람에게는 '수염세'를 내게 했습니다. 루마니아에서는 인구를 늘리기 위해 '무자식세'를 과세했고, 독일에는 '스파클링 와인세'라는 세금도 있었습니다.

소득세는 근대에 들어와 생겼습니다. 소득세는 전쟁과 밀접한 관계가 있습니다. 영국이 나폴레옹과의 전쟁을 위해 걷었던 소득세를 전쟁 승리 후 폐지했다가 30년 후 크림전쟁이 일어나면서 부활시켰는데, 이때 세율은 3%에 불과했습니다. 그럼에도 불구하고, 세금은 "우리의 죄를 돌이키려는 신神의 형벌"이라며, 소득세에 대한 반발이 컸습니다. 이후, 소득세는 미국을 포함한 대부분의 국가들이 도입하였고, 한계세율 또한 점차 높아졌습니다. 하지만 미국의 레이건이 집권하던 시절에는 감세정책을 펴서 경기활황을 이끌기도 했습니다.

세금은 모든 경제주체들의 경제적 의사결정에 매우 중요하게 영향을 미치기 때문에 국가운용을 위한 재원 조달뿐만 아니라 국민의 부담수준 및 과세의 형평성을 고려해야 합니다.

그럼, 우리나라 국민이 부담하는 조세부담률은 어느 수준일까요?

조세부담률은 소득 중에서 세금이 차지하는 비중을 나타내는 지표로 국민이 1년 동안 낸 세금총액을 국내총생산 금액으로 나눈 값입니다. OECD에 따르면, 2020년 기준 우리나라 조세부담률은 20%로 OECD 국가들의 평균인 24.3%에 비해 낮습니다. 하지만 이 수치만으로 증세를 논할 수는 없고, 조세부담 수준은 정부지출의 정당성, 소득재분배, 그리고 국가의 재정 여건 등이 같이 고려되어야 합니다.

정부지출의 규모는 작은 정부나 큰 정부 어느 쪽을 추구할지에 대한 선택의 문제입니다. 국가는 지향점을 명확히 제시하고 국민의 공감대를 얻어야 합니다. 세금은 소득재분배를 통해 자원을 효율적으로 배분하게 합니다. 자본주의 하에서는 불가피하게 소득에 차이가 날 수밖에 없습니다. 일정 수준의 소득불평등은 경제의 역동성을 낳는 원천이지만, 지나친 격차는 사회적·경제적으로 부정적인 영향을 미칩니다. 따라서, 정부는 소득세, 상속세, 증여세, 그리고 재산세 및 종합부동산세 등과 같은 세금을 부과하여 소득재분배를 해소하려고 노력합니다. 또 조세부담 수준은 재정여건을 감안해야 합니다. 우리나라는 특히 사회복지와 국방비 등과 같은 재정수요가 빠르게 증가하고 있는데, 재정수입이 재정지출을 따라가지 못하면 국가채무가 증가하면서 국가적 재앙이 올 수 있습니다. 이 밖에도 정부는 경기 변동을 완화하고 지나치게 호황이나 불황에 빠지는 것을 방지하기 위해 세율을 조절하는 경기조절 정책을 쓰기도 합니다.

한 나라의 조세구조는 경제 전체의 노동력 활용도와 노동생산성에 영향을 주는데, 이로 인해 1인당 GDP가 변합니다. OECD 분석에 따르면, 노동을 활성화시키기 위해서는 소득세 인하가 효과적이며, 재산세, 소비세, 소득세, 법인세 순으로 1인당 GDP 감소에 미치는 영향이 적은 것으로 나타났습니다.

'세금이 바로 서야 나라가 바로 선다.'는 것은 세계사에서 얻는 교훈입니다. 동서양을 막론하고 세금의 역사는 불공평과 억압, 그리고 이로 인한 저항의 역사였습니다. 영국의 대헌장(마그나카르타 Magna Carta, 1215), 프랑스 대혁명(1789), 보스턴 차 사건(1773) 등 역사적으로 중요한 사건들이 세금과 관련이 있었습니다. 세금에 있어 공정과 공평성은 매우 중요합니다. 우리나라의 조세부담률이 다른 선진국에 비해 낮음에도 많은 국민들이 세금 부담을 크게 느끼는 것은 세금 징수가 불공평하고 걷은 세금이 낭비되고 있다고 생각하기 때문입니다.

프랑스 루이 14세의 재상 콜베르는 "세금을 걷는다는 건 거위가 고통을 느끼지 않도록 깃털을 살짝 떼내는 것"이라고 비유했습니다. 하지만 깃털 하나를 잘못 건드렸다가, 민심이 이반되어 정권이 무너지기도 합니다.

정책당국은 적정 조세부담에 대한 거시적 목표를 제시하고 공정과 공평의 원칙으로 조세정책에 임해야 합니다. 또 오늘날 경제는 광범위하게 개방되어 기업활동에 대한 국가경계가 사라지고, 4차 산업혁명으로 새로운 형태의 사업들이 전개되고 고부가가치 일자리가 늘면서 소득불균형이 확대되고 있습니다. 과세 당국은 산업변화와 세원이동에 따른 대책을 강구해야 합니다.

'경제정책'은 당면하고 있는 경제문제를 해결하기 위해 여러 가지 정책수단을 동원하는 행위입니다. 이는 국민생활에 직접적으로 크게 영향을 미치기 때문에 모든 정부는 경제문제를 최우선적으로 고려하여 정책을 결정합니다.

우리나라는 짧은 기간에 괄목할 만한 경제성장과 민주화를 이루었습니다. 하지만 국민 다수의 삶 만족도는 그리 높지 않고 현재 우리는 다양한 사회문제에 직면해 있습니다. 낮은 출생률과 급속한 고령화, 높은 자살률 등으로 사회 전반의 활력이 약화되고 있으며, 이념적 갈등, 상대적 빈곤, 노사갈등 등 다양한 갈등이 첨예하게 대립하고 있습니다. 이에 '경제성장'을 우선시하는 정책에서 '삶의 질'을 고려하는 정책으로 전환이 필요한 시점입니다.

과거에는 한 나라의 사회발전 척도를 경제적 성장을 보여주는 GDP와 같은 경제지표에 주로 의존하였습니다. 하지만 오늘날에는 경제성장에만 국한하지 않고 '삶의 질'에 더 큰 의미를 부여하려는 시도가 있습니다. 유럽위원회는 "GDP and Beyond"에 대한 논의를 2009년에 시작하여 EU 2020년 정책전략에 포함시켰습니다. 또한 다양한 '삶에 질'에 대한 데이터가 모이면서 지표가 개발되고, 이를 근거로 정책개발이 이루어지고 있습니다. 이는 기업에서 ESG 경영을 시작한 것과 일맥상통한 면이 있습니다.

OECD는 2011년부터 38개 회원국의 웰빙 동향을 파악하여 '더 나은 삶 지수Better Life Initiative: BLI'를 매년 발표하고 있습니다. 우리나라는 GDP 기준으로 세계 10위권의 경제대국이지만, BLI 조사에 따르면 OECD 38개국 중 하위권인 29위입니다. 우리나라는 주거, 교육, 시민 참여 영역에서는 대체로 높은 점수를 받았으나, 삶의 질적 수준과 관련된 환경, 건강, 일과 삶의 균형 영역은 하위권입니다. 특히 연간 근로시간은 1967시간으로 멕시코 다음으로 많고, 미세먼지 농도는 가장 나쁩니다. 또 고령인구 증가율과 동시에 노인빈곤율도 가장 높습니다.

우리나라 통계청도 「삶의 질 지표」를 개발하고 2014년부터 제공하고 있습니다. 이 지표에 따르면, 2020년과 2021년은 코로나19로 인해 전반적으로 사회가 침체되었지만, 사람들의 삶에 대한 만족도는 이전과 유사한 수준을 유지하고 있는 것으로 조사되었습니다. 고용률, 상대적 빈곤율, 부패인식지수 등은 개선된 것으로 나타났고, 사회적 고립도, 산재사망률, 주거임대료 비율 등은 악화된 것으로 조사되었습니다.

경제정책은 경제성장, 자원의 효율적 배분, 소득과 부의 합당한 분배, 자원 확보 등의 중장기적 목표가 있습니다. 이를 달성하기 위해 정부는 재정정책, 통화정책, 제도적 변화 등과 같은 수단을 강구합니다. 하지만 궁극적으로 모든 정책은 다수 국민의 삶에 좋은 영향을 미치도록 결정되어야 합니다. 국민이 느끼는 삶에 대한 질이 떨어지면 결국은 경제에 악영향을 주고 삶은 더 나빠지는 악순환의 구조에 빠지게 됩니다. 이를 벗어나기 위해서는 국민의 공감대를 만들고 이를 추진할 수 있는 전략적 정책 마련이 필요합니다.

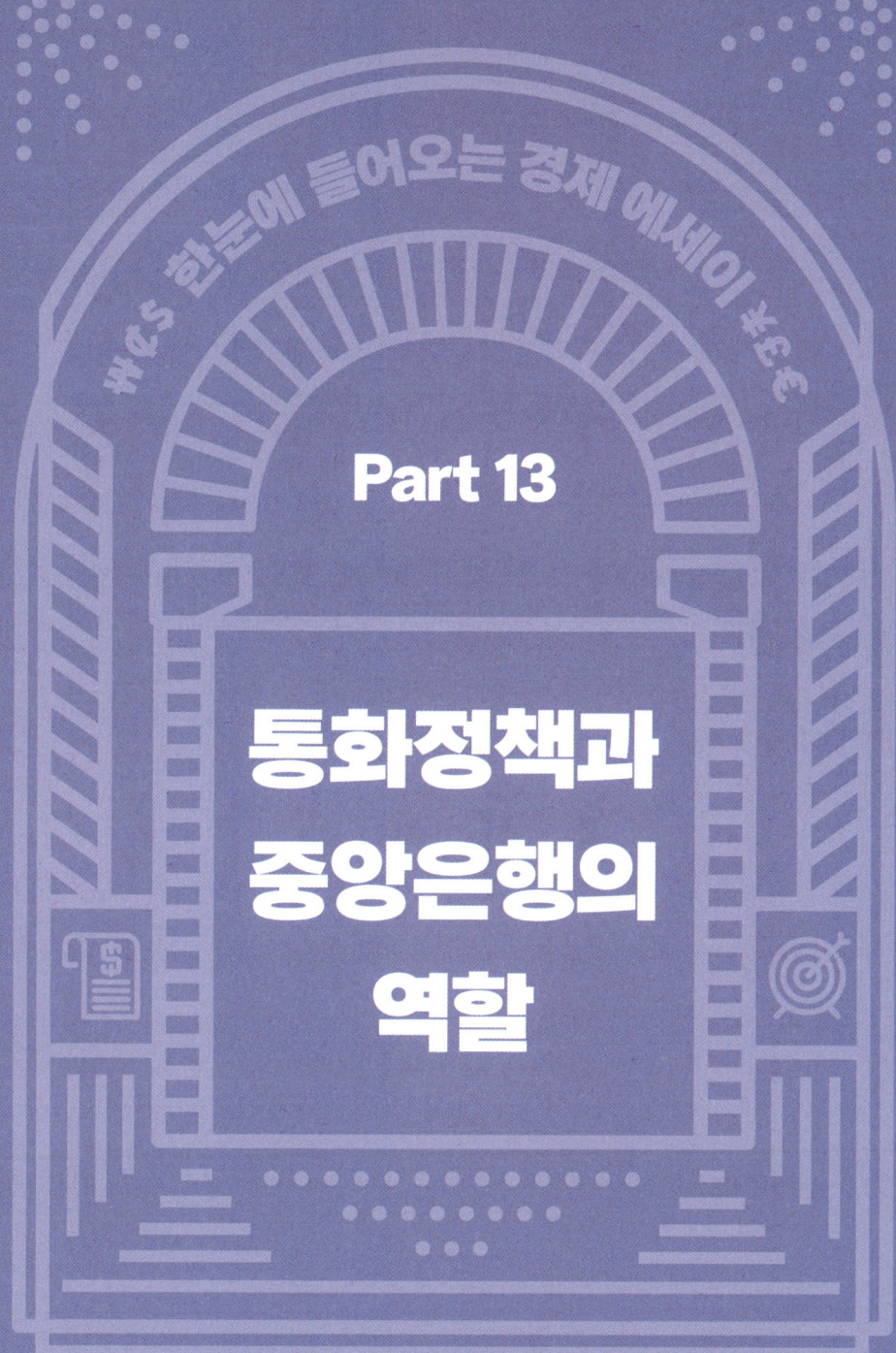

중앙은행의 역할
central bank's role

'통화정책monetary policy'은 중앙은행이 경제와 금융시장을 안정시키기 위해 시행하는 정책입니다. 재정정책과 통화정책 모두는 경제를 안정화하고 조절하기 위해 정부와 중앙은행이 채택하는 정책이지만, 이 둘은 서로 다른 접근방식과 수단을 사용합니다. 앞서 살펴본 바와 같이, 재정정책은 정부의 예산과 세금을 조정하여 경제활동을 촉진하거나 억제하지만, 통화정책은 중앙은행이 독립적으로 수행하는 정책으로 통화량과 금리를 조절하여 경제에 영향을 미칩니다.

서울 중구에 위치한 한국은행 본관 로비에는 '물가안정'이라고 쓴 현판이 걸려 있습니다.

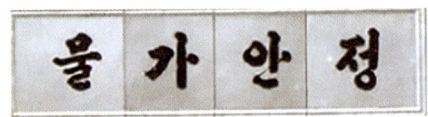

「한국은행법」에는 물가안정을 달성해 국민경제의 건전한 발전에 이바지하는 것을 중앙은행의 최우선 목표로 규정하고 있습니다. 한국은행 총재를 포함한 7인의 위원으로 구성된 금융통화위원회에서는 물가수준과 국내외 경제여건들을 고려하여 매월 기준금리와 통화정책의 운용 방향을 결정합니다. 중앙은행은 본원통화의 발행을 조절하거나, 간접적으로 통화량과 이자율에 영향을 미치는 방식으로 통화정책을 수행합니다. 중앙은행의 대표적인 통화정책은 공개시장운용, 여·수신제도, 지급준비제도가 있습니다.

'공개시장운용' 정책이란 중앙은행이 시장에서 금융기관과의 유가증권 거래를 통해 시중 자금사정을 변화시킴으로써 통화량과 금리를 조절하는 것입니다. 예를 들어 중앙은행이 민간 금융기관으로부터 국채를 매입하면 시중의 통화량이 증가하고, 반대로 매각하면 통화량이 감소합니다.

'여·수신제도' 정책은 금융기관에 대한 여수신 금리 또는 금액의 조정을 통해 시중금리 및 유동성에 영향을 주는 방법입니다. 중앙은행은 '은행의 은행'이라 불리지요. 민간은행이 자금이 부족하면 '최종 대부자' 기능을 하는 중앙은행으로부터 빌리게 되는데, 이때 중앙은행의 대출금리를 '재할인율'이라고 합니다. 중앙은행이 재할인율을 낮추면 민간은행은 낮은 금리에 자금을 조달할 수 있어, 더 많은 자금을 빌릴 것이므로 시중에 통화량이 증가하게 됩니다. 또, 민간은행은 예금액의 일정비율을 중앙은행에 예치해야 하는 의무규정이 있는데, 중앙은행은 법정지급준비율을 조정하여 금융기관의 자금사정을 변화시킴으로써 시중 유동성을 조절하고 금융안정을 도모합니다. 중앙은행이 본원통화를 늘리면, 민간은행이 이를 기초로 한 신용창조를 통해 파생통화가 늘어납니다. 민간은행은 예금의 일부를 법정지급준비금으로 중앙은행에 예치하고 나머지를 대출로 운용하게 되는데, 중앙은행이 법정지급준비율을 올리면 파생되는 시중의 통화량이 줄고 반대로 낮추면 늘어납니다.

한편 부분지급준비제도하에서 은행은 언제나 대규모 예금인출사태, 즉 뱅크런bank run의 위험에 노출되어 있습니다. 은행은 예금의 일부만을 지급준비금으로 보유하므로, 갑자기 많은 예금자들이 한꺼번에 예금인출을 요구하는 경우, 아무리 건전한 은행이라도 인출 요구에 모두 응할 수 없고 결국 부도가 나게 됩니다. 2023년 들어, 미국의 기준금리가 빠르게 오르면서, 미국의 실리콘밸리은행과 시그니처은행에 뱅크런이 발생하여 파산하고 말았습니다. 이런 사태에 대비하기 위해, 민간은행들은 법정지급준비금 외에 추가적인 지급준비금인 초과지급준비금을 자체적으로 보유하기도 합니다. 또, 은행이 파산할 경우 정부가 대신하여 예금을 지급하는 예금자보호법도 시행되고 있습니다.

이러한 전통적인 방법 외에도, 중앙은행은 양적완화QE, 오퍼레이션 트위스트operation twist와 포워드 가이던스forward guidance 같은 비전통적인 통화정책을 쓰기도 합니다. 공개시장운용과 양적완화는 모두 중앙은행이 시중의 증권이나 채권을 사는 행위이지만, 그 목적은 다릅니다. 공개시장운용은 콜금리와 기준금리 간에 괴리를 해소하기 위한 것이고, 양적완화는 시장에 더 많은 돈을 풀어 경기를 부양하는 데 목적이 있습니다. 2008년 11월 미 연준은 초저금리 상태에서 채권 매입을 통해 대규모 양적완화를 시행했습니다. 이때 주로 모기지담보증권MBS을 매입하였는데, 매입 종료시점을 한정하지 않는 소위 무한대 정책을 펼쳤습니다. 또, 경제주체들의 신규 투자를 유도하기 위해서 장기실질금리를 낮추는 것이 필요했고, 미 연준은 단기채권을 판 돈으로 장기채권을 사들이는 오퍼레이션 트위스트도 집행했습니다. 미국 GDP 중에 가계소비의 비중은 GDP에서 3분의 2를 차지합니다. 미 연준은 '부의 효과'로 인해, 자산가격이 상승하면 가계 소비지출이 늘어나 경기가 살아날 것으로 기대했습니다. 실제 미 연준의 막대한 유동성 공급은 부동산 가격을 올리고 대표적 위험자산인 주식 가격의 상승랠리를 만들었고, 이로 인해 2021년 미국 경제성장률은 5.7%로 1984년 7.2%를 기록한 이래 37년 만에 가장 높은 성장률을 달성했습니다. 하지만 2022년 소비자물가(CPI) 상승률이 9%대를 기록하면서 무리한 통화정책에 따른 반작용을 경험하기도 했습니다.

중앙은행은 통화정책과 관련한 역할 외에도 다양한 업무를 수행합니다. 2011년 개정된 「한국은행법」에는 금융안정이 중앙은행의 핵심목표로 추가되었고, 중앙은행은 국내외 경제여건, 금융시장의 안정성, 금융시스템의 건전성 등을 점검하고 이를 평가하는 금융안정보고서를 반기별로 발표합니다. 또 금융기관과 금융시장에 불안요인을 파악하고 금융기관에 대해 금융감독원과 함께 검사를 수행하기도 합니다. 중앙은행은 지급결제 시스템이 효율적이고 안정적으로 운영되도록 관리하며, 정부를 상대로 예금과 대출업무를 수행하고 조세의 국고수납이나 국채발행 업무를 대행합니다. 또, 환율의 급변동을 완화하기 위한 시장안정화 조치와 외환보유액을 안전한 투자처에 투자하고 관리합니다. 더불어 중앙은행은 경제에 관한 조사연구 및 각종 통계를 작성하여 발표하고 있습니다.

Part 13
085

매파와 비둘기파
Hawkish vs. Dorvish

    중앙은행의 통화정책은 금융시장과 실물경제에 큰 영향을 미칩니다. 각국의 중앙은행은 통화의 발행과 유통을 책임지고, 물가와 금융안정을 도모하면서 경제를 안정적으로 성장시키는 역할을 합니다.

    최초의 중앙은행은 17세기경에 유럽에서 탄생했습니다. 논란이 있기는 하지만, 1668년에 설립된 스웨덴의 릭스방크Riksbank가 가장 오래된 중앙은행이라는 것이 정설입니다. 사실 이보다 전에 네덜란드에 비셀방크Wisselbank가 있었는데, 이 은행은 15세기 네덜란드가 유럽의 무역과 금융의 중심지 역할을 할 때 민간금융업자들과 상인들에게 원활한 지급결제 시스템을 제공하기 위한 목적으로 설립되었지만 이후 파산했습니다. 1691년에 출범한 영국의 잉글랜드은행Bank of England를 최초의 중앙은행으로 보는 견해도 있습니다. 잉글랜드은행은 독점적 발권력을 가지고 유동성을 공급했고, 금융위기를 맞을 때 최종대부자 역할을 수행했기 때문입니다.

    미국의 경우 1791년 초대 재무장관이었던 알렉산더 해밀턴에 의해 제1합중국은행이 설립되었으나, 정치적 이해관계와 중앙은행이 상업은행 역할을 동시에 수행하는 등의 문제로 20년 기한이 지난 후 폐지되었습니다. 이후 미국은 한동안 중앙은행이 없는 시스템으로 가다가 1907년 주식시장의 폭락으로 금융위기가 발생하면서 중앙은행 시스템을 만들게 되었습니다. 미국은 1913년 연방준비법을 만들었는데, 1929년 대공황이 발생하면서 중앙은행제도의 조직과 기능을 재검토하여 은행법을 제정되고 연방준비제도이사회FRB 산하에 통화·금리정책을 결정하는 최고 의결기관인 연방공개시장위원회FOMC가 설립되었습니다. 지배구조 면에서 중앙은행은 행정부와는 독립된 형태를 갖추었지만, 제1차, 제2차 세계대전을 겪으면서 행정부와 마찰을 빚기도 했습니다. 이를 해결하기 위해 차환발행 인수를 위한 재무부-연준 협정 등과 같은 조항들이 여러 차례 바뀌어 오늘날의 시스템을 갖추게 되었습니다.

미국의 통화정책은 '연방준비제도', 일반적으로 연준(FED)라고 불리는 중앙은행 시스템에 의해 수행됩니다. FED는 미국의 통화정책을 관리하고 경기 조절, 금융 시스템의 안정 유지, 가격안정 등의 목표를 달성하기 위해 설립되었습니다. 세계 경제에 막대한 영향력을 미치는 FED는 주요 도시 12곳에 연방준비은행을 두고 있으며, 이들은 지역경제와 금융시장을 감독합니다.

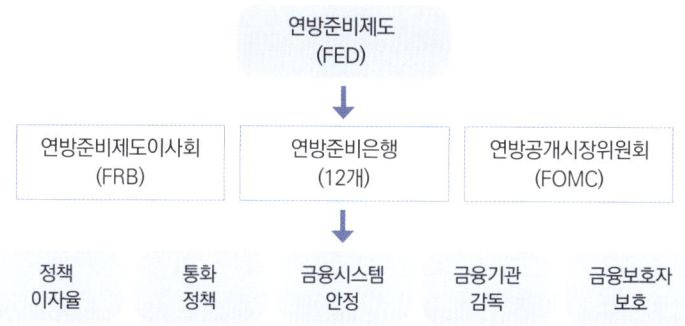

FED는 FRB에 의해 운영되며, FOMC는 12명의 위원으로 구성되는데, 7명의 FED이사와 뉴욕연방준비은행 총재, 그리고 연방준비은행의 나머지 11명의 총재 중 4명이 1년 임기로 돌아가며 참여하고, 통상 6주마다 연 8회 회의를 개최하여 매달 정책보고서를 발표합니다. 여기서 미국 경제에 대한 평가와 함께 통화공급량이나 금리조정 여부를 결정하는데, 이들의 회의 결과는 전 세계 금융시장과 실물경제에 큰 영향을 미칩니다. 외부적으로 중앙은행은 행정부와 독립되어 있지만, 표결에 참여하는 12인 중 7인이 정부 및 의회와 관련된 인사여서, 사실상 정부 및 의회와 뜻을 같이하는 사람들이 통화정책을 결정한다고 볼 수 있습니다.

FOMC 위원들은 '매파'와 '비둘기파'로 나뉩니다. 이러한 용어는 1960년대 베트남 전쟁 당시 전쟁을 계속해야 한다고 주장하였던 미국의 강경정치파를 '매파', 전쟁을 중단하고 외교를 통해 평화적으로 해결하자고 주장했던 온건정치파를 '비둘기파'라고 불렀던 데에서 유래합니다. 통화정책에서 '매파'는 인플레이션 방지에 주안점을 두어 긴축적인 통화정책을 선호하는 쪽이고, '비둘기파'는 경제성장을 위한 완화적 통화정책을 선호하는 쪽입니다. 이들은 경제현상에 대한 이해 및 입장 표명에 있어 서로 상반된 성향과 견해를 가지고 있어 치열하게 대립합니다. 2022년 FOMC 12인의 성향은 매파 6명, 중도파 5명, 비둘기파가 1명이었는데, 2023년 구성은 매파가 줄고 중도파가 늘어나 금리인상에 반대하는 목소리가 커지고 있습니다. 하지만, 한번 매파(또는 비둘기파)가 영원한 매파(또는 비둘기파)는 아닙니다. 미국 재무부장관이며 과거 FED 의장을 지낸 바 있는 재닛 옐런은 1990년대에는 매파로 분류됐지만 의장을 맡았던 2014년부터는 비둘기파로 입장을 바꾸었습니다. 1960~2015년까지 FOMC 위원을 지낸 130명을 대상으로 분석한 연구보고서에 따르면, '항상 매파'는 39%, '항상 비둘기파'는 30%, 두 성향을 오간 '박쥐swingers'는 24%로 파악되었습니다.

우리나라에도 미국의 FOMC와 유사한 통화관리 정책 수립을 위한 합의제 정책결정 기구인 금융통화위원회('금통위')가 운용되고 있는데, 이 위원회에서 물가안정을 최우선 목표로 통화정책을 결정합니다. 회의에 상정되는 안건을 심의·의결하기 위해서는 총 7인의 금통위원 중 5인 이상의 출석과 출석위원 과반수 이상의 찬성을 필요로 하며, 금통위가 의결한 때에는 의결서를 작성합니다. 또한 본 회의 논의 내용에 대해서는 의사록을 작성하고 의사록 내용 중

통화신용정책에 관한 사항에 대해서는 외부에 공개합니다. 금통위 회의가 열릴 때마다 금융기관 및 기업들은 촉각을 곤두세우고 그 결과를 예의 주시합니다. 위원회의 금리 인상이나 인하, 또는 유지 결정, 그리고 회의록에 담긴 내용은 주식과 채권 등 금융시장에 큰 영향을 미치기 때문입니다.

중앙은행의 통화정책이 정치적 이해관계나 선택에 의해 좌우되지 않고 정책의 일관성과 안정성을 유지하려면 정부와는 구별되는 독립성이 보장되어야 합니다. 하지만 현실에서는 중앙은행이 완전한 독립성을 가지고 있다고 보기는 어렵습니다. 금통위원의 구성을 보면 한국은행 총재, 부총재, 한국은행이 지명한 위원 1인, 그리고 나머지 4인은 정부와 친정부기관의 추천을 받아 선임되어, 미국의 FOMC와 유사하게 정부와 뜻을 같이하는 사람들이 통화정책을 결정한다고 볼 수 있습니다. 또한 정치인들은 때때로 중앙은행의 통화운용에 정치적 압력을 가해 독립성을 흔들고 그들의 정치적인 목적을 달성하고자 합니다. 이로 인해 발생할 수 있는 통화정책의 편향성을 줄이고 중립성을 제고하고자 현재 각 국에서는 제도를 연구하고 개선점을 찾고 있습니다.

Part 13
086 잭슨홀 미팅
Jackson hole meeting

    잭슨홀 미팅은 매년 8월 말 잭슨홀에서 미 연준이 주최하여 경제 현안을 논의하는 심포지엄입니다. 미국 와이오밍주에 위치한 잭슨홀은 도시 전체가 험준한 산에 둘러싸여 있고, 인구가 1만 명밖에 안 되는 소규모 관광 도시입니다.

    이 작은 도시에서 1년 중 3일간 전 세계가 주목하는 경제회의가 열립니다. 미국 연방은행 중 하나인 캔자스시티연방은행은 매년 이 지역에서 회의를 개최하는데, 1982년 당시 미 연준 의장이었던 폴 볼커가 연단에 서면서 국제적인 주목을 받게 되었습니다. 볼커는 '인플레이션 파이터'라고 불리울 만큼 강력한 초고금리 정책을 써서 물가를 잡은 것으로 유명한 인물입니다. 1982년 미친 듯이 치솟는 물가를 잡기 위해 볼커는 미국의 기준금리를 20%대로 끌어올리기도 했습니다. 볼커는 회의에 참석하여 고금리 정책에 반대하는 경제학자들과 치열한 논리 싸움을 했고 전 세계가 이를 지켜보았습니다. 이후 잭슨홀은 미 연준 의장뿐만 아니라 전 세계 중앙은행장과 석학들이 모여 향후 통화정책을 논의하는 회의로 자리 매김했습니다. 글로벌 금융위기 이후 벤 버냉키 전 연준 의장은 수차례에 걸쳐 잭슨홀에서 양적완화 방침을 밝혔고, 2014

년 드라기 ECB 총재도 이 회의에서 디플레이션을 막기 위해 필요한 모든 조치를 취하겠다고 말한 바 있습니다.

  2020년과 2021년에는 코로나19로 인해 잭슨홀 미팅이 원격으로 이루어졌는데, 미 연준 제롬 파월 의장은 이 자리에서 인플레이션의 위험이 단기간에 사라질 것이라고 발언했습니다. 하지만 인플레이션이 40여 년만에 가장 높은 수준을 기록하는 매우 엄중한 상황이 지속되면서, 상황 판단이 잘못되었음을 뒤늦게 인식하였습니다. 파월은 2022년 잭슨홀 연설에서 인플레이션을 45차례나 언급했고, 일회적이거나 단기적인 데이터만을 가지고 통화정책을 펴지 않겠다는 방침과 고강도 금리 인상을 계속하겠다는 의지를 밝혀 전 세계 금융시장이 큰 충격에 빠지기도 했습니다. 그의 발언은 경기가 둔화될 수 있는 부작용에도 불구하고 금리를 대폭 올려 물가를 잡겠다는 의지를 보인 것입니다. 이창용 한국은행 총재도 패널 토론자로 참석하여 "한국이 미국보다 먼저 금리 인상을 종료하기는 어렵다."고 밝히면서, 중앙은행들이 인플레이션 대응에 실기한 이유가 비전통적 포워드 가이던스에 있다고 지적했습니다. 경제침체의 공포가 엄습하고 있는 상황에서 향후 잭슨홀 미팅에서 어떠한 발언이 나올지 세계가 주목하고 있습니다.

편치볼
punch bowl

편치볼은 과일과 술이 섞인 칵테일을 담는 큰 화채 그릇입니다. 6·25 한국 전쟁 당시 치열하게 전투가 있었던 양구군 해안면 일대에서의 전투를 편치볼 전투라고 부릅니다. 해안면은 주위가 고지로 둘러 쌓인 지형으로 편치볼과 비슷한 모양을 하고 있어 UN군은 이 지역의 전투를 편치볼 작전이라고 불렀습니다.

경제에서 편치볼은 다른 의미로 쓰입니다. 1951~1970년 당시 미 연준 의장이었던 윌리엄 마틴은 "중앙은행의 역할은 파티가 한창일 때 편치볼을 치우는 것"이라고 언급했습니다. 이후 편치볼은 금리인상을 상징하는 단어가 되었습니다. 즉, 경기가 과열되기 전에 중앙은행이 금리를 올려 부작용을 차단해야 한다는 것입니다. 파티장에 사람들을 초대한 집주인이 편치볼을 치우는 것은 곧 파티가 끝날 예정이니 집에 돌아갈 준비를 하라는 신호입니다. 경제에서도 중앙은행은 파티에 초대한 집주인과 같은 역할을 합니다. 경기가 지나치게 과열되면 중앙은행이 경기 활황의 취기에서 벗어나 긴축에 대비하라는 신호를 보냅니다. 그래야만 경제주체들이 무리한 투자를 재고하고 경제 전체가 일정 수준에서 유지되기 때문입니다.

2010년대 후반 세계 경제가 회복세로 접어들면서 금융위기 당시 소방수 역할을 자처했던 중앙은행은 편치볼을 치울 적당한 타이밍을 찾아야 했습니다.

하지만 미 연준이 금리인상과 양적축소에 관해 시장에 부적절한 메시지를 사전적으로 전달한 상태였고 여기에 예상치 못한 코로나19가 터지면서 펀치볼을 치울 시기를 놓쳤습니다. 더욱이, 러·우크라이나 전쟁이 길어지고 미·중 간에 갈등이 고조되면서, 경제 전반에 불확실성이 더욱 커졌습니다. 글로벌 경제는 인플레이션과 디플레이션이 뒤섞여 발생하는 바이플레이션biflation을 우려하고 있습니다.

 펀치볼을 치워야 할 시기를 놓친 각국의 중앙은행들은 뒤늦게 강도 높은 금리인상을 단행하고 있습니다. 하지만 한번 놓친 타이밍을 되돌리려면 많은 비용을 지불해야 합니다.

금리인상과 테이퍼링
Part 13 088
rate hike and tapering

    미 연준은 2008년 글로벌 금융위기가 발발하자 기준금리FED fund rate를 0~0.25%로 내리는 극단적인 초저금리정책을 펼쳤습니다. 하지만 제로금리정책에도 경기가 살아나지 않자 시중에 막대한 돈을 쏟아붓는 양적완화를 실시했습니다. 미국은 2008년, 2010년, 2012년 크게 세번의 양적완화를 시행했는데, 이 중 2012년 9월 당시 연준 의장이었던 벤 버냉키가 시도한 양적완화를 세 번째 양적완화, QE3라고 부릅니다. QE3는 무기한 채권을 매입해 경기를 살리려는 공격적인 정책으로 연준의 대차대조표를 크게 늘리는 정책입니다. 또한 연준은 장기국채 금리를 내리기 위해 장기채권을 사들이면서 동시에 단기채권을 파는 오퍼레이션 트위스트도 실시했습니다. 이후 2016년 경제가 안정단계에 진입하자 기준금리를 점진적으로 인상하기도 했지만, 2020년 코로나19 사태가 터지면서 실업률이 급등하자 다시 제로금리정책으로 돌아갔습니다. 또한 금융시장이 출렁이고 실업률이 치솟자 미국 정부는 역사상 최대

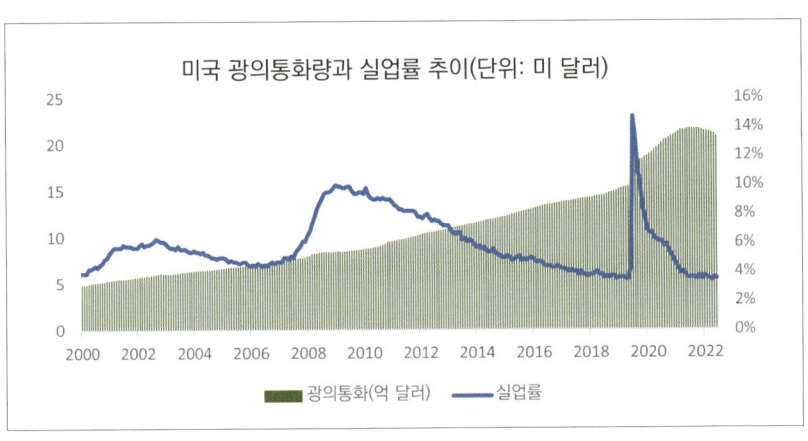

규모의 경기부양법CARES 을 통해 GDP의 10%를 상회하는 3조 달러 규모의 정부 지원을 집행했습니다.

이러한 공격적인 통화완화정책은 실업률을 낮추고 신규투자를 창출한 긍정적인 효과를 만들었지만, 역대급 물가상승이라는 결과를 초래했습니다. 2020년 초 0%에 가까웠던 미국의 소비자물가지수가 오르기 시작하더니, 2021년에는 5% 중반에 도달했고, 2022년 6월에는 9.1%를 기록했습니다. 이는 1981년 11월에 소비자물가지수 9.6% 이래 최악의 상승률이었습니다. 이에 크게 당황한 연준은 2022년 3월 0.25%p 기준금리를 올린 후, 0.5%p를 올리는 '빅스텝'과 0.75%p를 한번에 올리는 '자이언트스텝'을 택하기도 했습니다.

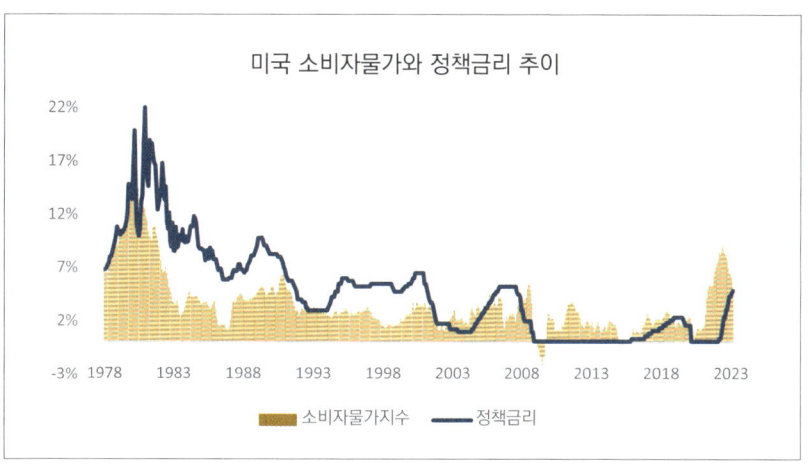

과거 미국은 고물가와 경기침체로 인해 경제에 어려움을 겪은 적이 있습니다. 1970년대 후반에서 1980년대 초반 오일쇼크 등으로 인해 미국은 실업률과 인플레이션이 동시에 폭등하는 스태그플레이션 상황에 직면했지요. 당시 미 연준 의장에 취임한 폴 볼커는 1979년 10월 6일 토요일 밤 긴급 기자회견을 통해 기준금리를 한번에 4%를 올리는 특단의 조치를 취했습니다. 이를 '토요일 밤의 학살Saturday night massacre'이라고 부릅니다. 이를 시작으로 연 20%

대까지 금리를 올리는 초고금리정책을 썼습니다. 이자율이 20%로 치솟으면서 실업률이 10%를 넘어섰고, 소비는 급락했으며, 많은 기업들이 파산했습니다. 이러한 고금리로 인한 고통은 3년여 이상 지속되었는데, 이후 인플레이션이 잡히면서 경제가 살아나기 시작했고 미국의 주식시장은 200년 역사상 최고의 활황기를 맞게 됩니다. 당시 미국 대통령이었던 레이건은 "인플레이션은 노상강도처럼 폭력적이고, 무장강도처럼 무섭고, 저격수만큼 치명적이다."라는 말을 남기기도 했습니다.

코로나19로 인한 통화완화정책은 자산가격의 거품을 만들면서 물가상승을 불러왔고, 미 연준은 뒤늦은 기준금리 인상과 함께 테이퍼링을 단행했습니다. 테이퍼링이란 경제에 미치는 부작용을 최소화하면서 양적완화 규모를 점진적으로 축소해 나가는 일종의 출구전략입니다. 사전적으로 테이퍼링이란 '점점 가늘어지다', '끝이 뾰족해지다'라는 의미인데, 테이퍼링은 주로 스포츠 용어, 즉 장거리 육상선수나 수영선수처럼 지구력이 중요시되는 운동선수들이 시합을 앞두고 훈련량을 점차적으로 줄여 나가는 과정을 일컫습니다. 2013년 5월 벤 버냉키 의장은 의회에서 "앞으로 몇 번의 회의에서 자산매입을 축소할 수 있다(The Fed might taper in the next few meetings)."라고 언급하여, 양적완화 정책을 점진적으로 축소하고 시장에 주입되는 자금을 조절하는 의도를 나타냈습니다. 이후 미 연준의 테이퍼링 시기를 두고 온갖 추측이 난무했고, 이와 관련한 FED의 발언 한마디 한마디에 전 세계 금융시장이 민감하게 반응했는데, 2021년 11월 채권 매입 규모를 축소하는 테이퍼링을 시작했습니다.

미국의 기준금리 인상과 테이퍼링은 투자자들의 안전자산 선호를 부추기고, 이로 인해 신흥국에서는 자금유출이 발생할 조짐을 보이고 있습니다. 우리나라에서도 원화가 크게 약세로 돌아서고 일부 자금이 해외로 유출되는 상황이 발생하였습니다. 또한 연준의 긴축적 통화정책으로 금융시장의 변동성이 커지고, 실리콘밸리은행(SVB)과 같은 미국의 일부 지역은행들이 유동성부족과 신용경색으로 파산하기도 했습니다. 경기침체를 우려하는 비둘기파적 목소리가 커지면서, 다시 금리인하와 양적완화를 결정할 것이라는 전망도 나오고 있습니다.

　미 연준의 일관성이 부족한 정책은 많은 경제 전문가들로부터 비판을 받고 있습니다. 현재 연준 의장인 제롬 파월의 신뢰도는 36% 긍정에 불과해, 2000년대 이후 역대 연준 의장 중 가장 낮은 수준입니다. 연준의 오락가락한 정책 횡보는 물가상승을 다시 재점화시킬 수도 있습니다. 과거 신변의 위협을 받으면서도 강력하고 일관된 정책을 펼쳤던 인플레이션 파이터를 다시금 기억하게 합니다. 오늘날의 상황을 슬기롭게 풀어갈 '경제구원자'가 절실히 필요한 시점입니다.

Part 13
089
베이지북과 대차대조표
beige book and balance sheet

『베이지북』은 미 연준이 매년 8차례 발표하는 미국의 경제동향종합보고서로서, 12개 지역 연방준비은행이 기업인, 경제학자, 시장 전문가 등의 견해를 종합하고 각 지역의 경기 상황을 분석한 내용을 담고 있습니다. 미 연준은 1970년부터 지역별 경제상황을 요약한 『레드북』이라는 보고서를 작성해왔는데, 1983년부터는 표지를 베이지색으로 바꾸어 발간하고 있습니다. 『베이지북』은 산업생산활동, 소비동향, 물가, 노동시장 등에 관한 중요한 경기 정보를 담고 있어 FOMC 통화정책 결정에 큰 영향을 미칩니다. 일본은 『사쿠라 리포트』가 있고, 우리나라에는 『골든북』이라는 이름의 유사한 목적의 보고서가 있습니다.

글로벌 금융위기 이후 미 연준은 기준금리를 제로금리 수준으로 낮추었고 이에 추가적으로 정책금리를 인하할 여력이 없어지자, 장기국채 등을 시장에서 직접 매입하여 장기 시장금리를 하락시키기 위한 양적완화정책을 실시하였습니다. 그럼, 연준의 자산매입과 매입량은 경제에 어떤 영향을 미쳤을까요?

연준의 자산매입은 글로벌 금융위기와 코로나19로 인한 실물경제 위기가 금융시스템 리스크로 번지는 것을 막는 데 큰 역할을 했습니다. 하지만 이는 양적완화, 재할인창구와 환매조건부채권 등의 거래를 통해 대차대조표를 폭증시키고 경이로울 정도의 유동성을 공급하여 인플레이션 위험을 키웠습니다. 초기에는 은행들의 위험회피 및 경기둔화에 따른 자금수요 위축 등으로 인해 인플레이션 우려가 크지 않았으나, 천문학적 규모의 양적공급은 결국 인플레이션이란 재앙을 가져왔습니다. 또 연준의 공격적인 국채매입은 정부의 부채조달비용을 낮추어 정부의 재정건전성 의지를 약화시키는 방향으로도 작용했습니다.

일반적으로 '대차대조표'란 일정 시점의 기업의 재무상태, 즉 자산, 부채, 자본의 상태를 요약한 보고서인데, 기업이 어떻게 자금을 조달하여 투자하였는지 파악하는 데 사용됩니다. 중앙은행에도 대차대조표가 있는데, 구성하고 있는 항목은 기업의 것과는 다릅니다. 중앙은행의 자산항목에는 중앙은행이 보유하고 있는 국채와 같은 증권과 금융기관에 대한 대출이 있고, 부채는 민간이 보유하고 있는 현금통화와 지급준비예치금 항목으로 구성됩니다. 글로벌 금융위기와 코로나19가 발발하면서 연준의 대차대조표 규모는 큰 폭으로 확대되었습니다. 글로벌 금융위기 이전 8,000억 달러 수준의 자산이 2010년에는 2조 달러로 늘어났고 코로나19 이후에는 8조 달러대로 커졌습니다.

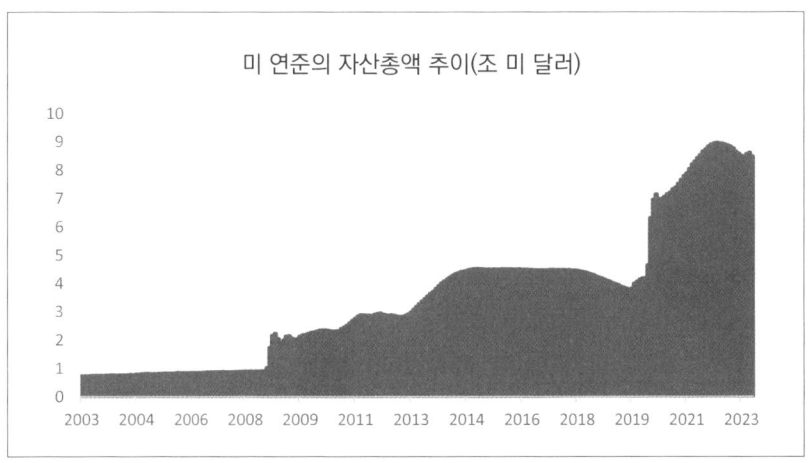

미 연준의 자산총액 추이(조 미 달러)

2023년 3월 기준, 연준은 전체 자산 중 약 65%를 국채, 30%를 주택저당증권으로 보유하고 있습니다. 부채로는 현금통화 비중이 약 26%, 은행들이 연준에 보유한 지급준비금이 35%, 연준의 익일물 RP매도인 RRP가 28%, 미 재무부가 연준에 보관한 돈 TGA가 6%로 구성되어 있습니다. 2022년 중반에 들어 역대급 인플레이션이 발생하자 미 연준은 금리인상과 동시에 대차대조표를 축소하는 긴축 카드를 꺼냈습니다. 연준은 2.5조 달러 규모의 대차대조표를 줄이면 정책금리를 50bp 정도 올리는 것과 같은 대체효과가 있을 것으로 예상했습니다.

연준은 매달 만기가 돌아오는 국채와 모기지저당증권에 대해 재투자하지 않는 수동적인 방법의 대차대조표 축소에 나섰고, 이로 인해 2022년 9조 달러에 육박했던 연준의 대차대조표가 2023년 3월에는 8조 3,000억 달러로 약간 줄었습니다. 또 자산구성에서도 연준이 보유하고 있던 모기지저당증권을 국채로 바꾸자 모기지 금리가 급격하게 올랐습니다. 이로 인해, 국채와 모기지증권의 투자 비중이 상대적으로 높았던 미국에서 16번째로 큰 실리콘밸리은행(SVB)이 부도가 나고, 잇따라 퍼스트리퍼블릭은행 등 지역은행에 뱅크런이 생기면서 JP모건은행에 인수되었습니다. 또 167년의 역사를 가진 세계 17번째로 큰 투자은행이었던 크레디트스위스(CS)는 2년 연속 대규모 손실을 기록하면서, 불과 32억 달러에 UBS에 인수당하게 됩니다. 무위험자산으로 인식되던 미 국채와 상대적으로 안전한 모기지저당증권을 보유한 금융기관들이 금리가 갑자기 오르자 부도가 난 것입니다. 이에 연준은 새로운 '은행기간대출프로그램BTFP'을 도입하여 유동성을 지원하였습니다. 이는 미 국채 등을 담보로 현금을 빌려주어 금융기관이 증권을 급하게 매도할 필요가 없게 하여 은행 시스템을 안정시키고 예금과 신용을 보호하는 것이 목적이었는데, 이로 인해 연준의 대차대조표는 다시 늘었습니다.

이러한 연준의 횡보로 코로나19 이전 수준으로 대차대조표를 축소하려면 수 년이 걸릴 것이라는 전망이 나옵니다. 또한 2024년 경기침체 가능성 그리고 2024년 대통령 선거라는 정치적 변수도 있습니다. 최근 『베이지북』에 따르면, 물가상승과 고용 증가세가 둔화되고 있는 것으로 나타났습니다. 만약 연준이 기준금리를 인하하는 쪽으로 선회하면 대차대조표 축소도 같이 중단될 것입니다. 물론 경제상황에 따라 연준의 행보는 달라져야 하며, 유연하게 대처하는 것이 필요합니다. 하지만 단기적 상황에 일희일비하여 통화정책을 바꾸는 것은 지양해야 할 것입니다.

Part 13
090

FED PIVOT
FED PIVOT

'PIVOT'은 회전하다, 중심을 바꾸다, 전환하다는 의미를 가지고 있는 단어입니다. FED PIVOT이란 용어는 금리를 인상(또는 인하)하던 미국의 연준이 방향을 바꿔 금리인하(인상)로 전환한다는 의미로 쓰입니다. 파월 연준 의장의 FED PIVOT을 '파월 풋Powell put'이라고도 하는데, 투자자가 하락장에서 손실을 줄이고자 풋옵션을 매입하는 것처럼, 파월의 과거 비둘기파적 대응이 투자자의 손실을 막아주었다는 의미로 비꼬는 말입니다.

정책금리 인상에 빅스텝과 자이언트스텝을 밟던 연준이 2023년 5월과 7월에는 25bp만 올렸고, 향후 한두 차례 금리를 25bp 더 올린 후 금리동결 또는 금리인하로 전환할 것이라는 전망이 나옵니다. 금리인하에 대한 기대는 미국의 고용지표는 여전히 양호하지만 경제는 침체 징후가 보인다는 것에서 기인합니다. 언론에서는 이를 '완전고용 침체full-employment recession'란 새로운 용

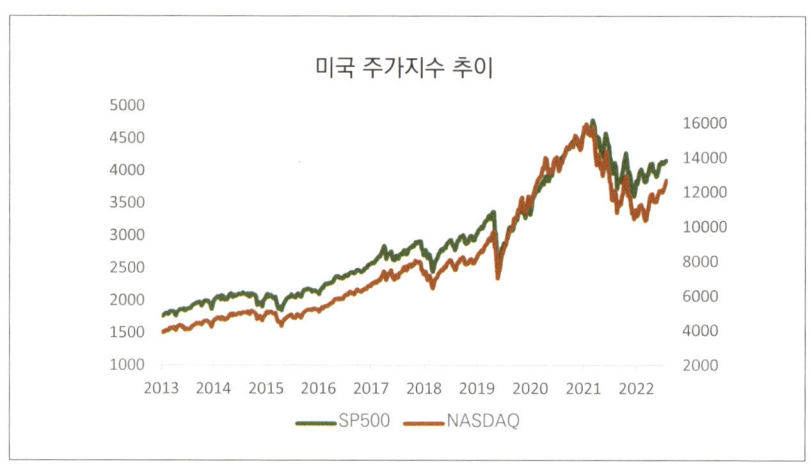

어를 써가며 호들갑을 떨고 있습니다. 사실 미국의 실업률은 3%대로 매우 낮지만, 실질GDI가 2분기 연속해서 마이너스를 기록하고 있습니다.

연준의 급격한 정책금리 인상에도 불구하고, 주식시장은 크게 떨어지지 않았고, 챠트상으로는 오히려 바닥을 다지고 상승하는 모양입니다. 이는 소위 골디락스에 대한 기대감이 반영된 것입니다. '골디락스Goldilocks'는 뜨겁지도, 그렇다고 차갑지도 않은 상태를 일컫는 용어로, 안정적이고 균형 잡힌 경제 상태, 즉 고성장 속에서도 물가상승 압력이 크지 않은 경제 상황을 칭합니다. 이 단어는 금발머리 소녀 골디락스가 길을 잃어 헤매다가 우연히 곰 세마리 집에서 적절한 음식과 침대를 발견했다는 이야기를 담은 그림책 『골디락스와 세 곰돌이』에서 유래된 말입니다.

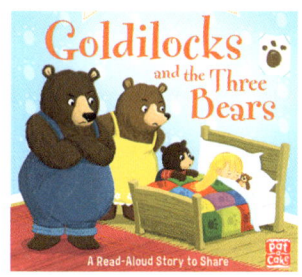

2000년대 중국 경제가 고성장을 거듭하면서도 인플레이션이 발생하지 않자, "중국 경제가 골디락스에 진입했다."고 언론에서 언급하면서 경제용어로 사용되기 시작했습니다. 경제에서 골디락스는 경제가 과열되거나 불황에 빠지지 않고 지속적인 안정성을 유지하는 상태를 의미합니다. 이와 같은 상태에서는 경제활동이 확장되면서 실업률이 낮아지고 인플레이션 역시 적절한 범위 내에서 유지됩니다. 이러한 상황은 투자자와 경제 관련 전문가들에게 이상적인 상황으로 간주됩니다. 안정성과 성장 가능성을 동시에 제공하는 경제 상태로 인해, 투자에 긍정적인 영향을 주게 됩니다. 하지만 현 상황을 골디락스라고 판단하기에는 무리가 있습니다. 2023년 6월 산유국들이 다시 감산을 발표하면서 물가상승에 대한 우려가 있으며, 중국의 부동산 위기, 미-중, 미-러 등의 지역적 분쟁 역시 경제 예측을 어렵게 합니다.

 여전한 시장의 현금 유동성과 연준의 피봇에 대한 희망들이 시장 낙관적인 투자자들에게 골디락스라는 방울을 달아주는 모양이지만, 금융시장의 변동성은 앞으로 수년간 더 이어질 가능성이 높아 보입니다. 따라서 이익 안정성이 높은 투자 포트폴리오를 구성하는 것이 바람직한 상황입니다.

Part 13
091
유동성함정과 아베노믹스
liquidity trap and Abenomics

'유동성함정'이란 중앙은행이 시중에 통화공급을 늘려도 이자율이 내려가지 않는 현상입니다. 통화량이 증가하면 이자율이 떨어지고 투자를 자극해 경기가 살아나는 것이 일반적입니다. 하지만 사람들이 미래 경기 전망에 대해 몹시 부정적이면 통화량 증가가 수요로 이어지지 못하여 경기가 살아나지 못합니다. 이러한 상황이 되면 통화정책은 효과가 없어집니다.

1985년 플라자 합의 이후, 일본은 급격한 엔화 강세로 인해 불황의 조짐이 보이자, 이에 대응하기 위해 선제적으로 금리를 인하하고 공공투자를 확대하는 경기부양책을 실시했습니다. 덕분에 1980년대 후반에는 경기호황 국면을 맞기도 했지만, 1990년대 초 일본 경제에 거품이 꺼지면서 최악의 경기침체 상황을 맞게 됩니다. 일본 통화당국은 '0'에 가까운 초저금리정책을 펼쳤지만, 경제는 장기침체국면에서 벗어나지 못했습니다. 이러한 유동성함정에 빠지게

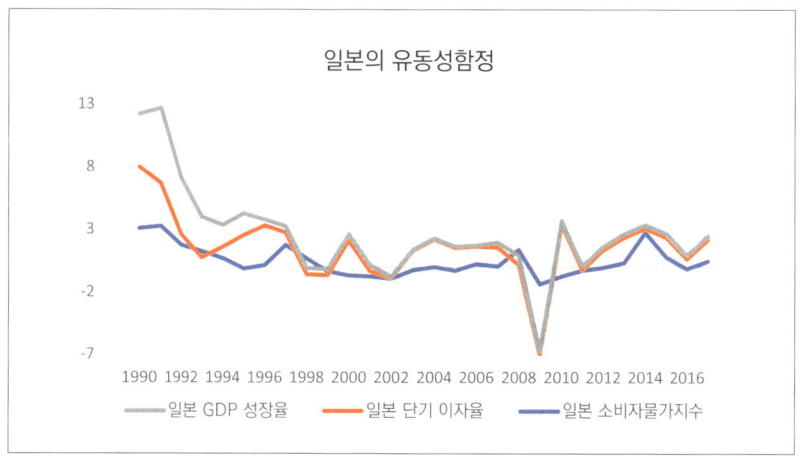

된 원인은 경제주체들이 이미 과도하게 많은 부채를 사용하고 있어 낮은 금리에도 추가적인 소비와 투자에 나설 수 없었기 때문입니다. 또 부실기업과 금융기관의 구조조정 시기를 놓치면서, 미래 경기 전망의 불확실성이 커지는 복합적인 문제가 발생했습니다.

그럼, 유동성함정에서 벗어날 수 있는 방법이 있을까요?

케인즈는 정부가 나서 재정정책을 확대하여 유효수요를 창출해야 한다고 주장했습니다. 케인즈는 경제주체들의 투자는 비경제적 심리, 즉 기업가의 감感인 야성적 충동animal spirit에 의해 결정될 수 있기 때문에 심리적인 면이 중요하다는 것이지요. 즉, 침체된 민간수요를 자극하는 소위 '펌프 프라이밍pump priming'이 유동성함정의 해결책이라는 것입니다. 그러나 일본의 경우, 재정지출을 크게 확대했지만 민간수요 창출에는 한계가 있었고, 과도한 확대재정정책은 국가재정을 크게 악화시켰습니다. 경제학자 폴 크루그먼은 재정정책과 더불어 디플레이션의 기대를 반전시킬 수 있는 '인플레이션 타겟팅inflation targeting' 정책이 유동성함정에서 벗어나는 데 유효하다고 주장했습니다. 인플레이션 타겟팅이란 중앙은행이 중기적으로 달성해야 할 물가목표치를 미리 제시하고 이에 맞추어 통화정책을 운영하는 방식입니다. 인플레이션 타겟팅은 1990년 뉴질랜드가 처음 도입한 이후, 우리나라를 포함하여 영국, 일본, 캐나다, 인도 등 30여 개국이 공식적으로 채택하고 있습니다. 또한 미국 등 주요국에서 필립스곡선에 대한 변화가 관찰되었습니다. 원래 필립스곡선에 따르면, 실업률을 낮추면 인플레이션이 올라가고 반대로 인플레이션을 낮추려면 실업률이 올라, 낮은 인플레이션과 낮은 실업률의 달성은 가능하지 않다는 것입니다. 하지만 2000년대 들어 인플레이션과 실업률 간에 역의 상관관계가 약화되는 필립스곡선의 평판화 현상이 생겼습니다.

그럼, 일본의 선택은 무엇이었을까요?

2012년 아베 정부가 재출범하면서 일본은 디플레이션에서 벗어나고 엔고를 시정하기 위해 '아베노믹스'로 명명되는 경제재생 정책을 추진했습니다. 아베노믹스는 인플레이션 타겟팅을 포함해 대규모 양적완화와 지속적인 재정확대, 그리고 성장전략을 주요 내용으로 하고 있습니다. 당시 일본 중앙은행의 수장이었던 구로다 하루히코는 "그저 그런 치료는 증상을 악화시키기만 한다." 또 "헬리콥터에서 돈을 뿌리겠다."라는 극단적인 발언을 하며 공격적인 정책시행을 공언했습니다. 실제 2014년 무기한 국채매입과 물가상승률 목표치의 상향 조정 등 양적완화의 강화와 함께 공격적인 공공투자 확대정책을 추진했고, 이와 동시에 능동적인 구조조정을 통해 기업이 투자하기 좋은 환경을 만드는 성장전략을 구사하였습니다.

아베노믹스는 어떤 결과를 가져왔을까요?

아베의 정책은 재정적자를 줄이는 성과를 냈습니다. 아베는 두 차례에 걸쳐 부과세를 인상하여 일본의 공공부문 채무를 2013년 초 GDP 대비 201%에서 2019년에는 2.8%로 줄였고, 공공부문 부채 역시 200%를 약간 초과하는 수준으로 관리했습니다. 또 아베노믹스는 디플레이션을 멈추고 일자리를 만드는 성과를 냈습니다. 이러한 성과 뒤에는 중앙은행의 역할이 있었습니다. 일본 중앙은행의 대차대조표는 GDP 대비 100%가 넘게 커졌고, 시장에서 국채와 회사채뿐만 아니라 ETF를 통하여 주식을 매입했습니다. 또 정책금리를 마이너스 금리로 설정하는 파격적인 조치를 취했습니다. 2013년 초부터 2019년 중반까지 일본의 명목GDP는 상승했습니다. 하지만 인플레이션을 감안한 실질GDP를 보면 성장했다고 볼 수는 없습니다. 또 아베노믹스 8년 동안 주가는 올랐고 실업률은 줄었지만, 노동자 전체의 실질임금이 줄었고 정규직과 비정규직의 소득 격차가 커져 분배에 문제가 생겼습니다. 그리고 일본의 마이너스 금리에도 한동안 엔화의 추가적인 약세가 없었지만, 2022년 미국이 본격적으로 금리를 올리기 시작하면서 엔화가 폭락하여 32년 만에 미 달러당 150엔을 넘기기도 했습니다. 이는 주요국 통화 가운데 가장 큰 절하폭입니다. 그럼에도 불구하고, 일본 중앙은행은 단기 정책금리를 마이너스 0.1%, 장기금리인 10년물 국채 금리를 제로로 유도하는 현재의 금융완화 정책을 유지하기로 결정했습니다.

  일본의 장기 불황과 이에 따른 각종 조치는 시사하는 바가 큽니다. 경제를 살리기 위한 일본의 조치는 모든 정책적 수단을 담고 있습니다. 더불어, 일본은 미국과 유럽에 앞서 양적완화와 제로금리의 길을 택했고, 결과는 앞서 언급한 대로 명과 암이 교차합니다. 우리나라의 경우도 소비와 설비투자 부진으로 저성장 국면이 길어지고 있고 인구고령화로 인해 경제활력이 떨어지고 있습니다. 일본의 전철을 밟지 않기 위해서는 적극적인 사전조치가 필요합니다.

Part 13
092
포워드 가이던스
forward guidance

'포워드 가이던스'는 중앙은행의 선제적 안내 또는 미래 지침의 의미로 쓰이는 용어입니다. 즉, 포워드 가이던스는 중앙은행이 시장과 사전적으로 소통하여 불확실성을 해소함으로써 시장의 안정을 꾀하려는 일종의 커뮤니케이션 수단입니다. 포워드 가이던스는 2008년 글로벌 금융위기가 발발한 후 미국과 유로존 등 선진국 중앙은행들이 도입한 이래, 한국은행을 포함한 많은 중앙은행들이 직간접적으로 활용하고 있습니다. 이는 금융위기 이후 정책금리가 제로 수준에 근접하여 추가적인 금리인하가 불가능해진 상황에서, 각국의 중앙은행들이 "향후에도 상당 기간 저금리가 유지될 것"이라고 선언함으로써 미래 금리가 오를 수 있다는 시장의 심리를 없애 경기를 부양하는 데 그 목적이 있었습니다.

중앙은행은 경제상황을 평가하여 향후 통화정책 방향을 시장에 예고하는데, 여기에는 여러 가지 포워드 가이던스 방식이 있습니다. 구체적으로, ① 중앙은행이 향후 어떤 정책을 취할지 사전에 약속하고 명확히 의사소통을 하는 오디세우스odyssean 방식 ② 중앙은행이 미래 경제 전망을 밝힘으로써 향후 중앙은행이 어떠한 정책을 펼칠지에 대해 시장참가자들의 예측을 가능하게 하는 델포이delphic 방식 ③ 향후 통화정책 변경 시기를 특정해 제시하는 기간조건부 방식 또는 통화정책 변경을 야기할 수 있는 경제상황을 제시하는 상황조건부 방식 ④ 정책금리 전망을 구체적인 수치나 경로로 공표하는 정량적 방식 ⑤ 연방공개시장위원회의 회의록을 공개하거나 기자간담회 등을 통해 통화정책의 의도와 방향을 제시하는 정성적 방법 등이 있습니다. 예를 들어

2013년 12월에 FED는 연방공개시장위원회에서 실업률이 6.5% 이하로 하락한 후에도 물가예상치가 2.5%를 넘지 않는다면 정책금리를 올릴 의향이 없다는 포워드 가이던스를 제시했습니다. 이러한 인플레이션과 실업률에 연동하여 기준금리를 결정하는 방식은 찰스 에번스 시카고 연방준비은행 총재가 처음 제안하여 에번스 룰Evans Rule이라고도 합니다.

　중앙은행의 포워드 가이던스는 장기금리 변동성을 줄여 가계와 기업의 차입비용을 줄이고 투자기회를 판단하는 데 도움을 주어, 금융시장 안정화에 긍정적으로 작용하는 측면이 있습니다. 실제, 포워드 가이던스는 시장에 많은 영향을 미쳤습니다. 투자자들은 중앙은행의 포워드 가이던스를 신뢰하고 투자 방향을 결정했고, 기업과 소비자도 투자와 소비에 이를 고려하여 대응해왔습니다. 그러나 경제환경이 변하면서, 중앙은행이 소통하는 주요 창구역할을 해온 포워드 가이던스가 앞으로도 지속될지는 의문입니다.

　우선, 주요국 통화정책의 동태적 비일관성으로 중앙은행에 대한 신뢰가 손상되었습니다. 2022년 들어 인플레이션 압력이 당초 예상보다 심각해지면서 각 주요국들은 경쟁적으로 기준금리를 인상했는데, 이는 과거 포워드 가이던스로 인해 형성된 금융시장에서의 저금리 지속 기대와는 확연이 다른 상황입니다. 미 연준 제롬 파월 의장은 기준금리 인상에 있어 자이언트스텝 가능성이 적을 것으로 시사했다가 한달 후에 75bp를 인상했고, ECB 역시 전격적으로 50bp 금리를 인상하는 빅스텝을 단행해 포워드 가이던스는 시장의 신뢰를 잃으면서 무용론이 확산되었습니다. 한국은행 또한 기준금리를 당분간 25bp씩 점진적으로 인상하는 것이 바람직하다는 구체적인 포워드 가이던스를 제시했지만, 실제로는 이를 지키지 못했습니다. 이와 같은 포워드 가이던스와 다른 의사결정은 시장의 불확실성을 키워 경제주체들의 소비와 투자를 위축시키고 경기침체를 불러올 수 있습니다. 또한 미 연준은 완전고용을 통한 경제성장과 물가안정이라는 이중 책무를 가지고 있는데 반해, ECB는 물가만을 정책 목표로 하고 있기 때문에 주요국 간의 상이한 포워드 가이던스는 태생적 한계를 가지고 있기도 합니다.

이창용 한국은행 총재는 2022년 미국 잭슨홀 미팅에서 신흥국들에게 향후 기준금리 경로에 대해 시나리오별 포워드 가이던스를 제시해야 한다고 주장했습니다. 그는 과거 포워드 가이던스의 효과를 인정하면서도, 특정 시기와 임계치를 제시하는 것과 같은 포워드 가이던스 방식은 현상을 과도하게 단순화하여 불확실성을 과소평가할 수 있고, 이로 인해 중앙은행은 출구 전략을 구사하기 어려워져 긴축발작이 발생할 수 있다고 지적했습니다. 그는 특히 신흥국이나 소규모 개방경제에서는 대외 불확실성이 주는 영향이 크기 때문에 유연한 포워드 가이던스가 필요하다는 의견을 제시했습니다. 주요국 통화당국은 제약적인 포워드 가이던스로 인플레이션 대응이 늦었음을 스스로 인정했습니다. 포워드 가이던스가 정책의 유연성을 제약했다는 반성과 함께 실제 미국과 ECB 등 주요국 중앙은행들은 구체적 포워드 가이던스 정책을 폐기하고 회의에서 결정된 내용만을 발표할 것으로 보입니다.

정책이 효과를 보려면 명확한 정책 목표가 설정되어야 하고, 정책 수립은 신뢰할 수 있는 데이터와 심층적인 분석을 기반으로 이루어져야 합니다. 또 정책을 효과적으로 실행하기 위해서는 적절한 시기와 방법을 결정하는 것이 중요합니다. 정책을 실행한 후에는 정책의 성과를 모니터링하고 문제점을 파악한 뒤 조정해야 합니다. 이와 동시에 정책이 효과를 보기 위해서는 시장과의 소통이 필요합니다. 이러한 맥락에서, 포워드 가이던스를 폐기하는 것과 중앙은행이 소통 자체를 축소하는 것은 구분되어야 합니다. 사회적·경제적 비용을 줄이기 위해서는 거시경제 전망과 잠재적 위험 요인들을 시장 참여자와 공유하여 불확실성을 줄이려고 하는 정책당국의 노력이 여전히 중요하기 때문입니다.

긴축발작
Part 13 — 093
taper tantrum

'긴축발작'은 원래 의학에서 사용되는 용어입니다. 운동선수가 큰 대회를 앞두고 컨디션 조절을 위해 쉬면서 운동량을 줄여야 할 때가 있는데, 운동량을 줄이면 불안감으로 발작 증상이 생길 수 있다는 것입니다. 경제에서의 긴축발작은 과거 미 연준이 양적완화 종료를 시사하면서 신흥국의 통화가치와 증시가 동시에 급락했던 현상을 일컫습니다. 즉, 양적완화 축소나 금리인상과 같은 긴축정책을 실시했을 때 발생하는 후유증 같은 것이지요. 글로벌 금융위기 이후 신흥국들은 2013년, 2015년, 2018년에 크고 작은 긴축발작을 경험했고, 2022년에도 긴축발작 현상이 나타났습니다.

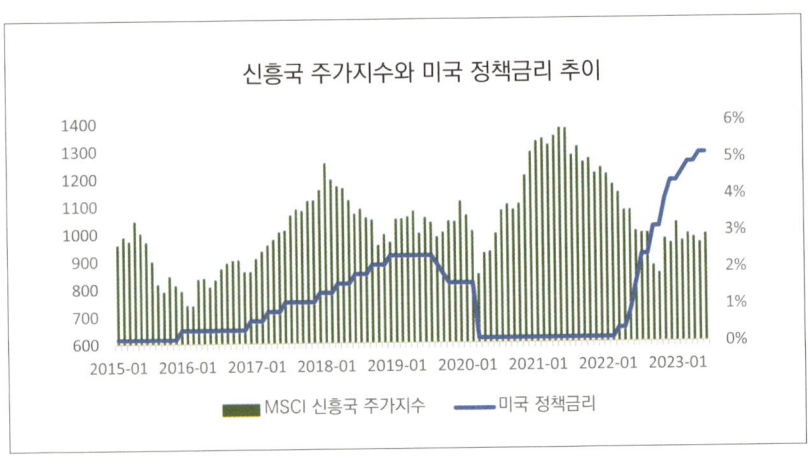

글로벌 금융위기 이후 긴축발작의 시작은 2013년 6월 당시 미 연준 벤 버냉키 의장이 시장과 사전 소통 없이 출구전략에 대한 발언을 하면서, 금리가 급등하고 주식이 큰 폭으로 하락한 사건입니다. 미국의 국채 금리는 두 달 만에

1.6%에서 2.7%로 올랐고 S&P500 지수는 5% 하락했습니다. 신흥국가에 미친 영향은 더 컸는데, 우리나라 코스피지수는 10% 이상 하락했습니다. 당시 우리나라 주식시장에서는 하루에만 시가총액이 22조 6,000억 원 증발했으며, 외국인 투자자들은 10거래일 연속으로 주식을 매도했습니다.

시중 자금은 투자수익이 더 높은 투자처로 빠르게 이동하지요. 투자자들은 과거 풍부한 글로벌 유동성과 초저금리 덕분에 낮은 비용으로 쉽게 자금을 조달하여, 경제성장 속도가 상대적으로 빨라 더 큰 수익의 기회가 있는 신흥국가에 투자했습니다. 하지만 금리가 오르고 유동성이 축소되자 신흥국에 투자했던 외국인 자금이 일시에 빠져나가면서 신흥국 경제가 어려움을 겪게 되었지요. 2015년과 2018년에도 신흥국들은 2·3차 긴축발작을 겪었습니다. 2015년 12월 미 연준은 2008년 이후 7년간 유지하던 제로금리의 인상을 결정했고, 글로벌 자금이 신흥국 증시에서 빠져나갔습니다. 이후 미 연준이 완만한 속도의 금리인상을 시사하면서 달러화 가치와 주요국 금리는 안정을 되찾았습니다. 하지만 2015년 이후 미 연준의 잇단 금리인상으로 글로벌 자금이 미국으로 되돌아가면서, 2018년 신흥국의 환율과 주가는 다시 약세를 보였습니다. 또한 2019년 미 연준이 통화 공급을 위해 보유 중이었던 자산을 축소하겠다는 테이퍼링 입장을 재확인하자, 각국의 증시가 폭락했습니다. 아르헨티나는 페소화 가치가 급락하고 외환보유고가 줄면서 디폴트 위기에 빠졌고, 터키의 리라화 가치도 크게 하락했습니다. 이후 미 연준이 긴축에 속도조절을 시사하며 수습되었습니다.

그 이후, 긴축발작에 대한 트라우마는 통화당국의 정책 수단을 제한했습니다. 미 연준은 긴축에 대한 신호를 보내기 조심스러워졌고, 거기에 코로나19가 터지면서 긴축에 대한 언급은 사라졌습니다. 하지만, 2022년 들어 물가가 폭등하자 미 연준은 큰 폭의 금리 인상과 함께 양적축소를 단행했고, 전 세계 금융시장은 과거와는 다른 수준의 긴축발작의 공포에 빠졌습니다. 여기에 물가상승과 경기침체가 함께 나타나는 스태그플레이션 가능성마저도 걱정하고 있습니다. 특히 신흥국 시장의 영향은 더 큰데, 통화가치 급락과 자본유출을 이기지 못하고 일부 국가들에 디폴트 사태가 발생할 경우 '디폴트 도미노' 현상이 생길 수도 있습니다. 이에 대비하기 위한 통화 당국의 사전적 대응이 요구됩니다.

2% 물가목표
Part 13 / 094
2% inflation targeting

중앙은행의 가장 중요한 역할은 물가안정을 도모하는 것입니다. 중앙은행의 통화정책은 유통되는 화폐의 양이나 가격(금리)에 영향을 미치는데, 이를 통해 화폐의 가치를 안정시키고 지속가능한 경제성장을 달성합니다.

중앙은행은 물가를 일정수준으로 유지하고 안정시키기 위해 '평균물가안정목표제'를 시행하고 있습니다. 2012년 1월 연준은 「장기목표와 정책전략에 관한 성명서longer-run goals and policy strategy」를 발표하면서 처음으로 물가상승률 2%를 장기 물가목표 수준으로 공표했습니다. 한국은행도 2019년에 물가목표 수준을 2%로 설정하면서 2년 주기로 점검하여 필요한 경우 물가목표를 재설정할 수 있다는 조항을 달았습니다.

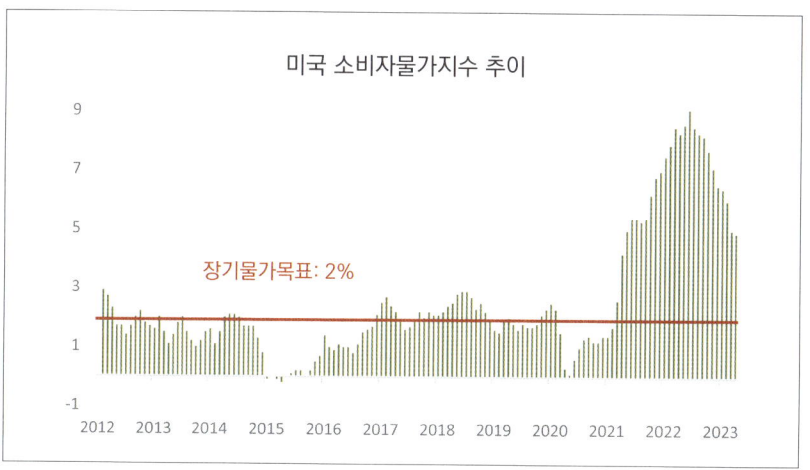

평균물가안정목표제는 통화정책에 대한 중앙은행의 '가이던스'라고 할 수 있습니다. 즉, 예측 가능하고 안정적인 물가 관리를 통해 투자와 소비를 촉진

하고자 하는 것이지요. 2020년 제롬 파월 연준 의장은 잭슨홀 미팅 기조연설에서 "물가가 일정 기간 2%를 완만하게 넘어서는 것을 목표로 하는 통화정책으로 수정한다."라고 밝혔습니다. 이는 물가가 인플레이션 목표치인 2%를 넘어서더라도, 금리 인상을 서두르지 않고 통화정책을 유연하게 운영하겠다는 메시지였습니다. 하지만 2022년부터 연준이 급격히 금리를 인상하자 연준의 신뢰도에 위기가 생겼습니다. 또한 현재 물가안정목표치인 2%에 대해 논란이 일면서, 실물경제의 부담을 줄이기 위해서는 물가목표치를 상향 조정해야 한다는 목소리도 나오고 있습니다.

그럼 중앙은행은 왜 물가목표치를 마이너스(-) 물가가 아닌 플러스(+)에 두고 있을까요?

디플레이션은 인플레이션의 반대 개념이 아닙니다. 인플레이션은 물가가 지속적으로 상승하는 것인데, 일반적으로 경제성장 국면에서 나타납니다. 반면에 디플레이션은 물가 하락을 의미하며, 경제침체 또는 불안정한 경기 상황에서 발생합니다. 인플레이션은 실질소득을 감소시켜 경제에 부정적이지만, 디플레이션은 실업을 불러 경제에 더 큰 위험을 초래합니다. 1930년 디플레이션은 경제 대공황의 시작이었는데, 경제학자 케인즈는 "인플레이션은 불공정하고 디플레이션은 부적절하다."면서 "둘 가운데 디플레이션이 더 나쁘다."고 말했습니다. 물가가 더 내려갈 것으로 예상하면 소비자들은 소비를 미루게 되어, 수요가 감소하고 기업의 매출이 떨어져, 이로 인해 일자리가 줄어듭니다. 또한 부채를 가진 개인이나 기업은 물가 하락으로 인해 부채 상환 부담이 더 커져 파산의 위험이 높아집니다. 역사적으로 디플레이션으로 인해 장기침체가 발생한 상황은 그리 많지는 않지만, 일단 디플레이션에 빠지면 이를 극복하기 위한 정책적 대응이 어렵습니다. 따라서 정책당국은 디플레이션이 발생하지 않고 약간 플러스(+) 수준의 인플레이션을 목표로 통화정책을 운용합니다.

  2000년 이후 인플레이션과 디플레이션이 공존하는 '바이플레이션bi-flation' 현상이 생겨나고 있습니다. 예를 들어 신흥국에서는 인플레이션이 일어나고 같은 시점에 선진국에서는 디플레이션이 발생하거나, 서비스업 물가는 상승하는데 제조업 물가는 하락하고, 수도권의 부동산 가격은 오르는데 비수도권은 떨어지는 부동산 가격의 양극화 현상, 그리고 생활물가는 오르는데 자산가격은 하락하는 현상이 발생하고 있습니다. 바이플레이션을 '믹스플레이션mix-flation'이라고도 하는데, 발생 원인이 다양하고 복잡하기 때문입니다. 미시적으로는 수요와 공급의 불균형 또는 생산요소의 가격변동으로 인해 바이플레이션이 발생하고, 거시적으로는 경제주체들 간의 경기예측에 대한 다른 기대감, 중앙은행의 비일관적인 통화정책, 환율변동과 같은 국제금융시장의 불안정성이 바이플레이션의 원인입니다. 또한 정치적 불안정, 국가 간에 분쟁과 갈등, 자연재해, 원자재 가격의 등락, 공급망 혼란, 자국 이기주의와 같은 경제 외적 요인들도 바이플레이션을 발생시키는 이유입니다. 현재의 바이플레이션 현상은 경제 내외부적 요인들이 서로 복잡하게 얽혀 있어, 효과적인 대응책을 찾기가 쉽지 않습니다. 바이플레이션을 해소하기 위해서는 일관적이고 시의적절한 통화정책과 재정정책, 적기의 구조조정, 적절한 시장규제와 감독, 안정적이고 유연한 노동시장, 경제적 상호의존성을 인정하는 국제협력 등을 통해 종합적인 방안을 찾아야 합니다.

Part 13
095

어떤 정책이 효과적인가?
which policy is effective?

　국가는 경기변동폭을 줄여 경제를 안정시키면서 지속적인 성장을 도모하기 위해 재정정책과 통화정책과 같은 경기안정화정책을 펼칩니다.

　재정정책과 통화정책은 서로 목표와 수단이 다릅니다. 재정정책은 경기가 과열될 때 정부는 세출을 줄이거나 세입을 늘리는 긴축적 재정정책을 취하며, 경기가 침체의 조짐을 보이면 세출을 늘리거나 세입을 줄이는 확장적 재정정책을 사용합니다. 또 경제의 구조적인 문제나 불균형이 발생하면 정부가 개입하여 산업의 다변화, 고용창출, 경제 구조의 조정 등을 통해 경제 안정성을 강화하여, 시장의 신뢰를 확보하고 소비와 투자를 이끌어냅니다. 또한 정부는 국제협력을 통해 경제적 문제에 대한 공동의 해결책을 모색하고, 정책조정을 통해 안정성을 증진시킵니다. 통화정책의 경우, 중앙은행이 통화량이나 이자율을 조절하여 경제에 안정을 도모합니다. 뿐만 아니라, 금융시장 안정을 위해 금융 기관의 감독과 규제, 위험 요인의 모니터링 및 대응 등을 통해 금융 시스템의 안정을 꾀합니다.

　그럼 경제를 안정시키는 데 어느 정책이 더 효과적일까요?

　일반적으로, 재정정책은 경기부양에 직접적인 효과가 있는 반면, 통화정책은 물가를 안정시키는 데 효과가 있고 경제에 간접적인 영향을 줍니다. 사실 재정정책과 통화정책의 효과는 서로 상호작용하며 결합될 수 있습니다. 예를 들어 정부는 재정정책으로 공공지출을 확대하고 이와 동시에 중앙은행은 금리를 인상하여 경제의 인플레이션 압력을 완화하는 조합을 만들거나 다른 조합도 가능합니다.

한편, 정책 시행과 효과가 나타나 데에는 시점에 차이가 있을 수 있습니다. 이러한 시차는 내부시차와 외부시차로 나눌 수 있습니다. '내부시차'는 경제에 충격이 감지되어 정책이 수립되고 집행하는 데까지 걸리는 시간이고, '외부시차'는 정책 실시 후 실제로 경제에 효과가 나타나는 데까지 걸리는 시점입니다. 일반적으로 재정정책은 내부시차가 길고 통화정책은 외부시차가 깁니다. 하지만 경제 전체의 안정성과 신뢰성 측면에서는 통화정책의 상대적 유효성이 더 크다고 할 수 있습니다. 따라서 안정화정책의 수단으로 주로 통화정책을 사용하고, 재정정책은 제한된 목적으로만 사용하는 것이 바람직할 수 있습니다.

재정정책과 통화정책을 담당하는 기관은 일정한 준칙rules과 재량discretion을 가지고 정책을 수행합니다. '준칙'은 일정한 규칙과 절차를 따르는 것이며, '재량'은 특정 상황에 맞춰 적절한 조치를 취할 수 있는 자유를 의미합니다. 재정정책을 담당하는 중앙정부는 예산 편성과 세금 조정에 있어 법적인 절차를 따라야 하며, 국회의 승인을 받아야 합니다. 하지만 예산 편성은 정부의 우선순위와 목표를 반영할 수 있고 일부 세금 조정은 정부의 재량으로 가능합니다. 통화정책을 담당하는 중앙은행은 독립성을 유지하며 정해진 준칙과 절차에 따라 정책을 결정하는데, 중앙은행 역시 통화정책에 일정한 재량권을 가지고 있어, 경제 상황과 목표에 따라 적절하게 정책을 조절할 수 있습니다.

준칙과 재량은 균형을 유지해야 합니다. 너무 많은 준칙이나 규제가 있을 경우, 정부나 중앙은행이 급변하는 경제 상황에 유연하게 대응하기 어렵습니다. 반면에 너무 많은 재량이 있는 경우에는 정책의 일관성과 예측 가능성이 훼손될 수 있습니다. 따라서, 정부와 중앙은행은 일정한 준칙과 규칙을 따르면서도 상황에 맞게 재량을 행사하는 균형을 유지해야 합니다. 이를 위해서는 정부와 중앙은행의 의사소통과 투명성이 중요합니다. 정부와 중앙은행은 정책 결정 과정을 공개하고, 경제 상황과 정책 목표에 대한 정보를 제공하여 시장참여자들이 정책의 방향성을 알 수 있도록 해야 합니다.

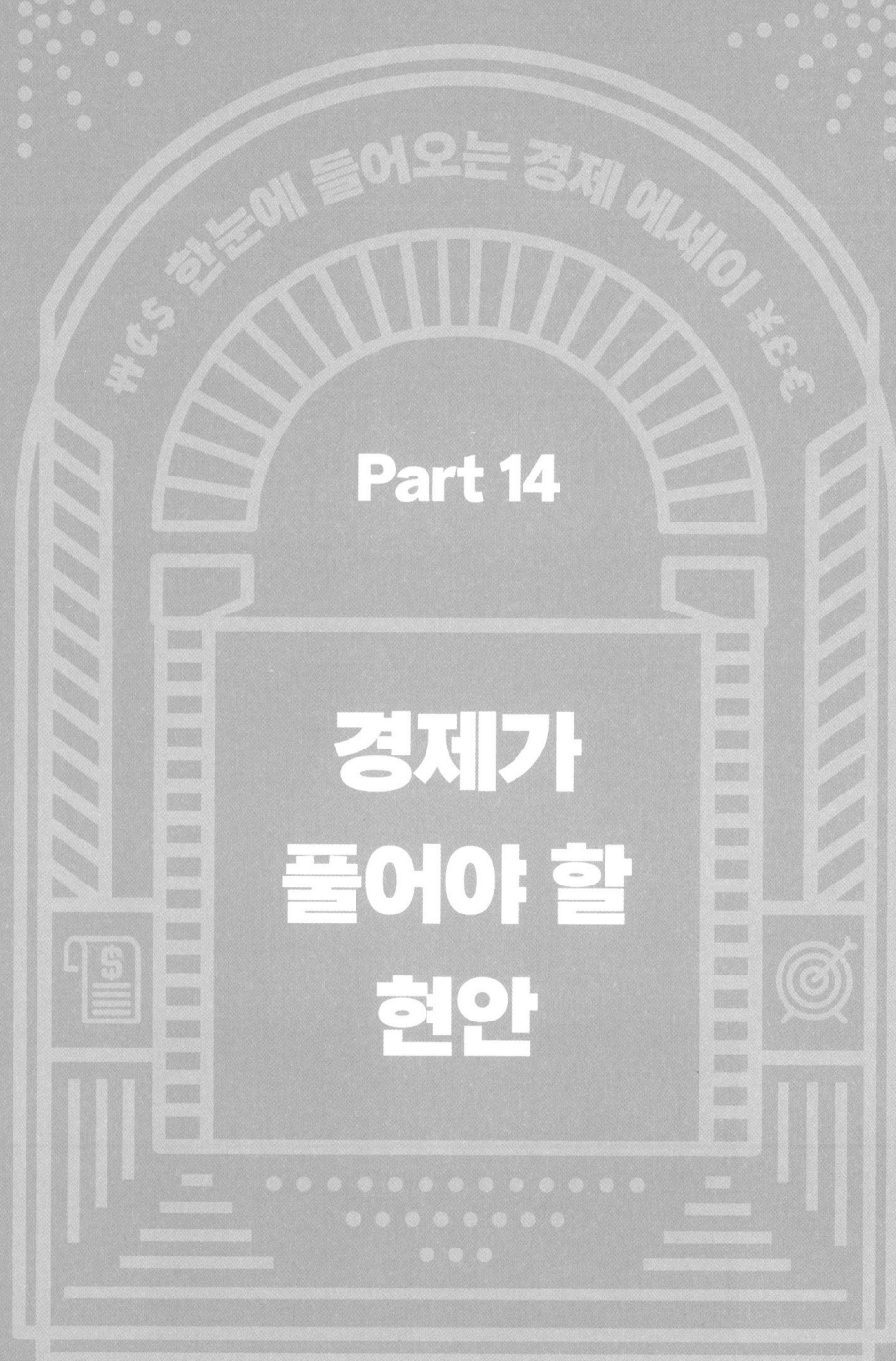

Part 14
096

깨진 유리창
broken window theory

한때 스타트업의 성지였던 미국 샌프란시스코에 범죄율이 급증하면서 도시 공동화 현상이 발생하고 있습니다. 2023년 샌프란시스코의 공실율은 30%대로 뉴욕 맨해튼의 두 배에 달하며, 당국은 세수가 줄면서 마약, 범죄 등의 사회 문제에 대처할 수 있는 자금이 부족해 무질서가 더욱 커지는 악순환을 겪고 있습니다.

심리학 이론 중에 '깨진 유리창 이론'은 범죄와 사회적 불안정의 관계를 설명하는 이론 중에 하나입니다. 한 건물에 깨진 유리창이 있는데, 그 유리창을 수리하지 않고 방치하면 사람들은 그걸 보고 이 건물이 관리되지 않는다고 생각하여 범죄가 생길 수 있다는 것입니다. 즉, 깨진 유리창 이론은 사회 환경에서 예방적인 조치와 작은 문제에 대한 적절한 대응의 중요성을 강조합니다. 실제, 깨진 유리창 이론을 적용시킨 경우가 있습니다. 1990년대 뉴욕은 하루에 수십 건의 범죄가 발생하는 범죄의 소굴이었습니다. 1994년 뉴욕의 시장이 된 루돌프 줄리아니는 도로변 건물과 지하철 등에 스프레이로 휘갈긴 낙서(그래

피티)들을 깨끗이 지우고 쓰레기 무단투척, 무임승차 등 기초질서를 위반하는 경범죄 단속에 집중했습니다. 그리고, 그 결과 범죄율이 75% 줄어드는 성과를 거두었습니다.

불평등 역시 초기에 방치하면 큰 사회 문제가 될 수 있습니다. 사회적 불평등은 사회 구성원들 사이에서 자원, 기회, 권력, 재산, 지위 등의 분배가 불균형하게 이루어지는 상태입니다. 경제적 측면에서 불평등은 소득과 재산의 불균형을 의미하는데, 이는 일부 개인이나 그룹이 많은 부의 소유, 높은 소득 수준, 혜택과 기회에 더 많은 접근성을 가지고 있는 상황입니다. 경제적 불균형은 자본분배, 교육의 기회, 기업의 구조와 경영 체계와 관련이 있습니다. 또한 세계화와 기술 변화, 세금정책, 사회복지 정책, 규제와 경쟁 환경 등도 경제적 불평등을 형성하는 데 영향을 미칩니다. 불평등이 커지면 사회가 불안정해지고 갈등이 심화됩니다. 이는 경제의 효율성을 저하시키고, 지속가능한 경제성장을 방해하며, 사회적인 분열을 야기하여 유대감과 공동체 의식을 손상시킵니다. 이는 저출산을 불러 인구고령화를 가중시키고, 창의성과 혁신역량의 저하로 이어질 수 있습니다. 또, 공정성과 평등의 원칙을 침해하고 사회적인 정의구현을 저해할 수 있습니다.

따라서 경제적 불평등을 완화하고 공정성과 사회적 포용을 촉진하기 위한 다양한 정책적 노력이 필요합니다. 세금을 통한 소득 재분배 정책을 효과적으로 사용하여 소득상위 계층과 취약 계층의 소득 격차를 줄이는 것이 중요합니다. 또 평등한 교육 기회를 제공하여 경제적인 차별과 계층 구조의 재생산을 막고, 양질의 공공서비스를 제공하여 경제적 불평등을 완화해야 합니다. 또 정부와 기업이 협력하여 지속가능한 경제성장과 고용창출을 추진하고, 기업의 ESG경영을 독려하여 사회적 책임을 충실히 이행하는 기업문화를 조성해야 합니다. 주거환경, 교통, 체육시설, 문화시설 등의 사회적 기반시설을 개선하고 비영리 단체, 지역사회 등이 경제적으로 취약한 개인과 그룹을 지원하고 사회적인 포용을 촉진할 수 있도록 유도해야 합니다. 투명한 법과 제도의 확립은 경제적 불평등을 완화하는 데 필수적입니다. 부패와 부당한 경제적 관행을 근절하고, 사회적인 규제와 보호를 강화하여 모든 경제주체들이 공정한 경제환경에서 경쟁할 수 있는 구조를 만들어야 합니다. 또 디지털 기술의 보급과 인터넷 접근성을 확보하여 개인들이 정보와 기회에 공정하게 접근할 수 있도록 조치해야 하며, 국제사회와 협력하여 개발도상국에 대한 지원과 협력을 강화하여 국가 간 경제적 불평등을 완화하는 데에도 기여해야 합니다.

깨진 유리창이 되지 않게끔 상황이 악화되기 전에 여러 이해관계자들의 협력을 구하고 노력하여 불평등을 완화한다면, 사회구성원 모두에게 긍정적인 효과가 돌아갈 것입니다.

Part 14
097 초고령화 사회
super-aged society

로마제국 때 사람의 평균수명은 21살에 불과했다고 합니다. 1840년대 유럽인의 평균수명은 40세 초반이었고 19세기에 접어들면서 개인의 위생과 영양상태, 주거수준 등이 크게 향상되면서 평균수명이 60세에 다다랐습니다. 이후 20세기에 들어 세계대전 등 전쟁 기간을 제외하면 보건 의료의 향상과 예방접종의 보편화로 기대수명이 크게 증가했습니다.

그럼 인간의 수명은 얼마까지 늘어날 수 있을까요? 인간의 생물학적 자연수명은 38세라고 합니다. 하지만 의료기술이 발달하면서 20~25년당 평균수명은 약 10살씩 늘어나고 있습니다. 인간수명을 연구하는 학자는 일본 남성의 경우 평균 기대수명이 115세, 여성은 120세가 될 것으로 전망하고 있습니다. 여기서 기대수명이란 0세의 출생아가 향후 생존할 것으로 기대되는 평균 생존연수를 뜻하며, 이는 연령별 사망률의 통계로 산출됩니다.

인간의 기대수명이 늘어나는 것은 환영할 만한 일이나, 건강수명은 이를 따라가지 못하고 있습니다. 더 큰 문제는 출생률이 지속적으로 하락하면서 생산가능인구가 줄고 있다는 점입니다. 2023년 우리나라는 65세 이상 고령인구가 950만 명을 기록하면서 전체 인구 중 고령자의 비중이 18.4%에 달했고, 2025년에는 20%를 넘어 초고령 사회로의 진입이 예상됩니다. 2023년 우리나라의 생산가능인구(15~64세)는 3,600만 명으로 역대 최다였던 2019년에 비해 125만 명이나 줄었습니다. 그리고 향후 감소하는 속도가 더 빨라져 2030년에는 3,300만 명, 2050년에는 2,400만 명이 될 것으로 전망하고 있습니다. 2070년 우리나라 전체 인구는 3,700만 명, 이 중 생산가능인구는 1,700만 명

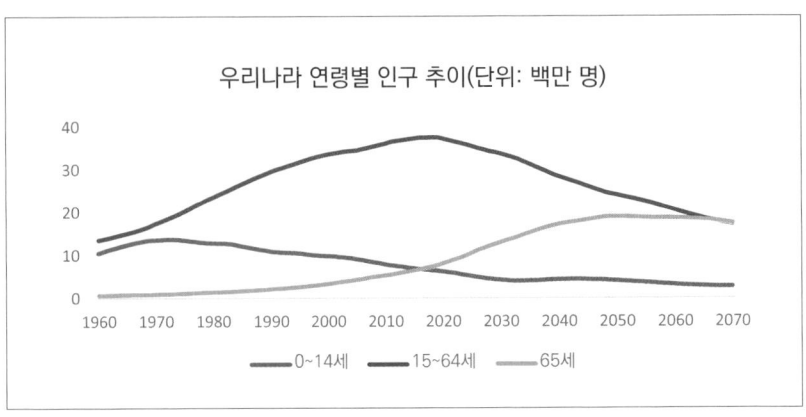

으로 전체 국민의 46%밖에 되지 않을 것으로 예측됩니다.

 이는 국민 중 46%가 일해서 나머지 54%를 먹여 살려야 하는 심각한 상황인 것이지요. 뿐만 아니라 생산인구 감소로 노동력이 부족해지면 경제가 성장할 수 없고, 국민연금과 같은 사회보장 시스템의 부담이 증가해 프로그램 자체가 지속가능하지 않을 수 있습니다. 또 전체 세수가 감소해 일하는 국민들의 세금 부담이 증가하고, 기업 입장에서는 적절한 기술과 경험을 가진 인력이 부족하여 성장과 혁신을 만들기 어렵게 됩니다. 이러한 문제점들을 해결하기 위해서는 보다 실질적인 출생률 증진 정책과 정년 폐지와 같은 고령인구 고용 촉진 방안이 나와야 할 때입니다.

Part 14
098

슬로벌라이제이션의 시대
the age of slowbalization

'슬로벌라이제이션'은 'slow'와 'globalization'의 합성어로 '세계화의 쇠퇴'를 의미하는 신조어입니다. 이는 국가 간 무역, 국제자본의 이동, 정보교류 등 세계화와 관련된 지표들이 2008년 글로벌 금융위기 이후 부진해지는 현상을 뜻합니다.

세계화는 국제적으로 경제, 사회, 문화, 기술이 상호 연결되고 통합되는 현상입니다. 국가 간에 무역이 증가하고 정보와 통신 기술이 발전하면서, 국경이 무너지고 국제적으로 경제통합이 구축되었습니다. 이로 인해 국가 간에 무역과 투자가 증가하고 기술혁신이 확산되면서 경제성장을 이룰 수 있었고, 사람들의 보다 활발한 이동과 교류를 통해 상호 간에 이해가 증진되었습니다. 이런 분위기 속에 자산시장이 개방되면서, 외국인들의 금융시장과 부동산 투자가 크게 늘었는데, 이와 같이 외국인이 국내 자산시장을 장악하는 현상을 '윔블던 효과Wimbledon effect'라고 합니다. 이는 영국 윔블던 테니스 대회가 주최국인 영국 출신 선수보다 외국 선수가 더 많이 우승하는 데에서 유래되었습니다.

세계화에 따른 부작용도 큽니다. 경제통합economic integration은 국가 간에 경제적 격차를 심화시키고, 지나친 자원낭비로 환경문제를 불러오는 부작용을 낳았습니다. 또 문화의 지역적인 독특성과 다양성이 퇴색되고, 경제적 상호의존도가 커지고, 자원경쟁, 무역분쟁 등과 같은 국가 간 경제전쟁이 일상화되었습니다. 이러한 세계화는 소득 격차와 부의 집중화로 이어져, 사회적 불평등을 증가시키기도 했지요. 1990년대 이래 거침없이 확장되던 세계화는

2008년 글로벌 금융위기를 맞아 금융시장에 변동성이 커지면서 위축되기 시작했고, 2016년 영국의 유럽연합 탈퇴로 위기를 맞았습니다. 또 자국의 영향력을 키우기 위한 주요국의 지나친 군사적·경제적·정치적 패권경쟁은 국제적 갈등과 분쟁을 초래하였습니다.

세계화는 그 자체에 문제가 있다기보다는, 방법과 실행에 문제가 있습니다. 세계화를 효과적으로 발전시키기 위해서는 이익과 부담을 공평하게 분배할 수 있는 국제적인 규제와 협력 체제가 필수적이며, 불평등과 양극화를 해소하기 위한 사회적 포용과 경제적 보완책이 필요합니다. 환경문제와 자원고갈을 예방하기 위해 지속가능한 개발과 환경보호에 대한 노력이 필요하며, 사회적 불안정과 정치적 갈등을 최소화하기 위한 정책조정과 사회적 합의를 이루어 내야 합니다. 국가주의nationalism와 보호무역주의에 대응하기 위해 상호협력과 다자간주의multilateralism를 강화하고, 상호이해와 문화교류를 통한 글로벌 네트워크 형성을 촉진해야 합니다. 세계화의 성공을 위해서는 이러한 방법과 실행의 문제를 인식하고, 포용적이고 지속가능한 국가 간의 협력이 필요합니다.

Part 14 099 5차 산업혁명과 가상자산

5th industrial revolution and virtual asset

　근대에 들어 현재까지, 산업과 경제 구조에 큰 변화를 가져온 수차례의 산업혁명이 있었습니다. 각 산업혁명은 생산성의 향상, 경제구조와 일자리의 변화 등을 만들었습니다.

　제1차 산업혁명은 18세기 말부터 19세기 초에 일어난 산업혁명으로, 기계화와 증기 기술의 도입이 특징입니다. 소규모 공장 시스템에서 대규모 공장 시스템으로 생산 방식이 바뀌고, 농업사회에서 산업사회로 전환되었습니다. 제2차 산업혁명은 19세기 말부터 20세기 초에 일어난 산업혁명으로, 전기화와 대량생산 기술의 도입이 특징입니다. 대규모 공장에서 생산된 제품들이 대중적으로 이용되었으며, 교통과 통신 기술의 발달도 함께 이루어졌습니다. 제3차 산업혁명은 20세기 말부터 21세기 초에 일어난 산업혁명으로, 컴퓨터와 정보통신 기술의 도입이 특징입니다. 디지털화와 자동화가 진행되었고, 인터넷과 모바일 기술의 발전으로 전 세계를 연결하는 글로벌 네트워크가 형성되었습니다. 4차 산업혁명은 21세기에 진행 중인 산업혁명으로 정보와 통신 기술의 발전을 기반으로 인공지능, 빅데이터, 사물인터넷 등의 기술이 중요한 역할을 하며, 디지털화와 자동화가 더욱 발전하는 시기입니다. 5차 산업혁명은 4차 산업혁명과 연결되어 있는 개념으로 현재 진행 중인데, 디지털 경제와 물리 경제의 융합, 사람 중심의 기술 개발, 새로운 혁신과 협력 등을 강조합니다. 4차 산업혁명은 디지털을 이용한 기술이 인간의 행위를 대신하는 반면, 5차 산업혁명은 인간의 육체적 한계와 오감각을 만족시키는 가치적 한계를 극복하기 위한 기술이 될 것으로 예상하고 있습니다.

이러한 변화는 사회적인 문제를 동반할 수 있어, 공동체 안에서 사회적 합의를 이끌어내는 노력이 필요합니다. 예를 들어 AI의 발전이 사람들의 일자리를 뺏을 것이라는 두려움이 존재하는 반면, 일부 분야에서 일자리가 감소할 수 있지만 다른 분야에서는 수익이 증가하여 새로운 일자리가 늘어날 수 있다는 '창조적 파괴creative destruction' 같은 낙관론이 동시에 존재하기 때문입니다.

4차 산업혁명은 '가상자산'이라는 새로운 자산 형태도 만들었습니다. 2022년 1월 전 세계 가상자산 규모는 4,300조 원 수준에 이르는 것으로 집계되었습니다. 가상자산은 블록체인 기술의 특징인 분산성, 투명성, 안전성 등을 바탕으로 금융 서비스, 결제 시스템, 스마트 계약, 탈중앙화된 애플리케이션(DApp) 등에 다양한 분야에서 활용되고 있고, 글로벌 경제와 금융 시장에 큰 영향을 미치고 있습니다. 대표적인 형태로는 암호화폐가 있습니다.

암호화폐는 중앙은행이나 국가의 통제를 받지 않고 전 세계에서 쉽게 거래가 이루어지며, 공급이 제한되어 있기 때문에 인플레이션에 대한 헤지 수단으로 간주되기도 합니다. 하지만 매우 높은 가격 변동성을 가지고 있고, 정보의 부족과 가치 평가에 대한 합의가 부족하기 때문에 가격의 부정확성이 존재합니다. 또 가상자산은 디지털 형태이기 때문에 사이버 공격, 해킹, 사기 등의 위험이 있습니다. 이러한 문제점들은 보안 및 안전성을 강화하는 기술의 발전, 규제와 법적 구조의 개선을 통해 앞으로 해결될 가능성이 있습니다. 하지만 현재로서는 위험을 인식하고 신중한 투자와 안전한 보관 방법, 신뢰할 수 있는 거래소의 선택, 보안 조치의 이행 등이 필요합니다.

Part 14
100 연금개혁과 세대갈등
pension reform and generational conflict

　프랑스와 우리나라를 포함한 많은 나라들이 연금개혁을 논의 중에 있습니다. '연금개혁'은 현재의 연금체계를 개선하거나 변화시키는 과정입니다. 연금체계는 노후에 대비하여 일정한 소득을 보장하고 경제적인 안정성을 제공하는 중요한 사회보장 시스템입니다. 그러나 인구 고령화와 같은 변화에 따라 기존의 연금체계는 지속가능성과 공정성의 문제를 안고 있어, 개혁의 필요성이 대두되고 있습니다.

　연금개혁의 우선순위는 각 국가의 사회적·경제적 상황에 따라 다를 수 있습니다. 프랑스 연금개혁의 주요 논점은 기존의 42개의 독립적인 연금제도를 통합하여 단일화하고, 기여 연령을 상향 조정하여 더 오래 일하도록 유도하고 연금 지급 연령과의 균형을 맞추는 것입니다. 근로자 입장에서 보면, 더 많이 일하고 더 늦게 받으라는 것이지요. 2023년 4월, 프랑스 헌법위원회는 정부의 연금개혁 법안이 헌법에 합치한다고 발표하여, 프랑스 마크롱 대통령의 연금개혁에 대해 합법적 당위성을 부여했습니다. 하지만 대다수 국민들은 여전히 거세게 반발하고 있습니다.

연금체계와 관련한 논쟁은 이해관계자들 사이에 이익의 관점 차이로 발생하는데, 연금 문제는 종종 세대 간의 갈등 요인이 되기도 합니다. 세대 간에 불공평과 책임전가가 증폭되고 기대와 신뢰가 무너져 갈등이 격화되면, 심각한 세대전쟁이 발생할 수 있습니다.

우리나라도 국민연금의 재정 안정성과 미래 세대의 노후생활 보장을 해결하기 위해 국민연금 개혁을 추진하고 있습니다. 여기에서는 납입액을 상향하거나 연금액과 연금지급 시기를 조정하는 등의 안을 포함하고 있습니다. 국민연금 개혁과 관련하여 세대 간 형평성이 이슈가 되고 있으며, 기성세대와 MZ세대 간의 갈등이 더 커지고 있지요. 여기서, MZ세대란 1980년대 말부터 1990년대 초에 출생한 세대로, 밀레니얼세대와 Z세대를 포괄하는 용어입니다. MZ세대는 인터넷과 모바일 기기에 익숙한 디지털 네이티브 세대이며, 경제위기와 코로나19 팬데믹의 영향으로 경제적·사회적으로 어려움을 겪으면서 경쟁적인 상황에서 성장했다는 특징이 있습니다. MZ세대는 지속적인 저출산과 급속한 노령화로 인해 본인들이 지게 될 부담이 현재의 기성세대보다 훨씬 더 크기 때문에 현재의 국민연금 체계의 공정성에 의문을 가지고 있습니다. 더욱이, 국민연금의 고갈 시점이 빠르게 다가오고 있다는 불안감으로 인해, 국민연금을 폐지하라는 반응까지 나오고 있습니다.

세대 간의 갈등을 해소하기 위해서는 투명하게 정보를 제공하고 모든 이해관계자들의 대화를 강화하여 공정하고 상호 이익이 되는 결정이 이루어져야 합니다. 또 급격한 변화는 갈등을 가중시킬 수 있으므로, 점진적으로 개혁하는 접근 방식이 필요합니다. 또한 국민들에게 국민연금의 목적과 중요성, 개혁의 필요성 등을 잘 전달하고, 이에 대한 이해와 인식을 높일 수 있는 교육과 캠페인을 추진해야 합니다.

Part 14
101

명태와 꿀벌의 실종
disappearance of pollack and honeybees

기후변화는 인간이 직면하고 있는 가장 심각한 문제 중에 하나입니다. 과거 10년 동안 우리나라 동해의 수온이 1.72℃ 상승하면서 동해에서 명태가 사라졌습니다. 또 이상고온 현상으로 꿀벌이 실종되고 있습니다.

화석연료의 연소, 산림 파괴, 산업 프로세스의 확장 등으로 인해 대기 중 온실가스가 많아지면서 지구 온난화가 가속화되고 있습니다. 기후변화는 환경뿐만 아니라 인간과 생태계에도 많은 영향을 미치고 있습니다. 극한 기상 현상과 자연재해의 증가로 인해 인명피해와 인프라 파괴, 식량생산 감소, 물 부족 등의 문제가 발생하고 있습니다. 또한, 기후변화는 생태계의 균형을 깨뜨리고 생물다양성을 감소시키며, 수질과 대기오염을 악화시키고 있습니다.

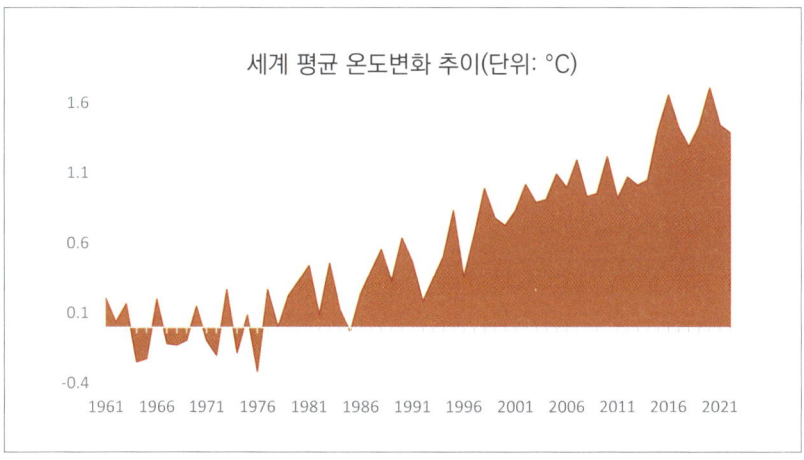

과거 100년 동안 지구의 평균기온은 0.74±0.03℃ 상승했는데, 속도가 더 빨라져 앞으로 5년 내에 연평균기온 상승폭이 1.5℃에 달할 수 있다고 합니

다. 기온상승 1.5℃는 중요한 의미가 있습니다. 2015년 채택된 파리기후협정에서 기온상승을 1.5℃ 이하로 유지하는 것을 합의했는데, 이는 생태계가 유지되기 위한 최소한의 마지노선입니다. 이를 달성하기 위해서는 온실가스 배출을 빠르게 줄이고, 탄소중립을 추구하는 노력과 함께 기술혁신, 산업구조의 변화, 에너지 효율화, 재생에너지 개발 등이 필요합니다.

기후변화는 생태계뿐만 아니라 경제에 부정적인 영향을 미칩니다. 기후조건의 변화로 농작물 가격이 상승하고 식량부족이 발생하며, 홍수와 태풍 같은 자연재해로 인프라가 파괴되어 경제적 부담이 초래될 수 있습니다. 또 기후변화는 자산가치의 변동폭을 키우고 보험회사의 보상금 지급을 증가시키는 등 금융시장의 안정성에도 부정적인 영향을 미칠 수 있습니다.

기후변화에 대응하기 위한 국제사회의 움직임이 바빠졌습니다. 파리협정 이후 유엔은 지속가능발전목표SDGs라는 로드맵을 만들었습니다. SDGs는 경제, 사회, 환경 세 가지 차원에서 지속가능한 발전을 추구하는데, 17개 목표 중 13개 목표는 '기후행동'을 의미합니다. 이는 기후변화와 관련된 문제에 대한 대응을 촉진하고 탄소배출 감축, 재생에너지 도입 등 환경적 대응을 목표로 합니다. 기업들도 기후변화 문제에 대한 인식을 높이고, RE100과 같은 이니셔티브를 통해 기후변화에 대응하고 있습니다. 'RE100'은 기업들이 100% 재생에너지를 이용하여 전력을 공급받는 것을 목표로 하는 국제적 기업 간 협약 프로젝트입니다. 또한 투자와 금융에도 기후변화와 관련한 중요한 움직임이 있습니다. 글로벌 자산운용사인 블랙록을 필두로 많은 금융기관과 투자자들은 기후위기에 대응하기 위한 기업과 프로젝트에 자금을 투자하고 있고, 탄소 중립을 목표로 하는 금융 제품과 서비스를 개발하고 있습니다. 이러한 국제사회의 노력에도 불구하고, 국가 차원의 움직임은 답보 상태입니다. 미국과 중국은 서로 네 탓이라며 책임을 미루고 있습니다. 2020년 기준 미국의 이

산화탄소 배출량은 13.5%로 전 세계 두 번째였던 반면, 중국은 30.6%로 압도적으로 많았습니다. 하지만 산업화가 시작된 1750년 이후 2020년까지 누적배출량을 보면, 미국이 24.6%, 유럽연합이 17.1%, 중국이 13.9% 순이었고, 2.8%만을 배출한 아프리카가 기후변화의 가장 큰 피해 지역입니다.

기후위기로 인해 2025년까지 전 세계는 매년 2,300조 원의 손실을 볼 것이며, 온실가스를 줄이지 못하고 2075년에 이르면 매년 4경 2,000조 원, 전 세계 GDP의 5%의 경제적 손실을 입을 것으로 추정됩니다. 각국 정부가 기후위기에 대응하기 위해 새로운 규제를 만들면, 이전에 없었던 비용을 부담해야 해서 기후불황이 발생할 수도 있습니다. 사실 경제적 피해는 선진국보다는 가난한 저개발국에서 더 커지겠지요. 또한 기후비용은 정부나 기업뿐만 아니라 수요자 원칙에 따라 소비자가 부담해야 한다는 목소리가 나오고 있어, 한 국가 내에 국민들 간에 경제적 불평등이 더 확대될 수 있습니다.

지역을 막론하고 지구 곳곳에는 폭염, 가뭄, 대홍수 등의 이상기후가 연출되며 피해와 공포심이 커지고 있습니다. 그간 기후위기에 미온적인 태도를 보여왔던 미국도 "기후변화는 세상에서 가장 무서운 대량학살 무기가 될 수 있다."고 경고하면서, 대응의 시급성을 강조했습니다. 인류가 지구에서 살아남기 위해서는 '기후불황'을 최소화하는 '기후정의'를 실현하는 데 지혜를 모아야 할 때입니다.

글로벌 공급망, CHIPS Act와 IRA

Part 14
102

global supply chain, CHIPS Act and IRA

글로벌 공급망에 문제가 생겨 원자재 또는 부품의 공급이 제한되거나 지연될 경우, 제품의 가격상승으로 이어지거나 생산이 중단될 수 있고, 이로 인해 세계경제가 위축될 수 있습니다.

공급망의 혼잡도와 압력을 측정하는 지표로 '글로벌 공급망압력지수GSCPI'를 사용합니다. 이 지수는 전 세계 주문량과 생산량의 차이, 재고 수준 등을 고려하여 계산됩니다. 2018년 미·중 무역전쟁 이후 올라가기 시작한 지수는 코로나19를 겪으면서 큰 폭으로 상승했다가, 2023년 들어 안정세를 유지하고 있습니다. 하지만 앞으로도 불확실성 요인들이 많아 지수가 올라갈 가능성이 있습니다.

기업들은 글로벌 공급망을 구축하여 원재료와 부품을 수입하고 생산하여, 최종 제품을 유통 및 판매하는 과정을 거치게 됩니다. 글로벌 공급망은 세계 각지의 공급업체, 제조업체, 유통업체, 물류업체 등 다양한 참여자들로 구성

되어, 원자재, 부품, 제품, 정보, 자금 등을 공유하고 국가 경계를 넘어 협력하여 제품 및 서비스를 생산하고 공급합니다.

영국은 근대 산업혁명의 발상지로 18세기부터 세계의 공장 역할을 수행해 왔습니다. 19세기에는 산업발전이 유럽 전역으로 확대되었고, 20세기에는 미국이 자동차, 전자제품, 항공우주 등의 산업을 주도했으며, 일본과 독일도 기술 혁신을 통해 전자제품과 자동차 분야에 국제적인 경쟁력을 갖추게 되었습니다. 진정한 글로벌 공급망은 1960년대 아시아 네 마리 용으로 불리던 한국, 대만, 홍콩, 싱가포르가 등장하면서 시작되었고, 이후 1995년 세계무역기구(WTO) 체제가 출범하면서 많은 기업들의 해외 이전이 본격화되었습니다. 2001년 중국이 WTO에 가입하였고, 다국적기업들이 중국으로 진출하면서 중국은 글로벌 공급망의 중심 위치에 서게 되었습니다. 이후 2008년 글로벌 금융위기로 무역량이 급감하고 2011년 동일본 지진이 발발하면서 반도체 등 주요 부품 공급의 차질이 생겨 자동차 및 IT제품 생산에 문제가 발생했습니다. 2017년 들어 자국중심주의가 확산되어 미·중 간 무역분쟁이 커지면서 중국을 중심으로 이루어졌던 글로벌 공급망의 재편 조짐이 보이기 시작했습니다. 2020년에는 코로나19 발발로 인해 전 세계 생산시설이 마비되었고, 핵심물자의 부족으로 글로벌 공급망에 타격이 있었습니다. 또 2021년에는 수에즈운하에 에버기븐호가 좌초하여 6일 동안 수에즈운하가 폐쇄되면서, 글로벌 원자재 공급에 차질을 빚기도 했습니다. 2022년에는 러-우크라이나 전쟁이 발발하여 원자재와 식료품 공급에 차질이 생겼고, 이에 전 세계적으로 물가상승과 경기에 악영향을 미쳤습니다.

중국은 저비용 노동력과 대규모 생산 역량을 바탕으로 세계의 공장 역할을 수행하며, 빠른 성장을 이루어 GDP 기준 세계 두 번째 경제 대국으로 진입했고, 2030년에는 미국을 제치고 세계 1위가 될 것으로 예상됩니다. 이러다 보니, 미국 입장에서는 크게 긴장할 수밖에 없고 중국의 약진을 우려하게 되었습니다. 미국과 유럽은 지속가능한 공급망 관리와 중국을 견제하기 위한 새로운 규제를 앞다투어 내놓았습니다. 대표적으로는 미국의 '반도체지원법CHIPS Act', '인플레이션감축법IRA'과 유럽연합의 '핵심원자재법CRMA'을 들 수 있습니다.

CHIPS Act는 미국 내 반도체 생산시설에 투자하는 기업에게는 혜택을 주고 중국에 신규로 투자하는 기업에게는 불이익을 주어, 중국을 배제하고 미국 내 반도체 생산능력을 확대하고자 하는 목적을 가지고 있습니다. CHIPS Act와 관련한 보조금 지급은 관련 기업에게 매우 예민한 문제입니다. CHIPS Act에 따르면 미국에 반도체 공장을 새로 짓는 기업은 비용의 10% 안팎의 지원금을 받을 수 있지만, 국가보안을 목적으로 기업의 정보공개와 생산시설에 접근할 수 있는 권한을 미국이 갖도록 요구하고 있습니다. 또한 1억 5,000만 달러 이상의 반도체 보조금을 받는 기업의 수익이 전망치를 초과할 경우, 보조금의 최대 75%를 돌려받을 수 있는 조건을 포함하고 있습니다. 또 보조금 지급 기준에 부합하려면 중국과 공동연구나 기술이전을 할 수 없고 생산량도 10년 동안 늘릴 수 없도록 규정하고 있습니다. 이와는 별도로 미국은 한국, 대만, 일본과 반도체 협업 체제를 강화하는 칩4CHIP4 동맹을 추진하고 있습니다. CHIP4 동맹은 일종의 '프렌드쇼어링friend-shoring'으로서, 미국은 반도체 설계 분야인 팹리스fabless를 주도하고, 반도체 위탁 생산 파운드리foundry에 강자인 대만과 기억장치 분야 메모리memory에 강국인 한국, 주요 기술국가 중 하나인 일본과의 동맹을 통해 자국 반도체의 경쟁력을 높이겠다는 것이지요. 중국은 세계 최대의 제조대국이자 무역대국이 되었지만, 반도체 분야는 약소국입니다. CHIP4 동맹의 나라들은 전 세계 반도체 장비의 73%, 파운드리의 87%, 설계 및 생산의 91%를 장악하고 있어, 중국의 반도체 산업을 봉쇄할 수 있는 '반도체-NATO'를 형성하여, 중국의 경제확장을 막겠다는 계획입니다.

미국의 IRA는 미국 내 물가상승 억제와 기후변화 대응을 목적으로 제정된 법으로, 친환경차 세액공제에 대한 시행규칙과 조건을 담고 있습니다. 주요 골자는 북미에서 최종 조립된 전기차가 아니며 일정 비율 이상의 광물과 부품이 북미 지역에서 생산된 배터리를 사용하지 않으면, 전기차 보조금 대상에서 배제된다는 내용입니다. 사실 이러한 조치는 미국 내에서도 비판이 있습니다. 기업 입장에서는 미국에 새 공장을 건설하는 것이 중국 등 타 국가에 건설하는 비용보다 훨씬 많이 들어가기 때문입니다.

과거 1980~90년대 일본은 글로벌 반도체 시장에서 50% 이상의 점유율을 차지하며 이 분야를 주도했는데, 이에 위협을 느낀 미국이 무역 불균형을 해소한다는 명분으로 '미·일 반도체 협정'을 강압적으로 체결하였습니다. 이후 일본은 장비와 소재를 파는 나라로 전락하면서 경쟁력을 잃게 되었지요. 우리나라의 경우 미국의 CHIPS와 IRA로 반도체와 자동차 산업에 적지 않은 영향을 받고 있습니다. 미국에 동조하자니 중국과의 교역에 차질이 생길 수 있고, 반대하면 우리 기업들이 미국 시장에서 가격 경쟁력을 잃어버리고 나아가 정치·군사적 동맹에도 문제가 생길 수 있습니다.

현재 미국을 포함한 서방을 중심으로 글로벌 공급망에서 중국을 배제하려는 '탈동조화decoupling'가 진행되면서 기업들이 중국에 대한 의존도를 줄이고 중국과 관련된 비즈니스 위험을 회피하고자 하는 '탈위험derisking' 현상이 생겨나고 있습니다. 이러한 상황은 우리에게 기회가 될 수도 있습니다. 중국의 대안으로 등장한 것이 대안alternative과 아시아Asia 단어를 결합한 '앨트아시아Altasia'입니다. 앨트아시아는 예를 들어 일본과 한국의 고숙련 기술과 자금력, 인도와 베트남 등의 저임금 등의 장점을 모으면 중국의 대안이 될 수 있다는 것입니다. 우리나라는 앨트아시아 중에 고부가가치 첨단 산업을 담당하는 축을 맡을 수 있도록 전략을 마련하고 적극적으로 추진해야 합니다.

Part 14
103

노동시장과 코리아 디스카운트
labor market and Korea discount

　영국의 산업혁명을 계기로 봉건제가 해체되고 산업자본가가 중간계층을 형성하면서, 이들은 자본력을 바탕으로 정치에 참여하여 그들의 권리를 주장하기 시작했습니다. 반면 노동자들은 기계화와 자동화로 인해 더 위험하고 비위생적인 환경에서 저임금 장시간 노동에 시달렸는데, 이에 대한 불만과 반발로 기계를 공격하고 파괴하는 '러다이트Luddite운동'이 발발하기도 했습니다. 러다이트운동은 정부에 의해 진압되었지만, 러다이트란 용어는 오늘날에도 기술의 발전에 대한 비난이나 저항적 태도를 지칭하는 말로 사용됩니다. 이후, 노동자들의 불만이 커지면서 조직화되고 단결된 힘을 가진 노동조합이 등장했습니다. 이 조직은 노동자들의 근로조건 개선과 노동시간 단축을 요구했는데, 초기의 노동조합은 정부와 기업들에 의해 비난과 탄압을 받았습니다. 20세기 들어 많은 국가들이 노동조합의 역할과 중요성을 인정하면서 노동자들을 보호하는 법률과 정책이 도입되었고, 이를 통해 노동자들은 안정적이고 공정한 조건하에서 일하는 것이 가능해졌습니다.

　국가마다 노동법과 노사관계의 틀은 다르지만, 노동조합은 전 세계적으로 근로자들의 권리와 이익을 보호하기 위한 중요한 기구로 인정되고 있습니다. 우리나라의 노동운동은 1950년 한국전쟁 이후 본격화되었지만, 1960~70년대 군사정권하에서는 어려움을 겪기도 했습니다. 이후 1980년대 민주화 운동과 함께 노동조합이 다시 활성화되어, 현재는 민주노총과 한국노총이 대표적인 노동단체이며, 여러 산업별 노동조합들도 활발하게 활동하고 있습니다.

　과거 50년 동안, 우리나라는 괄목할 만한 경제성장을 이루었습니다. 1974

년 우리나라의 GDP는 195억 달러에 불과해 세계 30위였으나, 2022년에는 85배 상승하여 1조 7,000억 달러로 세계 10위 수준입니다. 2022년 우리나라의 1인당 GDP는 3만 2,000여 달러로 50년 전에 비해 57배 상승했고, 총 교역액은 1조 4,000억 달러로 세계 8위, 외환보유고도 4,400억 달러로 세계 8위, 군사력은 세계 6위 수준입니다. 또한 국가 신용등급은 무디스 기준 'Aa2 안정적', S&P 기준 'AA 안정적'을 유지하고 있는데, 이는 일본과 중국의 신용등급에 비해 두 단계 높은 것입니다.

우리나라 기업들의 주식가치는 내재가치에 비해 상대적으로 저평가되어 있는데, 이를 '코리아 디스카운트'라고 합니다. 이는 불안정한 지정학적 상황, 후진적인 기업지배구조, 그리고 노동시장의 비효율성이 주요 원인입니다. 국가가 도약하고 기업들의 가치를 제대로 평가받기 위해서는 노동시장의 효율성을 높이는 것이 중요한 과제 중 하나입니다.

IMD가 발표하는 경쟁력 순위에 따르면, 우리나라의 전체 국가 경쟁력 순위는 2023년 기준 전체 64개 국가 중 28위로 중간 수준입니다. 국가경쟁력 지표를 분야별로 보면, 경제성과와 인프라는 14위와 16위로 양호한 편이지만, 정부효율성과 기업효율성 부문은 38위와 33위로 낮은데, 특히 노동시장 부문은

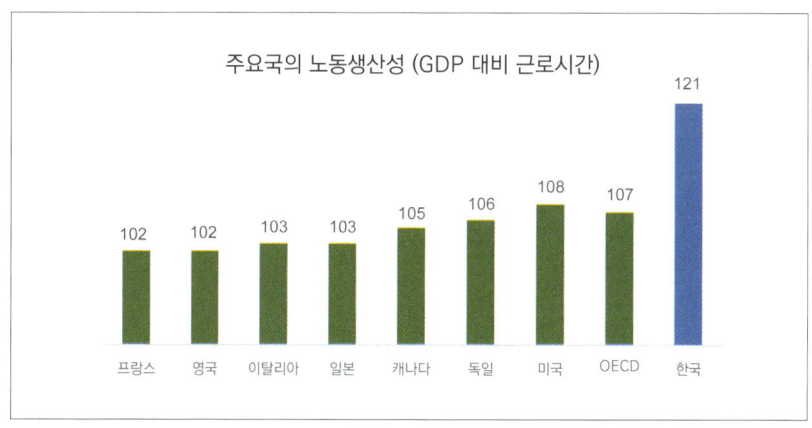

39위로 낮은 점수를 받고 있습니다. 또한 OECD 자료에서도 GDP 창출을 위한 우리나라의 1인당 노동시간이 121시간으로 프랑스, 캐나다는 물론 OECD 국가들의 평균보다도 많아, 그만큼 우리나라의 노동생산성이 떨어지는 것으로 나타났습니다. 더불어, 세계경제포럼(WEF)의 조사에 따르면 우리나라 노동시장의 유연성은 OECD 37개국 중 35위를 기록해 최하위 수준인 것으로 평가되었습니다.

그럼 우리나라의 노동생산성과 노동시장의 유연성이 낮은 이유는 무엇일까요?

우리나라 근로자들은 다른 국가에 비해 우수한 자질과 성실한 근무태도를 가지고 있음에도 불구하고 노동생산성이 낮습니다. 여기에는 여러 가지 이유가 있지만, 가장 큰 원인은 선진국에 비해 우리나라의 노동시간이 길고 임금수준은 낮기 때문입니다. 또 다른 이유는 산업구조와 관련한 문제입니다. 우리나라 중소기업의 수는 전체의 99.9%, 중소기업에서 일하는 노동자의 수는 81.3%인데, 중소기업이 차지하는 매출액의 비중은 47%에 불과합니다. 중소기업은 일반적으로 자본과 기술력에 한계가 있어 치열하게 가격경쟁을 할 수밖에 없는 구조이기 때문에, 노동생산성이 낮을 수밖에 없습니다. 이외에도 경제정책, 조직문화, 노동조합, 교육 등이 노동생산성에 영향을 미치며, 최근 들어 여성과 고령층 노동자 수가 급증하면서 노동생산성이 더 떨어지고 있는 추세입니다.

노동시장의 유연성도 여러 요인들이 결합하여 문제가 있습니다. 노동 관련 법규가 지나치게 엄격하면 기업들이 상황에 따라 일자리를 조정하거나 새로운 일자리를 창출하기 어렵고, 노동조합이 지나치게 강력한 집단 교섭권을 가지면 노동시장의 유연성이 제한될 수 있습니다. 또한 평생고용과 같은 문화적 요인과 관행, 사회적 안전망의 부족 등도 노동시장의 유연성을 떨어뜨립니다.

유연성을 높이기 위한 해법도 시각에 따라 큰 차이가 있습니다. 기업은 고용계약을 유연화하여 용이하게 해고가 가능하고 임금과 근로 시간을 신축적으로 조정할 수 있게 되길 원하고, 노동자 측은 더 많은 임금과 노동시간 단축 등을 통해 일과 생활의 균형이 개선되길 바랍니다.

이렇게 난관에 빠져있는 우리나라 노동시장을 효율적으로 바꾸고 국가경제에 재동력을 얻기 위해서는 이해관계자들의 능동적인 노력이 필요합니다. 결국 노동자들의 이익이 기업과 국가의 이해와 부합하게끔 만들어야 합니다. 우리나라에도 노사정협의체가 있습니다. 1999년 「노사정위원회 설치 및 운영 등에 관한 법률」이 제정되어, 협의체는 근로자, 사용자, 정부 및 공익을 대표하는 20인 이내의 위원으로 구성하여 운용되고 있습니다. 노사정협의체는 노동 및 근로 조건, 노동관계의 안정화, 정책 결정 및 개선, 상호이해와 의사소통 강화를 통해 노동자의 권익을 보호하고 사업주의 이익을 고려하는 중재와 협상의 장을 제공하여, 노동자와 사업주 상호 간에 이익을 만들기 위한 목적입니다. 이 협의체가 보다 활성화되도록, 법적, 정책적, 제도적 틀을 마련해야 합니다.

Part 14
104

일본 문화와 디지털화
Japanese culture and digitalization

    2009년까지만 해도 전 세계 두 번째 경제 대국이었던 일본의 입지가 흔들리고 있습니다. 2022년 기준 일본의 명목GDP는 중국에 뒤쳐지며 세계 3위, 1인당 국민소득은 세계 28위, 국가경쟁력은 세계 31위, 디지털기술력은 27위, 남녀평등지수는 116위입니다. 1980년대 초 일본은 월등한 기술력과 엔저 덕분에 막대한 무역흑자를 기록하며 호황을 누렸습니다. 이때 당시 세계 100대 기업 중 53개가 일본 기업이었지요. 이에 불만이었던 미국은 1985년 플라자 합의를 이끌어내어 인위적으로 엔고를 만들어 일본의 수출경쟁력을 떨어뜨렸습니다. 이후 1990년에 접어들면서 일본은 부동산 등 자산가격이 폭락하는 버블붕괴 상황을 맞았고, 이에 대응하기 위해 초저금리와 완화적 통화정책을 펼쳤으나 경기불황은 장기화되었습니다.

    일본 경제의 추락은 기업의 총고정지출 부진, 연구개발비 축소, 급속한 노령

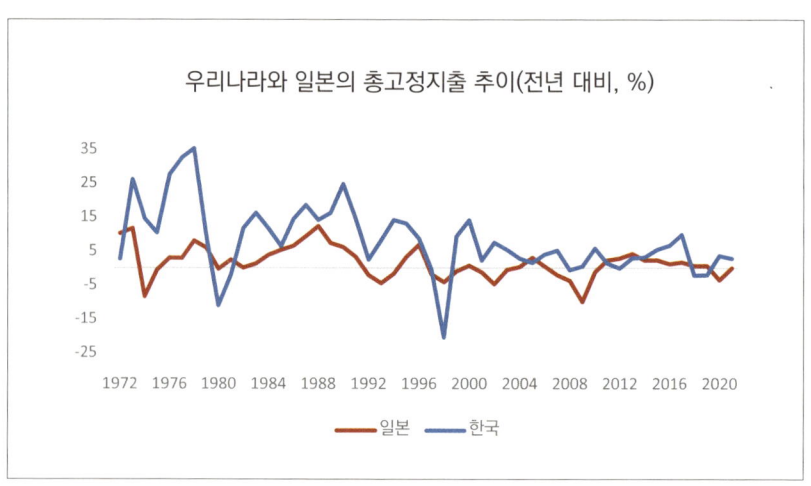

사회로의 진입, 그리고 일본의 기업문화 등과 관련이 있습니다.

　건설투자, 설비투자와 같은 유형고정자산과 지식재산권과 같은 무형고정자산을 포함하는 총자본고정지출 추이를 보면, 2000년대 들어 일본 기업의 투자는 연 평균 -1.85% 였습니다. 또 2000년대 들어 연구개발비를 줄인 일본 기업은 41.5%로 G7 국가 중 단연 많았습니다. 이렇게 기업들이 투자와 연구개발을 외면한 결과, 기업의 수익성이 낮아지고 국가경제도 저성장이 고착화되는 상황이 벌어졌습니다.

　또한 일본의 경직된 조직문화와 관료주의는 경제발전에 부정적인 영향을 미쳤습니다. 일본에는 '도장圖章문화'가 있습니다. 일본 사람들에게 도장은 자신을 증명하는 수단입니다. 기업에서도 담당자가 기안을 하고 위로 올라가면서 순서대로 도장을 찍어 결제하는데, 심지어 다른 부서의 관계자도 결제에 참여합니다. 이렇게 여러 사람들이 도장을 찍는 것은 책임을 분산시키는 수단으로 볼 수 있습니다. 메이지 시대에 시작된 이러한 전통은 꾸준히 이어져 코로나19 팬데믹 상황에서도 단지 도장을 찍기 위해 출근하는 일이 벌어지기도 했습니다. 또 일본은 규칙을 중시하며, 타인에게 폐를 끼치는 것을 꺼리는 '메이와쿠迷惑 문화'가 존재합니다. 그러다 보니, 안정적이고 보수성이 강하며 대부분의 일을 메뉴얼에 따라 처리합니다. 이러한 이유로 일본의 디지털화는 크게 뒤쳐졌습니다. 일본의 발표에 따르면, 행정문서 디지털화의 비율은 우리나라가 98.0%이고 미국이 97.0%인데 반해, 일본은 15.1%에 불과합니다. 사실 일본의 공문서 대부분은 여전히 종이에 펜으로 작성되고 30년 이상 보존되고 있습니다. 또 50%가 넘는 사람들이 이메일보다는 팩스를 사용하고 있고, 현금 사용이 36%로 카드 결제 비중보다 훨씬 높습니다.

　일본 사회는 디지털화 지연에 따른 비효율·비능률을 경험하고 있는데, 일본 정부는 디지털 후진성을 깨닫고 디지털화에 속도를 내고 있습니다. 2018년 일본 정부는 '2025년 절벽'이라는 표현과 함께 일본 사회가 2025년까지 디지털 전환이 일정 수준 이상으로 진행되지 않으면 연간 12조 엔의 경제 손실이 발생할 수 있다고 진단했습니다. 일본은 2000년에는 'IT기본법', 2013년에는 '마이넘버법', 2020년에는 디지털청을 만들어 디지털 사회로의 빠른 전환을 위해 개혁 입법을 단행했고, 이후 IT 분야에 대한 투자가 늘고 있습니다. 그러나 아직 디지털화로의 진전은 답보상태입니다. 예를 들어 코로나19 대응의 방편으로 마련한 재난지원금과 고용지원보조금 등을 온라인을 통해 신청받았으나, 시스템의 심각한 지연으로 활용도가 낮았고, 우리나라의 주민등록증과 유사한 역할을 하는 마이넘버 카드는 곳곳에서 오류가 발생하고 개인정보 유출에 대한 우려와 인프라 부족 등으로 일본 국민들에게 큰 호응을 얻지 못하고 있습니다.

Part 14 / 105

The winner takes it all!

The winner takes it all!

인텔의 공동 창업자인 고든 무어는 반도체 집적회로의 성능이 약 2년마다 2배씩 증가한다는 것을 관찰하고 예측했습니다. 이를 '무어의 법칙'이라고 부르는데, 이 개념은 오늘날 다른 기술 분야의 혁신과 발전을 이끌어내는 데도 적용되고 있습니다.

기업은 연구개발을 통해 기술혁신을 추구하고 가격경쟁을 통해 시장을 선점합니다. 시장진입 시점이 빠른 기업은 경쟁기업보다 더 좋은 성과를 낼 수 있는 이점이 있는데, 이를 '선점자의 우위'라고 합니다. 선점한 기업은 충성도 높은 고객을 확보하고, 기술우위를 가지면서 투자비용을 절감할 수 있습니다. 선점자는 이러한 외부성 효과로 인해, 경쟁상대를 압도하면서 더 큰 시장 지배력을 확보하게 됩니다. 이렇게 경제에서 '승자지배의 법칙'이 적용되면, 다른 경쟁자들의 시장 진입이 어렵고, 소비자들은 제한된 선택지만을 갖게 되는

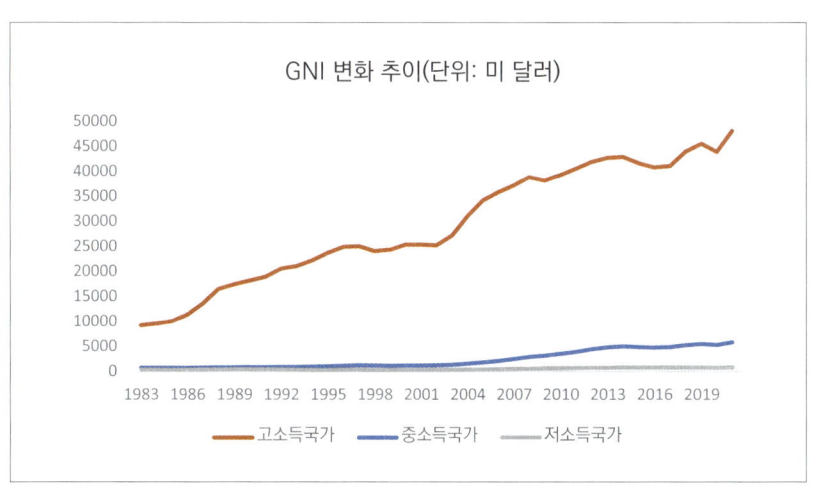

등의 문제가 생깁니다. 또한, 선점자는 더 큰 부를 축적하여 경제 영향력을 강화하고, 부의 집중과 소득 격차가 심화되어 경제적인 불평등이 가중될 수 있습니다.

이러한 현상은 국가 내에서뿐만 아니라 국가 간에도 벌어집니다. UN 보고서에 따르면, 선진국 국민 11억 명이 세계 GDP의 80%를 차지하고, 나머지 66억 인구가 20%의 재화를 차지하기 위해 서로 다투는 상황입니다.

또 지난 40년간 고소득국가의 GNI는 5.2배 커진 반면, 저소득국가의 GNI는 2.7배 늘어나는 데 그쳤습니다. 이러한 지구촌의 불균형은 IT 기술 발전과 팬데믹 대응 과정에서 격차가 더 커지고 있습니다. 이로 인해 국가 간 갈등과 긴장으로 지역 안정을 위협받고, 지배 국가가 다른 국가의 국민들을 차별하거나 억압하며, 자유와 권리의 침해가 발생합니다. 또 경제적 종속화와 문화적 동일화를 초래하고, 무분별한 개발로 자원을 낭비하고 환경파괴를 가져와 인류의 생존을 위협합니다.

이러한 문제점을 방지하기 위해서는 국제사회에서 상호존중, 평등, 국제 법규의 준수 등의 원칙을 강화하고 국가 간의 상호협력을 촉진하는 노력이 필요합니다. 또한 다자간 협상과 국제기구의 역할을 명확히 하여 국가 간의 균형과 안정을 추구해야 합니다. 더불어 국가가 모범을 보여 ESG 실천에 앞장서야 합니다. 국가의 과제가 자국의 경제적인 성장과 발전에만 있는 것이 아니라, 인류의 지속가능한 발전과 사회적인 가치창출에 있다는 인식하에 ESG에 대한 구체적인 목표를 설정하고 이를 실천에 옮겨야 합니다.

Part 14
106 코끼리 사냥꾼
elephant hunter

　사모펀드의 규모가 급증하면서 경제에 미치는 영향력이 커지고 있고, 이에 크고 작은 사건·사고 들이 발생하고 있습니다. 1997년경 일부 헤지펀드는 고수익 창출을 목적으로 아시아 국가들의 통화를 공격 대상으로 삼았고, 우리나라를 포함한 여러 아시아 국가들의 통화가치가 크게 하락하면서 금융위기에 빠졌습니다. 이후 우리나라 시중은행들이 줄줄이 사모펀드에 매각되었는데, 1999년에는 제일은행이 뉴브리지캐피탈, 한미은행은 2000년 칼라힐펀드, 외환은행은 2003년 론스타 펀드에 인수되었습니다. 이들은 이후 시장이 안정되자 재빨리 매각하여 큰 차익을 남겼는데, 이로 인해 은행의 헐값 매각 논란이 불거지면서 국제소송에 휘말렸습니다. 또 2015년에는 삼성물산과 제일모직 합병과 관련하여 엘리엇과의 법정 분쟁이 있었고, 현대엘리베이터의 경영권을 공격한 쉰들러와도 경영권 분쟁이 있었습니다. 이 밖에도 라임펀드, 옵티머스자산운용 사태 등 사모펀드와 관련해 크고 작은 문제가 발생했습니다.

　'사모펀드'는 투자자가 총 49인 이하인 집합투자기구를 말합니다. 많은 경우, 사모펀드는 투자금의 레버리지를 통해 외부자금을 활용하여 투자하고자

하는 대상에 큰 영향을 미치기 때문에, 사모펀드 운용자를 '코끼리 사냥꾼'이라고도 합니다. 사모펀드 운용에는 다양한 투자 전략이 있는데, 회사의 지분을 대규모로 취득한 후에 경영활동에 적극적으로 참여하여 기업가치를 제고한 후 매각하여 이익을 추구하는 '경영참여형 사모펀드'와 회사 경영권을 목적으로 하지 않으면서 주식·채권 등에 투자하는 '전문투자형 사모펀드'로 구분할 수 있습니다. 경영참여형 사모펀드를 보통 'PEF Private Equity Fund'라고 부르며, 자금을 투자한 후에 투자대상 자산의 가치를 끌어올리기 위한 활동을 직접적으로 수행하는 능동적인 펀드입니다. 세계적으로는 KKR, 블랙스톤, 칼라일 등이 대표적인 PEF입니다. 반면, 전문투자형 사모펀드는 자산을 매수하거나 매도할 뿐 투자자산 자체의 가치를 제고하는 활동을 하지 않아 수동적인 펀드라고 할 수 있습니다. 대표적인 전문투자형 사모펀드가 '헤지펀드 hedge fund'입니다. 헤지펀드는 블랙록, 페코닉 파트너스가 대표적인 회사이며, 이들은 소수의 거액 투자자들의 자금을 주식, 채권, 환율, 원자재, 신용 등 다양한 자산에 투자하여 절대수익률을 높이는 전략을 취합니다.

다수의 사람들은 사모펀드에 대해 부정적인 인식을 가지고 있습니다. 사모펀드는 일반적으로 고수익을 추구하고 이를 위해 높은 리스크를 감수하는데, 일부 투자자들은 리스크를 충분히 이해하지 못한 상태로 투자하여 낭패를 보기도 합니다. 또 사모펀드는 일반적으로 투자대상과 운용전략에 대한 정보의 공개가 제한적이어서, 투자자들은 사모펀드의 활동과 자산 구성을 파악하기 어려워 투명성 부족에 대한 문제가 생기고, 투자자 보호와 관련한 논란이 생길 수 있습니다. 또한 사모펀드의 투자가 특정 기업이나 산업 부문에 집중되면 경제의 안정성과 공정성에 나쁜 영향을 줄 수 있고, 이로 인해 부의 집중과 경제의 불평등을 가중시킬 수 있습니다. 또한 사모펀드가 공매도를 통한 시장 조작이나 비윤리적인 거래 전략을 사용한다면 시장의 안정성을 위협하고 금융시스템의 신뢰를 해치는 요인이 될 수 있습니다. 더불어, 사모펀드는 다양한 국가와 지역에서 운영되기 때문에, 펀드운용과 관련한 규제와 감독이 어려워 금융안정성을 저해할 수 있다는 문제점도 있습니다.

그렇다고 해서 사모펀드의 투자활동이 꼭 부정적인 것만은 아닙니다. 사모펀드는 기업에 자금을 공급해 주는 역할을 하여 기업의 성장과 새로운 사업을 창출하는 데 도움을 주고, 고용과 연구 개발을 늘리는 데에도 긍정적인 영향을 미칩니다. 또 사모펀드는 기업의 인수합병(M&A)에 관여하기도 하는데, 이를 통해 산업의 구조조정과 기업의 경영환경을 개선하여 효율성을 높이는 계기를 제공하기도 합니다. 또 사모펀드에 투자하는 투자자 입장에서는 투자 포트폴리오를 다각화하고 리스크를 분산하여 투자의 안정성을 높일 수 있습니다. 또한 사모펀드의 투자활동은 투자자산의 가치평가와 시장 투명성이 높아지는 데 기여하여 시장의 효율성을 증가시키는 순기능이 있습니다.

법과 제도의 허점을 이용한 일부 사모펀드들의 지나친 고수익 전략은 많은 비판을 받고 있지요. 또 과거 우리 정부는 사모펀드와 관련한 사건이 터질 때마다 임기응변적으로 대응한 측면이 있습니다. 정부는 사모펀드의 경영참여, 운영 및 투자자 보호 등과 관련하여 보다 명확한 정책과 일관성 있는 규제를 통해 사모펀드가 '코끼리 사냥꾼'이 아닌 '코끼리 사육사'로서의 역할을 수행할 수 있게끔 유도해야 합니다.

Part 14
107

헬로 SOFR
Hello SOFR

　2023년 7월, 오랜 기간 국제금융시장에서 준거금리로 사용되어왔던 LIBOR London Interbank Offered Rate의 산출 및 공시가 종료되고, SOFRSecured Overnight Financing Rate로 대체되었습니다.

　'LIBOR'는 런던의 주요 은행들 사이에 단기자금을 조달할 때 거래되던 이자율입니다. 이는 영국시간 매일 오전 11시 30분 영국 은행가 협회를 대신하여 톰슨 로이터가 집계하여 발표해왔고, 많은 금융상품의 단기 기준금리로 사용되어 전 세계 금융시장에 큰 영향을 끼쳐왔습니다. LIBOR는 1969년에 영국의 은행들이 서로에게 대출을 제공하는 비용을 산출하기 위한 지표로 처음 도입되어, 초기에는 3개 통화(미국 달러, 영국 파운드, 유로)와 5개 기간(1일, 1주, 1개월, 3개월, 6개월)의 금리 정보가 제공되었습니다. 이후 1986년에는 LIBOR의 인용이 스위스 프랑과 일본 엔화로 확대되었고, 기간과 인용하는 은행의 수가 증가하면서 금융시장에서 LIBOR의 사용이 늘어났습니다. 또 LIBOR가 국제금융시장에서 대출과 파생상품의 준거금리로 사용되면서 LIBOR는 '세상에서 가장 중요한 숫자(world's most important number)'라고 지칭되었습니다.

　하지만 2007년 글로벌 금융위기가 발생하면서 LIBOR의 신뢰성에 문제가 생겼습니다. 도이치뱅크, 제이피모건, 바클레이즈, 로열뱅크오브스코틀랜드 등 10여 개 주요 은행들이 수년간 담합해 LIBOR을 조작하여 자신들의 신용위험을 숨기거나 이익을 얻는 행위가 드러난 것이지요. 수백 조 달러에 달하는 금융상품의 준거금리로 사용되던 LIBOR의 조작은 170억 달러에 달하는 금융 피해를 가져왔고 2012년에는 규제 당국의 법적 조치가 있었습니다. 2014년 미국의 금융안정위원회는 LIBOR 대체를 위한 작업을 시작했고, 2023년 7월 LIBOR는 역사 속으로 사라지게 되었습니다.

   이러한 스캔들이 발생한 후 각국은 LIBOR를 대체할 수 있는 준거금리의 선정 작업에 들어갔고, 미국은 SOFR를 사용하기로 결정했습니다. 'SOFR'는 뉴욕연방준비은행이 고시하는 단기 지표금리로서, 미국 국채를 담보로 하는 하루짜리 환매조건부채권(REPO) 거래를 기반으로 산출됩니다. 이에 따라, 각국의 금융기관들은 미 달러화 LIBOR로 연계된 기존 금융 계약을 SOFR로 대체하여 계약을 전환했습니다. 영국은 SONIA, 유로는 ESTR, 일본은 TONAR를 LIBOR 대체 지표금리로 채택하였습니다. 과거 우리나라는 변동금리의 기준을 양도성예금증서와 COFIX로 삼다가, 2021년부터는 한국예탁결제원이 산출하고 공시하는 'KOFR'를 준거금리로 사용하고 있습니다. 이는 국채와 통화안정증권을 담보로 하는 익일물 REPO금리를 통해 산출됩니다.

   2021년 이후 금리에 변동성이 커지자, 변동금리부를 기반으로 하는 금융상품 거래가 늘고 있습니다. 만약 준거금리의 신뢰성이 떨어지면, 중앙은행의 통화정책 효과가 약화되고, 경제에 대한 예측 불확실성이 커질 수 있습니다. 또 파생상품시장과 외환시장에서 리스크가 증가하고 금융 시스템 전반에 안정성 문제를 야기하여, 해당 통화의 국제적인 신뢰도를 약화시킬 수 있습니다.

   LIBOR를 대체하는 새로운 각국의 지표금리는 국채를 담보로 하는 초단기 거래이기 때문에 무위험금리에 가깝고, 실거래에 기반하여 산출되기 때문에 조작 가능성이 거의 없어 충분한 신뢰성을 가지고 있습니다. 새롭게 적용되는 SOFR를 비롯한 각국의 준거금리가 신뢰성과 투명성을 유지하여 금융시장과 경제가 안정적으로 성장하길 바랍니다.

Part 14 108 DEEP STATE와 Q
Deep state and Q

정치는 경제에 많은 영향을 미칩니다. 정치인들은 경제정책을 결정하는 주체로서, 경제성장, 고용창출, 인플레이션 통제, 세제와 각종 규제 등 경제적인 문제를 다루는 데 관여합니다. 정치인들은 무역협정, 외국인의 투자유치, 국제금융기구와의 협력과 같은 국제 경제협력과 관련된 결정도 내립니다. 또 소득분배, 사회적 보호망, 공공서비스 제공 등을 통해 경제적 평등과 포용성을 촉진하기 위한 정치적인 조치를 취하기도 하지요. 이처럼 정치인들은 정책결정과 경제환경 조성에 관여하여, 경제발전과 경제정의를 추구하는 데 중요한 역할을 합니다. 따라서 정치인은 정치적 가치와 신념, 리더십과 결단력, 투명성과 도덕성을 지녀야 할 뿐만 아니라 다양한 이해관계자들과의 협력을 통해 문제를 해결하는 능력을 갖추어야 합니다. 국민으로부터 선택받은 정치인은 정부를 구성하여 여러 가지 정치적 행위를 취하고 이에 대해 유권자들로부터 평가받게 됩니다.

그런데, 정부의 공식적인 구조와 절차 밖에서 숨어 있는 비공개적인 힘과 영향력을 행사하는 그룹이 있습니다. 이를 '딥 스테이트deep state'라고 부릅니다. 이는 '비선조직'과 정확히 일치하는 개념은 아니지만, 두 용어 모두 정부나 조직의 비공식적인 구조나 힘을 의미합니다. 미국의 제7대 대통령이었던 앤드류 잭슨도 '키친 캐비닛kitchen cabinet'이라고 불리는 비공식 자문위원단이 있었습니다.

딥 스테이트는 과거 터키와 중동 지역에서 실세 정치인, 군인 등이 권력 카르텔을 만들어 막후에서 영향력을 행사하는 세력을 지칭하는 용어로 사용되었습니다. 이후, 2016년 트럼프 대통령의 지지층을 중심으로 딥 스테이트라는 용어가 사용되기 시작하여, 미국의 정치적인 의견 충돌과 비공식적인 영향력 구조에 대한 논의에서 자주 언급되고 있습니다. 딥 스테이트 개념은 국가와 정황에 따라 다른 의미를 가질 수 있지만, 주로 음모론적인 이야기와 연결되어 사용됩니다. 딥 스테이트는 합법적인 정치체계를 왜곡하여 정책결정이 특정 세력만을 우선시하는 방향으로 편향시키기도 합니다. 이 경우 경제에 불평등이 증가하여 사회적 불만이나 불안정을 초래하고, 투자가 위축되고 경제의 지속가능한 성장을 위협할 수 있습니다.

'Q'는 딥 스테이트와 함께 정치 및 사회적인 음모를 이야기할 때 사용되는데, 두 용어는 서로 다른 개념입니다. Q는 익명의 온라인 게시자로서, 8chan과 8kun에 게시한 암호화된 메시지와 예언을 통해 음모론적인 운동을 일으켰고, 이를 신뢰하고 추종하는 QAnon이 생겨났습니다. QAnon은 2017년 이후 인터넷을 통해 확산되었으며, 정부 내부의 비밀집단이 아이들을 착취하고, 세계 정치와 엔터테인먼트 산업에서 사악한 음모를 꾸민다는 주장을 펼쳤습니다. 이들은 특히 트럼프를 향한 애정을 갖고 있으며, 트럼프가 권력의 중심에서 음모를 해체할 것이라는 믿음을 가지고 있습니다.

딥 스테이트는 비선거적인 힘이 영향력을 행사하는 구조로서 부정적인 시각이 강하지만, 국가의 안정성과 전략적 지속성을 유지하는 데 긍정적인 역할이 있다고 보는 시각도 있습니다. 즉, 딥 스테이트가 정치적인 변동에 흔들리지 않고 지속적인 정책 실행에 보탬을 주어 국가의 안정성을 유지하는 데 도움이 될 수 있다는 것이지요. 또 비선거적인 기관이나 학자들 중에는 풍부한 경험과 전문성을 가진 인재들이 있는데, 이들을 잘 활용하면 권력이 집중되는 것을 방지하고, 다양한 이해관계자들의 의견을 조화시킬 수 있다는 긍정적인 면이 있다는 논리입니다.

조선 정조 시기에는 '동덕회同德會'라는 독서와 교육을 위한 학문 모임이 있었습니다. 동덕회는 서적을 수집하고, 독서와 연구를 통해 교육 수준을 높이기 위해 설립되어, 국가 관리자들의 교육을 강화하기 위한 기관으로서 역할을 수행하였습니다. 이후 동덕회는 정조의 비선조직으로 활동했는데, 정조는 이들을 정파 간 갈등을 조정하고 타협을 이끌어낼 수 있는 장치로 활용했습니다. 우리 사회는 비선조직 문제로 많은 사회적 갈등과 혼란이 있었습니다. 비선조직을 능력이 검증된 사람들로 구성하고 이들이 사적인 이득이 아닌 공공의 이익을 위해 헌신할 수 있는 장치를 마련한다면, 이들 자원은 국가경제 발전에 유용하게 쓰일 것입니다.

Part 14 — 109

임금-물가 스파이럴
wage-price spiral

매년 여름이 되면 최저임금을 둘러싸고 노동자와 사용자 사이에 치열한 각축전이 벌어집니다. '최저임금'은 국가가 임금의 최저수준을 정하고, 사용자에게 그 액수 이상의 임금을 지급하도록 강제함으로써 저임금 근로자를 보호하는 제도입니다. 근로자에게 최소한의 삶을 보장하기 위한 최저임금은 함무라비 법전에서도 강제하고 있습니다. 근대에 들어와서는 1894년 뉴질랜드가 이를 최초로 도입했고, 미국은 1938년부터 최저임금제도를 시행해오고 있습니다. 우리나라에서는 1986년 12월 「최저임금법」이 제정되었습니다. 최저임금액은 매년 3월 31일까지 고용노동부 장관의 심의요청안이 접수되면 최저임금위원회의 심의로 결정되고, 이는 8월 5일까지 고용노동부장관이 고시하고 다음 연도 1월 1일부터 효력이 발생합니다. 우리나라의 최저임금은 2018년에 16%, 2019년에 10%를 넘게 올라, 2022년 현재 시간당 9,160원입니다. 이를 미 달러화로 환산하면 7달러 수준으로 전 세계에서 13번째로 높습니다.

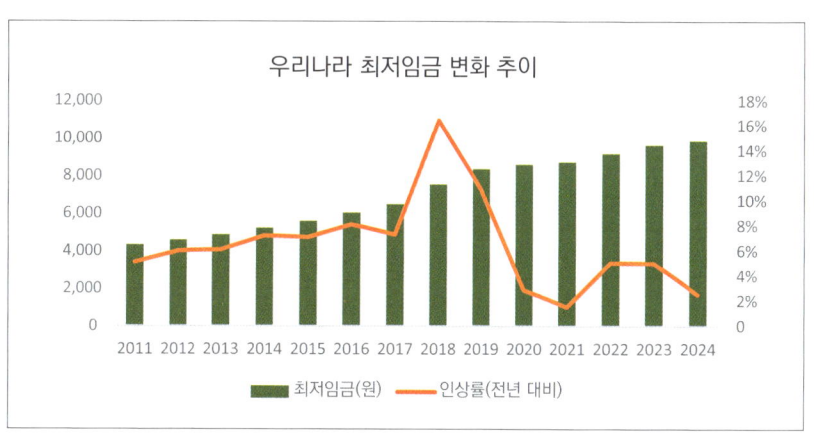

Part 14 / 경제가 풀어야 할 현안   339

최저임금액과 최저임금 산입범위와 관련한 노사 간의 갈등은 매년 반복되고 있습니다. 노동자 측에서는 물가가 올랐기 때문에 더 높은 임금을 받아야 한다는 것이고, 사용자 측은 최근 5년간 우리나라의 최저임금 인상률이 G5 평균의 4배에 달하는 수준이고 주요국과는 달리 최저임금을 단일하게 적용하고 있으며 주휴수당 지급까지 하고 있어 인건비 부담이 가중된다는 것입니다.

일반적으로 임금과 물가는 상호의존적 관계에 있습니다. 임금이 오르면 소비가 늘면서 물가가 상승하게 되고, 물가가 오르면 노동자들은 임금인상을 요구하게 되고, 기업은 임금상승 비용을 상쇄하기 위해 물건 가격을 올려 다시 물가가 상승하는 악순환이 발생할 수 있습니다. 이러한 상호작용을 '임금-물가 스파이럴'이라고 합니다.

임금인상의 기준이 되는 최저임금은 생계비용, 노동시장의 조건, 경제적 영향, 사회적인 공정성과 소득격차 등에 따라 결정됩니다. 하지만 최저임금을 정하는 방식과 적용 범위는 국가마다 다릅니다. 이탈리아, 오스트리아, 노르웨이와 같은 유럽 국가들은 최저임금이라는 법적인 장치가 없이도, 노사 간에 자율적으로 정해지는 임금이 더 효과적으로 작동합니다. 일부 국가들은 최저임금을 지역과 업종에 따라 달리 정하기도 하는데, 이는 지역마다 물가가 다르고 업종마다 노동시장의 조건이 다를 수 있기 때문입니다.

2024년 우리나라의 최저시급은 2023년에 비해 2.5% 올라 9,860원(월급 기준 206만706원)으로 결정되었지만, 사용자와 노동자 측 모두 반발하고 있습니다. 우리나라의 최저임금은 근로자위원, 사용자위원, 공익위원 각 9명씩 총 27명으로 구성된 최저임금위원회가 심의·결정하도록 되어 있습니다. 하지만 임금은 근로자와 사용자 간에 이해가 첨예하게 엇갈릴 수밖에 없는 사안이어서, 전문가와 정부가 보다 적극적으로 나서 결정하는 것이 갈등을 줄일 수 있는 방안입니다.

Part 14
110 정조의 수원화성
Hwaseong Fortress

　1960년대 이후 7% 이상 고성장을 지속하던 우리나라 경제는 2000년대 중반에 들어서면서 3% 내외의 저성장 국면에 진입했습니다. 이는 비단 우리나라뿐만 아니라 과거 빠르게 성장하던 많은 국가들의 잠재성장률이 지속적으로 하락하면서, '세계경제의 일본화Japanization 현상'이 나타나고 있습니다.

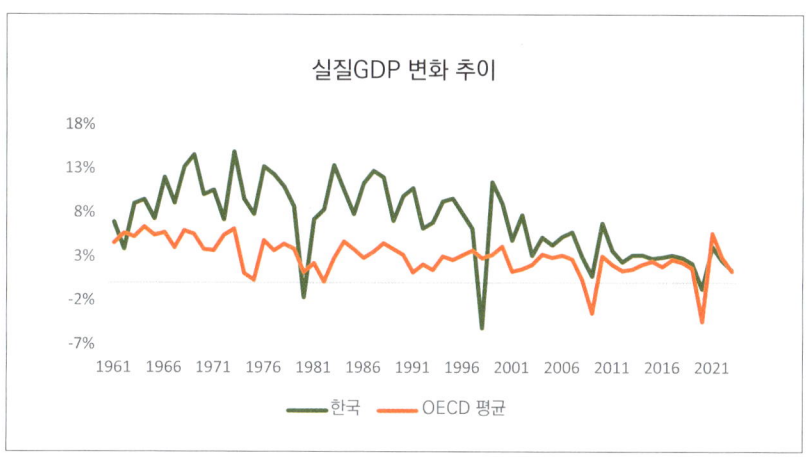

　'저성장시대'는 저출산과 고령화로 인한 생산인구 감소, 자원부족, 기술혁신의 둔화, 정부정책의 한계 등이 직간접적인 원인인데, 장기적인 저성장은 경제적인 어려움과 함께 구조적인 변화를 동반합니다. 특히 4차~5차 산업혁명 시대에 기술혁신의 경제적 파급효과는 과거와는 달리 제한적입니다. 예를 들어 과거 조선업의 발전은 대규모 투자와 많은 일자리를 창출하여 경제성장을 견인하고 해운업, 철강업, 부품 제조업 등 다른 산업부문 및 지역경제 활성화에 큰 역할을 했지만, 스마트폰은 디지털 카메라, MP3, PC 등 많은 제품의 대체재 역할을 하여 기술혁신이 경제에 미치는 파급효과는 상대적으로 적습니다.

사람들이 나이가 들어 체력이 떨어지게 되면 영양제를 섭취하는데, 상황이 안 좋아지면 주사를 맞기도 하지요. 국가경제도 활력을 유지하기 위해서는 산업의 구조조정 및 뉴딜과 같은 외부적인 충격요법을 필요로 합니다. 이를 달성하기 위해서는 적절한 정책과 혁신적인 접근방식이 필요합니다.

조선의 22대 왕인 정조(본명: 이효李祘)는 부패한 정치와 군림 체제를 개선하고, 경제를 살리기 위해 여러 가지 개혁적인 정책을 추진했습니다. 그는 향리와 국방을 강화했고, 교육과 문화 개혁을 지원했으며, 경제적으로는 농경지 개발과 농업 생산력 향상을 도모했고, 통리기구인 상무조를 설치하여 경제정책을 수립하였습니다. 이 중 하나가 수원화성 건축입니다. 수원화성은 1794년에 완공된 수원성을 말하는데, 궁궐 건물과 함께 잘 보존된 외곽 성벽으로 유명합니다. 수원화성은 정조의 복리후생 정책의 일환으로 건축되었습니다. 정조는 수원화성 건축을 통해 지역경제를 활성화시키고 국가수입을 늘리고자 했습니다. 화성 건설을 위해 많은 노동력과 자원이 투입되었고 건축 과정에서 중소 수공업체들이 건축에 많은 부분을 담당했습니다. 또 정조는 화성 내부에 농업지원 시설을 조성하여 농업생산의 안정성과 국민 식량안보를 강화했고, 더 많은 서당을 지어 교육 중심지로 발전시켰습니다.

2020년 들어 코로나19로 인해 고용률이 하락하면서 최악의 경기침체 상황에 직면하자, 문재인 정부는 '한국판 뉴딜'을 추진했습니다. 주요 내용은 정보통신 기술(ICT)과 인공지능(AI) 등 첨단 기술을 활용하여 디지털 경제와 산업을 발전시키는 '디지털 뉴딜'과 친환경 에너지와 그린 환경을 기반으로 산업과 사회를 새롭게 구축하는 '그린 뉴딜'입니다. 한국판 뉴딜을 통한 정부의 마중물 역할에 민간의 혁신 노력이 더해지면서 일부 성과가 있기도 했지만, 이러한 정책은 단기간이 아닌 장기적인 비전과 함께 꾸준한 투자와 지원이 필요합니다. 하지만 현재 우리나라의 정치 상황하에서 연속성 있는 경제정책을 펼치는 것은 난망하기 때문에, 경제와 함께 정치권력 구조를 바꾸는 노력이 같이 이루어져야 합니다.

Part 14 111 근린궁핍화정책
beggar-my-neighbor policy

'근린궁핍화정책'이란 1930년대 대공황의 상황을 분석하면서 영국의 경제학자 조앤 로빈슨이 사용한 용어입니다. 그는 다른 나라의 경제를 희생시키면서 자국의 이익을 추구하는 정책을 근린궁핍화정책이라고 칭했는데, '너 죽고 나 살자'라는 식의 각국의 이기주의와 보호무역, 환율전쟁 등으로 경제대공황이 더 오랫동안 지속되었다고 주장했습니다. 이는 자국 화폐의 평가절하를 꾀하고 자국 기업에게 수출보조금을 지원하여 수출은 늘리는 동시에 관세를 인상하고 수입에 할당제를 적용하여 국제수지 적자를 다른 국가에 떠넘기는 행위를 말합니다.

1930년 6월 대공황 초기에 미국은 '스무트-홀리 관세법'을 통과시키면서 수입제품에 대해 높은 관세를 부과했고, 이에 유럽을 포함한 무역상대국들 역시 보복조치로 관세를 인상하여 미국과 무역상대국 모두의 무역 규모가 급감했습니다. 2008년에는 글로벌 금융위기가 터지자 미국은 자국의 통화가치를 떨어뜨려 수출과 일자리를 늘리려는 '환율전쟁'을 시도했습니다. 이에 무역상대국들은 가격경쟁력이 약화되어 수출이 감소하고 일자리가 줄었습니다. 이와 같은 정책은 미국 경제가 미국 내에서 투자·소비·정부지출만으로는 회복되기 어렵다고 판단했기 때문입니다.

근린궁핍화정책은 이웃나라를 거지로 만드는 정책이라고도 부릅니다. 경제가 나빠지면 각국이 협력하여 문제를 해결해야 함에도 불구하고, 자국의 이익만을 추구하는 폐쇄적인 정책을 시도합니다. 근린궁핍화정책은 단기적으로는 효과가 있을 수 있지만 지속적일 수는 없습니다. 통화가치가 절상된 무역상대국의 수출이 감소하면 해당 국가의 소득이 줄어, 결국 정책을 편 국가의 수출 감소로 이어집니다. 또 무역상대국이 규제에 따른 보복정책을 취하게 되면 상황이 더 악화됩니다. 이러한 악순환은 세계경제에 나쁜 영향을 미치게 되는데, 제2차 세계대전 이후 이를 방지하기 위해 IMF나 GATT와 같은 국제협력기구가 출범했지만, 그 이후에도 이러한 자국 이기주의 정책은 이어지고 있습니다.

2018년 미 트럼프 행정부는 미국우선주의를 공식화하고, 중국견제 카드로 수입품에 대한 추가적인 관세 부과 조치를 취했습니다. 2022년에는 고물가를 벗어나기 위해 미 연준이 빠르게 정책금리를 올리면서 미 달러화가 가파르게 평가절상되었고, 이로 인해 타 국가의 물가도 심각한 수준으로 상승했습니다. 또한, 미국에만 유리하게 작용하는 '인플레이션 감축법'도 일종의 근린궁핍화 정책이라고 할 수 있습니다. 근린궁핍화정책은 자국과 타국 모두의 경제 규모를 축소시켜 궁극적으로는 경제에 부정적인 영향을 미칩니다. 이는 공범인 두 명의 죄수가 각자가 최선의 이익을 보려는 행동으로 인해 두 죄수 모두 손해를 본다는 '죄수의 딜레마'와 유사한 상황입니다.

예상치 못한 시장의 충격

Part 14
112

unexpected market shock

　코로나19가 확산되면서, 세계경제는 '블랙스완blackswan'이 발생할 것을 우려하였습니다. 블랙스완은 미국의 투자전문가인 나심 니콜라스 탈레브가 2001년 처음 사용한 말로, 기존의 경험을 깨는 예기치 못한 극단적 상황이 생기면서 경제와 사회에 큰 파장을 불러오는 사건을 일컫습니다.

　17세기 말까지 유럽인들은 모든 백조가 희다고 생각했지만 1697년 네덜란드 탐험가가 오스트레일리아 남부에서 검은 백조를 발견하면서 통념이 깨졌습니다. 탈레브는 이 같은 검은 백조의 존재처럼 전혀 일어나지 않을 것 같은 상황이 개인이나 기업의 운명을 지배할 수 있다고 경고했습니다. 특히 그는 2007년 월가의 허상을 통렬히 파헤친 『블랙스완』이라는 저서를 통해 서브프라임 모기지 사태로 인한 증시 대폭락과 국제금융 위기를 예측하면서 유명해졌습니다. 탈레브의 블랙스완은 구체적으로 세 가지 특성을 지닌 사건을 가리킵니다. 첫째로 '무엇을 모르고 있는지조차 몰랐던 사건(기대영역 밖에 존재하는 관측값)', 둘째 '극단적으로 충격을 동반하는 사건', 셋째 '예측은 불가능하지만 나중에 돌이켜보고 설명할 수밖에 없는 사건'입니다. 예를 들어 코로나19 사태, 글로벌 금융위기, 미국 9·11 테러, 동일본 대지진 같은 사건들뿐만 아니라 미래의 세계경제를 위협할 수 있는 초강도의 인플레이션, 변종 바이러스의 창궐, 미·중 경제적 갈등의 확산 등 발생 가능성은 적지만, 한번 터지면 대규모 후폭풍을 몰고 올 수 있는 사건이 블랙스완입니다.

　'팻테일 리스크fat-tailed risk'는 블랙스완과 동일 선상의 유사한 개념으로 사용되는 용어입니다. 사회과학에서는 많은 현상을 가우스 정규분포로 설명하는데, 정규분포는 평균값 주변에 대부분의 값들이 존재하고 평균에서 멀어질수록 발생 확률이 감소하여, 평균값을 중심으로 가운데가 높고 꼬리부분은 낮아지는 종 모양의 곡선을 그립니다. 반면에, 팻테일은 꼬리부분이 두꺼워서 평균에 집중될 확률이 낮아져, 평균에 근거해서 앞으로의 일을 예측하면 틀릴 확률이 높아진다는 것이지요. 아래 도표에서 ①선은 정규분포곡선이고, ②선은 팻테일곡선인데, ②팻테일곡선의 양쪽 끝값의 발현 확률이 ①정규분포곡선보다 더 높다는 것을 확인할 수 있습니다.

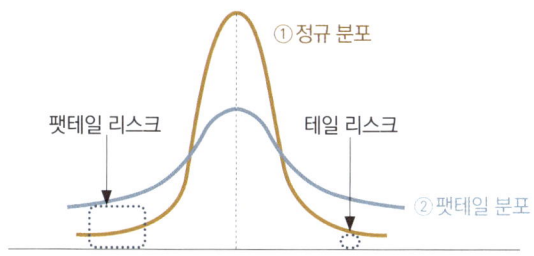

그럼 블랙스완과 팻테일의 차이점은 무엇일까요?

일반적으로, 팻테일 현상이 발생하면 블랙스완이 나타날 가능성이 높습니다. 팻테일 리스크는 평균에서 멀어져 '예측의 어려움'이 '변동성'을 발생시키고 시장에 '충격'을 가져오는 개념인 반면, 블랙스완은 발생 확률이 몹시 희박한 사건 중에 어떤 상황이 '일회성'으로 발생하는 것입니다. 즉, 정규분포의 양 끝에 팻테일 현상이 생겼는데, 그 안에 블랙스완이 점처럼 박혀 있다고 생각하면 됩니다. 다시 말해, 정말 일어나기 힘든 블랙스완 이벤트가 자주 발생하게 되는 예측 불가능한 위험 환경이 팻테일 리스크입니다.

팻테일 리스크는 예측하기 힘들며, 블랙스완 상황은 갑자기 발생하기 때문에 현실적으로 피하기 어렵습니다. 위험을 줄이려면 레버리지를 축소하거나 파생상품을 이용한 헤징 등 다양한 전략을 구사할 수 있지만, 가장 보편적인 방법은 분산투자입니다. '분산투자'란 "모든 달걀을 한 바구니에 담지 말라(Don't put all your eggs in one basket)."는 말처럼 투자에 있어서 여러 가지 자산, 즉 포트폴리오를 구성하여 투자할 것을 권고하는 말입니다. 포트폴리오를 구성하면 분산효과가 발생하여 변동성이 줄고 리스크가 감소합니다. 즉, 투자로 인한 기대수익률은 크게 변함이 없는 반면 리스크는 큰 폭으로 줄어들게 되지요. 이때 포트폴리오의 리스크는 개별 자산들의 리스크와 자산들 간의 상관관계에 따라 달라집니다.

Part 14
113

기축통화의 힘
power of key currency

　중앙은행은 환율을 안정적으로 관리하는 역할을 수행합니다. 중앙은행은 환율을 관리하여 국제수지를 조절하고 인플레이션을 통제하는데, 금융시장의 안정을 유지하기 위해 필요에 따라 시장에 개입하기도 합니다.

　'환율'은 자국통화와 외국통화 간의 교환 비율로서, 이는 국가 간의 상거래, 금융시장에서의 자본이동, 경제성장 등과 밀접한 관련이 있습니다. 환율의 변동성이 커지면 경제에 부정적이기 때문에 중앙은행은 외환시장에 개입하여 안정을 유지하는 조치를 취합니다. 하지만 일부 국가는 자국 기업의 수출경쟁력을 지원하기 위해 자국통화의 가치를 인위적으로 조정하기도 합니다. 이 경우 해당 국가는 수출이 늘면서 경제성장을 도모할 수 있지만, 상대 국가는 자국통화의 가치가 상승해 수출 경쟁력이 약화되고 경제적인 타격을 입게 됩니다. 이렇게 자국통화 가치를 떨어뜨려 이득을 보려는 측과 이를 막으려는 측이 총성 없는 '환율전쟁currency war'을 치릅니다. 불공정한 경쟁우위를 목적으로 환율을 조작하는 국가를 '환율조작국'이라고 부릅니다. 환율조작국이란 용어는 1988년에 제정된 미국의 '종합무역법'에서 처음 사용되었는데, 미국 재무부는 매년 4월과 10월에 환율조작국을 정해 미국 의회에 보고합니다. 대미 무역수지 흑자가 200억 달러 이상, 경상수지 흑자가 GDP의 3% 이상, 외환시장 개입 규모가 GDP의 2% 이상인 국가는 환율조작국으로 지정됩니다. 조작국으로 지정되면 미국 기업이 해당국에 투자할 때 미국 정부가 금융을 지원해 주지 않는 불이익을 받거나, IMF와 같은 국제기구를 통해서도 압박을 받을 수 있습니다.

국가들 간에 치열하게 전개되던 환율조작 문제는 새로운 국면을 맞고 있습니다. 2022년 들어 물가가 급등세를 지속하자 각국의 중앙은행은 자국통화의 평가절상을 통해 물가상승에 대응하려는 '역환율전쟁'을 치르고 있습니다. 2023년 미국 재무부는 한국·중국·일본 등 7개국을 환율관찰대상국으로 지정했지만, 각국의 외환시장 개입이 세계경제 여건상 정당화될 수 있다는 입장을 밝혔습니다. 이는 '킹달러'로 인해 주요 교역대상국에 물가가 급등하자 이를 잠재우기 위한 제한적 수준의 외환시장 개입은 용인하겠다는 취지입니다. 다만 미 재무부는 통화정책을 불투명하게 운영하는 중국에 대해서는 부정적인 입장입니다.

기축통화와 관련해서도 국가 간에 치열한 경쟁이 있습니다. 기축통화는 국제거래의 결제수단이 되고, 외환보유의 주요 통화로 사용되며, 세계경제를 안정적으로 유지하는 역할을 합니다. '기축통화'는 국제금융시장에서 안정성과 신뢰성을 지녀 전 세계에서 광범위하게 수용되고 사용되는 통화로서, 국제 거래의 표준화와 편의성을 제공합니다. 기축통화의 힘은 막강합니다. 현재 미 달러화는 돈이 부족하면 언제든지 찍어내 하늘에서 뿌릴 수 있는 '헬리콥터 머니'입니다. 즉, 미 달러화는 전 세계의 기축통화로서 돈을 풀어도 돈의 가치가 하락하지 않는 가장 안전한 자산으로 취급받고 있습니다. 기축통화를 발행하는 국가는 자국의 금리 조절, 통화량 공급 등을 통해 국제금융시장 및 다른 국가의 경제 활동에도 영향력을 행사합니다. 또한 기축통화로 인정받는 국가는 금융 서비스, 외환거래, 금융상품의 개발, 금융 규제, 국가들 간의 경제교류 등에 있어 주도적인 역할을 하게 됩니다.

제1차, 제2차 세계대전을 치르면서, 세계 각국에서 보유하고 있던 금이 승전국인 미국으로 흘러 들어갔고, 미국은 당시 전 세계 금의 70%를 보유하게 되었습니다. 이를 바탕으로 미국은 '브레튼우즈 체제'를 구축하여 미 달러화를 기축통화로 하는 금본위제를 실시했습니다. 그러나 베트남 전쟁으로 군사비가 늘고 무역수지 적자가 누적되면서 금준비량이 줄어들자, 당시 미국의 대통령이었던 닉슨은 미국 달러화와 금 사이의 태환 제도를 일방적으로 폐지해 버립니다. 갑작스러운 금본위 제도의 붕괴로 달러가치가 하락하고 스태그플레이션이 발생하면서 미국의 기축통화 지위가 흔들리기도 했지만, 미국이 사우디아라비아의 국가 안보를 보장해주는 대신 사우디는 원유 결제를 오직 미 달러만으로 받는다는 '페트로달러petrodollar' 시스템이 작동되면서 흔들리던 미국 달러의 위상은 다시 높아졌습니다.

오늘날 세계 각국의 외환보유고 중 60%가 미국 달러화로 표시된 화폐와 채권이며, 외환시장에서 거래되는 미 달러화의 비중은 80%가 넘습니다. 그러나 세계적으로 '탈脫달러' 움직임이 보이면서 달러의 패권이 계속 이어질지는 의문입니다. 특히 2023년 러시아의 우크라이나 침공 이후 국제교역에 사용되는 중국의 위안화 비중이 급증하고 있습니다. 중국이 위안화를 기축통화로 만들고자 하는 전략은 러시아, 브라질, 사우디아라비아에서 통했고, 이에 실제 2010년 0%였던 위안화의 대외 결제 비중이 2023년에는 48%로 미 달러화 결제 비중을 추월했습니다. 또 세계 여러 국가들이 미 달러화 표시 자산을 줄이고 다른 자산에 눈길을 돌리기 시작하면서, 달러 지위가 약화될 수 있다는 우려가 나오고 있습니다. 하지만 중국의 통화정책은 여전히 폐쇄적이고 국제적으로 신뢰가 부족하기 때문에 중국 위완화의 기축통화화는 아직 우려에 불과하다는 의견이 다수입니다.

Part 14
114 화의와 척화
harmony and rejection

사전적으로 '화의和議'란 화해하는 의논을 말하고, '척화斥和'란 화친하자는 논의를 배척함을 뜻합니다.

조선시대에 우리에게는 치욕의 역사가 있었습니다. 임진왜란 이후 명나라의 국력이 쇠퇴하면서 만주에서 후금後金(훗날의 청淸)이 일어났습니다. 후금은 조선을 침범하여 물자를 요구하고 군신의 의를 강요하였으나, 조선은 이를 거부했습니다. 이에 청나라 태종이 군사 12만 명을 이끌고 조선에 침입하였는데, 이것이 병자호란입니다. 청나라 대군은 10여 일 만에 서울을 점령했고, 인조는 급히 남한산성으로 피신하였다가, 결국 항복합니다. 명과 청 틈바구니에서 어려움을 겪던 조선은 결국 명과의 국교를 단절하고 청으로부터 국왕을 책봉받는 군신의 관계가 되었습니다. 이때, 다른 주장을 하였던 두 인물이 있습니다. 김상헌은 청나라와 끝까지 싸워야 한다는 주전론을 폈고, 최명길은 실리와 명분을 내세워 평화적으로 타협하자는 주화론의 중심에 있었습니다. 두 가지 주장은 팽팽히 맞섰으나, 결국 최명길이 중심이 되어 강화가 진행되고 항복문서가 작성되었습니다.

오늘날, 미·중의 패권경쟁은 전 세계를 긴장상태에 빠뜨리고 있습니다. 특히 우리나라는 지정학적 취약성과 대외 경제 의존도가 높은 탓에 미·중 양측으로부터 러브콜과 압박을 동시에 받는 곤혹스러운 상황에 처해 있습니다.

그럼, 미국과 중국 사이에서 선택이 가능할까요? 선택이 가능하다면 둘 중 어디를 선택해야 할까요?

도널드 트럼프의 추가 관세 부과로부터 시작된 미·중 무역전쟁은 조 바이든으로 이어지면서 좀 더 복잡해지고 심각해지는 양상입니다. 세계 패권을 놓고 격돌하는 두 국가의 경제적·군사적·전략적 경쟁은 한치도 물러설 기미를 보이지 않고 있습니다. 우리나라로선 세계 최대의 시장인 미국은 물론 우리의 최대 무역상대국인 중국 모두 포기할 수 없는 실정입니다. 우리는 특정 국가의 선택이 아닌 전략적으로 이익이 되는 선택을 해야 합니다. 이를 위해서는 흑백 또는 양자택일의 논리가 아닌 사안에 따른 유연한 접근이 요구됩니다.

통계 자료 수집 사이트

고용노동통계 http://laborstat.moel.go.kr/hmp/index.do

공공데이터포털 https://www.data.go.kr/

국가통계포털 https://kosis.kr/index/index.do

기획재정부 통계 https://www.moef.go.kr/

대외정책연구원 https://www.kiep.go.kr/

마이크로데이터 통합서비스 https://mdis.kostat.go.kr/

소프트웨어정책연구소 https://spri.kr/

재정경제통계시스템 https://www.nabostats.go.kr/

한국은행 경제통계시스템 https://ecos.bok.or.kr

행정안전부 국가기록원 https://www.archives.go.kr/

BIS https://www.bis.org/

e-나라지표 http://www.index.go.kr

Federal Reserve Economic Data https://fred.stlouisfed.org/

International Monetary Fund https://www.imf.org/en/Home

KDI경제정보센터 https://eiec.kdi.re.kr/

Moddy's https://www.moodys.com/

MSCI https://www.msci.com/

NBER https://www.nber.org/

OECD https://www.oecd.org/

S&P Global Index https://www.spglobal.com/ratings/en/

World Bank https://www.worldbank.org/